新版

コンサル業界大研究

コンコードエグゼクティブグループ／コンサルティングファーム研究会［著］

まえがき――進化するコンサルティング業界

本書のシリーズは、1998年の初版から7度の改訂を重ね、10年以上にわたってコンサルティング業界入門の定番書となっている。前回の改訂からわずか2年で、本書『コンサル業界大研究』が出版されるに至った。その理由は、全世界が新型コロナウイルス感染症のパンデミックという未曾有の危機に直面し、SDGsやデジタルトランスフォーメーション（DX）をはじめとする世界的な社会変革が加速したことにより、コンサルティング業界が劇的に変化したことにある。

コンサルタントや経営幹部、起業家をめざすビジネスリーダーのキャリア形成を支援する私自身も、現場の最前線でこの急速な変化を体感してきた。そのような背景から、本書を出版するにあたり、版元である産学社の薗部良徳社長より、「就職や転職を考える読者のために、コンサルティング業界におけるキャリアの実情について解説してほしい」という依頼をいただき、私も執筆者に加わることとなった。本書シリーズを長年執筆してきたコンサルティングファーム研究会（旧ジョブウェブコンサルティングファーム研究会）とともに、業界トレンドや現代のコンサルタントの働き方、新卒・中途のリアルな選考対策、コンサル卒業後のキャリアパスの実態に至るまで、踏み込んだ内容を紹介させていただいた。特にコンサルティング業界において注目される3つの変化について専門的な知見から書き下ろしたことは、本書の大きな特徴となっている。

・デジタル×コンサル

超高度デジタル化社会への移行に伴い、企業のDXが加速している。2020年からの新型コロナウイルスの蔓延による影響がトリガーとなり、コンサルティング業界へのDXプロジェクトの依頼が急増している。

〝デジタル〟といっても、ＩＴ系ファームへの依頼が増えているだけではない。今やデジタルベースで経営戦略を描くことが必須となっている中で、戦略系ファームや財務系ファームなど、さまざまなファームへ依頼が増えている状況だ。今では、ＤＸ関連のプロジェクトがコンサルティング業界内の半数を占めているとも言われる。「将来は、経営者や起業家として活躍したい」と望むコンサル業界志望者にとって、デジタル関連のプロジェクトは貴重な経験となるだろう。

・社会課題解決×コンサル

企業がＳＤＧｓやＥＳＧへの対応を求められる中、社会課題解決に関するプロジェクトが増加した。多くのファームが、培ってきた問題解決能力をベースに、官公庁・スタートアップとのネットワークや先端テクノロジーを活用して、社会課題解決に向けた改革を支援している。「ライフワークとなる仕事と出会い、社会課題解決に尽力したい」という想いをもつ方にとっても、コンサルティング業界は、魅力的なキャリアとなってきているのだ。

・女性のキャリア形成×コンサル

優秀な女性の参画を熱望するファームが増えているという変化にも注目したい。もともと、クライアント企業の先にいるエンドユーザーには数多くの女性がいるにもかかわらず、ファーム内の女性比率は低いため、積極的に採用したいという意向はあった。そのような中、福祉、教育、まちづくり、ジェンダー平等など、ＳＤＧｓ関連のプロジェクトが増え、組織のダイバーシティを求める政府や社会の動きと相まって、女性のもつ英知や感性はファームにとって必要不可欠となった。

そのような中、私たちの会社へキャリアの相談をいただく女性の比率は、10年前は6％程度であったが、現在では30％を超えるようになった。女性からのコンサルキャリア、経営幹部キャリアへの関心の高まりを感じている。そこで、「人気上昇中、女性が輝く『コンサルキャリア』の魅力とは」と題して、マッキンゼー・アンド・カンパニーのパートナー堀井摩耶氏と山川奈織美氏のお二人と対談を行い、キャリア形成の考え方やワークライフバランスの実態についてお話しいただいた。

さらに本書では、日本のコンサルティング業界を代表する経営者のお一人である、ＥＹストラテジー・アンド・コンサルティング代表の近藤聡氏との対談、従来のコンサルティングファームの枠を超えてファンド事業へ参入されたプロレド・パートナーズの代表取締役である佐谷進氏と専務取締役の山本卓司氏へのインタビューをはじめ、合計30社のコンサルティングファームへの取材を行った。そこからは、急速に変化するビジネス環境とクライアント企業のニーズに応え、進化し続ける各ファームのダイナミズムを肌で感じ取ることができた。なお、コンサルティング業界で活躍するプレイヤーは多岐にわたり、特定の業界や機能などの専門領域に精通したファームが存在し、その数は数百社にも及ぶ。本書では紙面の関係でごく一部のファームしか掲載することはできなかったが、素晴らしいコンサルティングサービスを提供するファームは他にも多数あることは付記しておく。

コンサルティング業界研究の定番書として、盛りだくさんの内容となっているが、まずは目次をご覧いただき、興味をもった箇所から気軽に読み始めていただければと思う。コンサルティングファームに就職・転職しようと考える学生・ビジネスリーダー、現役コンサルタントの皆さまのキャリア形成に本書が少しでもお役に立てれば幸いである。

コンコードエグゼクティブグループ 代表取締役社長ＣＥＯ 渡辺秀和

新版コンサル業界大研究

CONTENTS

Chapter 4

主要ファームの特徴と戦略……129

CONTENTS

カバーデザイン
内山絵美（(有)釣巻デザイン室）
DTP
ティーケー出版印刷

CONSULTING FIRM

Chapter1

コンサルティングファームとは

1 コンサルティングとは何か？

「相談」がコンサルティングの起源

「コンサルタント」や「コンサルティング」「コンサルティングファーム」といった言葉はごく日常的に用いられるが、最初にこれらの言葉が何を意味しているのかを定義しておきたい。

コンサルタントは元来、英語の「ｃｏｎｓｕｌｔ（相談する）」から派生した言葉だ。すなわち、「相談する人」がコンサルタント、「相談活動」がコンサルティング、そして「相談活動を業とする会社（事務所）」がコンサルティングファームとなる。

実際、社会にはさまざまな立場で「相談を受ける」ことを職業にしている人がたくさんいる。年金コンサルタントや不動産コンサルタント、投資コンサルタントなど、専門知識を活かしてアドバイスを行う人はすべてコンサルタントと言うことができる。

ただ、もう一歩踏み込んで、人は何のために他人に相談するのかと考えれば、それは自分が抱えている疑問や課題、問題点を解決したい、もしくは自分だけで考えるより有効な解答を得たいからである。

もし、その人の直面する課題が非常に重要なもので、それを解決することで大きな安心感や経済的な利益が得られるとするなら、問題の解決法を教えてくれたり、自分の代わりに解決してくれたりする人に相応の対価を支払ってもよいと考えるだろう。そこで、「相談」や「問題解決」自体をビジネスにする人びとが出てきた。これがプロのコンサルタントである。

コンサルタントは、何を売っているのか

ただ、ここで1つ考えなければならない点がある。

コンサルティングと呼ばれている活動の中には「相談」や「解決法の提示」そのものが商品なのではなく、他の製品やサービスの販売で利益を上げている場合があることだ。

現代のように、世の中にありとあらゆる商品やサービスが存在している社会では、何か1つの商品を購入したり、サービスを利用したりする場合、自分1人の知識や経験では合理的な選択をすることが難しい場合が多い。

例えば、お店で靴を1足買う場合でも、昔なら仕事には革靴、普段着のときは運動靴といったぐらいの選択肢しかなかった。しかし、最近ではスポーツシューズ1つをとってみても、さまざまな用途、あらゆる機能をもった商品がある。どの商品が自分にとって最もふさわしいのか、まず自分の使用目的を整理し、予算を考えて、何百何千という商品の中から最適なものを選び出すには販売スタッフの助言が必要だ。この場合、販売スタッフは、お客さまに対して「コンサルティング機能」を提供していると言える。

しかし、私たちは販売スタッフを「コンサルタント」と呼ぶことはない。なぜなら、販売スタッフはお客さまの相談に対する提案や助言などで代価をもらうのではなく、お客さまの相談に対応した結果、靴という商品を販売して収入を得ているからだ。コンサルティング的な手法はそのための必要な手段であって、それ自体が商品ではないのである。

コンサルティングと「営業」は何が違うのか

現実には、こうした「相談」の結果、商品やサービスを販売する立場の人と、純粋に「相談」だけから対価を得ている人の間に明確な線を引くのは難しい。また、「線を引く必要があるのか」という議論自体にすら明らかな結論があるわけではない。

純粋に「相談」から対価を得ている人は、当然ながら「我々こそがコンサルタントであって、商品やサービスの販売につながるコンサルティングは本物ではない」と主張する。しかし「相談」の結果、一定の商品やサービスを販売する立場の人は「具体的な商品があるからこそ顧客の問題を解決し、価値を生み出すことができる。これこそコンサルティング機能だ」と反論するだろう。

この問題は、現在のコンサルティング業界にも通じるテーマである。本書でも一貫してこの点を考えていくが、ここで明確な結論を出したり、どちらか一方の主張に与したりするつもりはない。

ここでのポイントは「何がコンサルタントで、何がコンサルタントでないか」という議論ではなく、「コンサルタントとは問題解決が自分の使命であると認識し、それを生業としている人」であると確認することだ。

すべての仕事はコンサルティング

このように、コンサルタントやコンサルティングという言葉が含む概念は、本来、非常に幅が広い。仮に、コンサルティング的な機能を提供している人すべてをコンサルタントと定義したならば、世の中の多くの社会人がコンサルタントになってしまうかもしれない。

ある意味で、現代社会は「世の中総コンサルタント化現象」とも言うべき状況になりつつある。どんな製品やサービスを販売するにしろ、単に商品を目の前に並べただけではなかなか売れない。常に顧客の立場に立って何が必要とされているかを考え、「お客さまの問題を解決する」というスタンスに立たないと、商品は買ってもらえない。

例えば、ファーストフードチェーンは「安く、早く、手軽に食事ができる場所がないと困る」というお客さまの問題を解決し、JR各社の新幹線は「多少は高くてもよいから、早く快適に長距離を移動できる手段がないと困る」というお客さまの問題を解決するビジネスだと考えることができる。

そうだとすれば、どのようなビジネスでもコンサルティング機能を内部にもっており、その価値をお客さまに提供している。こうした発想のビジネスはそれ自体がお客さまの問題を解決し、対価としての金銭がもらえるという意味で、プロのコンサルタントの仕事と本質的には変わらない。逆に言えば、コンサルタントの仕事は他のビジネスと比べて、特に変わった存在ではないと言うこともできる。

専門職としての「経営コンサルタント」

このように、コンサルティング的な仕事は社会全体に広く存在しているものだが、一般に世の中で「コンサルティング業界」と言った場合、それは、経営コンサルタントという人たちや経営コンサルティングファームという会社を指すのが普通だ。

では、「経営コンサルタント」とは何を意味するのだろうか。米国の経営コンサルタント協会では、「専門の訓練を受け、経験を積んだコンサルタントが行うプロフェッショナルサービスであり、経営者が会社のさまざまな組織の経営上、業務上の諸問題を認識、解決するのを助け、実践的な解決策を提示し、必要に応じてその解決策を実施するのを助ける」ことと定義している。また、英国の経営コンサルタント協会では、「経営コンサルティングとは、独立して資格を有する人が企業の方針・組織・手続・方法などに関する問題を調査し、適切な解決策の助言ならびに、その改善実行の支援を行うサービスのこと」としている。

つまり、経営コンサルティングとは、「高度な専門性と幅広い知見を有するプロフェッショナルが、企業経営の問題解決に向けて、原因を究明し、解決策を助言し、必要に応じてその解決策の実行を支援すること」と言えるだろう。

本書は、一般的な意味での「コンサルティング業界」への就職や転職を考える人のための本であり、特に断りがない限り「コンサルタント」といえば経営コンサルティングを業務としている人、「コンサルティングファーム」は経営コンサルティングを主な業務としている企業を指している。

言うまでもないことだが、経営コンサルティング以外の会社の仕事がコンサルティングではないなどと言うつもりはないし、仕事の価値の高低など一切ない。すでに当の業界の一部にすら「コンサルティング業界」という括り方自体が意味をもたなくなっているとの意見もある。あくまで、現時点での就職・転職活動や業界研究という観点に立って、便宜的に「業界」という枠組みを設定して議論しているにすぎない。この点は誤解のないようにしていただきたい。

2 コンサルティングファームの機能とは何か

コンサルティングファームの5つの機能

クライアント（コンサルティングの依頼主である個人や法人）は、いったいどんな価値を求めてコンサルティングファームに仕事を依頼するのだろうか。もちろん、個々のクライアントによって事情は大きく異なるが、取材を通じてニーズを整理してみると、コンサルティングファームが顧客から期待されている機能（＝価値）は以下の5つに分類できる。

1　専門人材レンタル機能
2　触媒機能
3　情報提供機能
4　外圧機能
5　アウトソーシング機能

それぞれについて説明していこう。

1　専門人材レンタル機能

▼高い能力をもつ人材をプールして、必要なときに送り込む

聞き慣れない言葉だと思うが、本書の取材の過程で研究会のメンバーが作った造語である。

一般の事業会社はモノやサービスを開発、生産、販売して収益を上げている。あくまで事業のメインフィールドは現場にあり、現場での日々のビジネスにいかに優秀な人材を投入できるかが勝負になる。

そのため新たな事業を開発したり、現在実行している戦略が正しいかどうかを検証したり、ビジネスプロセスをより良いものにするための改革を行った

りといった、経営企画的な戦略立案業務に対して優秀な人材を十分に投入することは難しい。

もちろん、事業会社でも大規模な超有名企業などであれば、人材が豊富なのでそれらの領域に人を投入することもできるだろうが、大多数の企業ではそうしたことは難しいのが現状だ。

経営企画的業務には、やはり一種の専門的なスキルが必要であり、加えて人並外れた論理的思考力や分析力、プレゼンテーション能力などが求められる。その種の人材はもともと数が少なく、よほど採用力のある人気企業でもない限り、自社で十分に確保することは難しい。

加えて、その種の業務は企業にとって常に永続的に必要な仕事とは限らない。例えば、あるM&Aの案件が社内でもち上がったとしよう。そのプロジェクトの進行期間中は、そのための高い戦略的思考と専門知識、スキルをもった大量の専門人材が必要だが、いったんそのプロジェクトが終われば、その人材が自身の専門性を最大限に発揮できる機会は社内にはなくなってしまう。

会社の新たな中期経営計画の策定、ある事業部門のコストダウン戦略の立案、在庫の圧縮プロジェクトといったものも、案件の進行中はその種の専門人材のニーズがあるが、プロジェクトが終わればそうした人材を抱えておくことは会社にとって負担が大きい。働く本人にしても、十分な活躍の場が与えられないのでは不幸である。

こうした事態を避け、専門人材を活用するクライアント側、自分の能力を提供して働く側、双方にとって最も合理的なやり方は、そうした人材を一定の場所にプールし、訓練しておき、必要なときだけ必要な企業に時間単位でレンタルするというやり方である。これが「専門人材レンタル」の意味だ。

さらに近年では企業の「グローバル化要員」の一部としてコンサルタントに期待する企業が増えている。3カ月から1年といった期間でクライアントの本社や海外拠点などに常駐し、クライアントの社員と一緒になってグローバルな業務に携わるコンサルタントは急激に増えている。これも一種の「専門人材レンタル」の機能と言える。

▼顧客に代わって考え、実行する

実際、人気コンサルティングファームは例外なく、その高い知名度とブランド力、手厚い処遇、風通しの良い社風、仕事の面白さといった種々の魅力で、高度な専門性を有し、論理的思考能力に優れ、仕事に対するモラルが高い専門人材を集めている。そして、社内に蓄積された情報や受け継がれてきた各種のコンサルティング手法、分析ツール、マネジメントスキルなどの教育を施すことでさらに人材の価値を高め、クライアントのもとに送り込んでいる。

通常、顧客との契約は1～数カ月ごとのプロジェクト単位であり、そのコンサルタントの市場価値に応じて「1時間いくら」という形で報酬（コンサルティングフィー）が支払われる。そして、コンサルタントはその顧客によって「買われた」時間内、全身全霊を注ぎ込んで顧客のために考え抜き、最善のプランを練り上げて提案し、説得し、実行する。そしてプロジェクトが終了すれば、所属するコンサルティングファームに戻り、また別のクライアントのプロジェクトにアサインされ（割り振られ）、出向いていく。そこでコンサルタントが果たしている機能は、まさに「普通の企業では十分に確保できない高い能力をもった専門人材を時間単位で貸し出す」というものであり、コンサルタントはクライアントの経営者や社員に代わって「考え、実行する」という役割を担うのだ。

天文学や物理学など、非常に複雑な計算に用いられるスーパーコンピュータの時間貸しというビジネスがある。スーパーコンピュータは、処理能力はとてつもなく高いが、値段が高価なうえに保守・点検などの管理が大変で、しかも1年中常に必要なものではない。これを時間単位で必要な企業や研究機関などに貸し出せば、お互いにとって効率が良い。これがスパコンの時間貸しビジネスだが、コンサルティングファームのビジネスモデルはややこれと似たところがある。

アンダーセンコンサルティング（現アクセンチュア）のコンサルタント出身で、自身で創業したベンチャー企業、アイスタイルの代表取締役兼ＣＥＯである吉松徹郎氏は「コンサルタントの価値は、考える時間を提供することが一番だと思う」と話す。

「会社には、今の事業の収益性を高めるために一定期間だけ集中的に考える人材が必要なときがあるんです。今のトレンドをつかまえていて、世の中の仕組みがわかっている人たちが、考える時間を瞬間的に提供してくれるのは非常にありがたい。自分が会社を経営していてコンサルタントは必要だなとしみじみ思います」

2　触媒機能

▼異なる視点から組織に刺激を与える

触媒とは、もともと化学の用語で「その物質自身は反応前も後も変化しないが、少量存在することで本来は化学反応しにくいものを反応させたり、反応速度を速めたりする物質」のことを指す。

企業の変革や問題解決を1つの化学反応のプロセスに例えると、そのプロセス中に異質の存在としてコンサルタントが加わることで、組織風土に刺激を与え、企業の変革や問題解決を促進したり、スピードを速めたりすることができることは多い。これがコンサルタントの触媒機能である。

事業会社の社員は一般的にその企業で長期間働くことを前提にしている場合が多く、専門領域の知識やスキルは高まるものの、その企業独自の風土や文化に染まってしまい、客観的な立場でものを見ることができにくくなっているケースが多い。また、社内のさまざまな人間関係やしがらみで率直な発言や信念に従った行動がしにくいことも多々ある。

その点でコンサルタントは、社外のプロフェッショナルという客観的な立場からアドバイスができるうえ、社員とは違った環境でのさまざまな知識や経験をもっているので、有効な解決策を導きやすいメリットがある。また、社内のさまざまな部門との利害関係もないので、プロジェクトを進めるうえで適任であるケースが多い。

▼プロジェクトマネジメントも触媒の一種

コンサルタントに期待される重要な役割の1つに、プロジェクトの中核として進行を管理・促進していくプロジェクトマネジメントの機能がある。これも「触媒機能」の一種と考えることができる。

クライアントの社内プロジェクトが順調に進行し、所期の目的を達成できるかどうかは、プロジェクトマネジメントのスキルに影響されるところが非常に大きい。スケジュールを管理し、会議で議論すべき内容を明確にし、メンバーの積極性を引き出していくファシリテーター（推進役、進行役）を務める人材がいるかどうかで、プロジェクトの結果は大きく異なる。こうしたファシリテーターには独自のスキルや経験が必要であり、訓練を受け、経験を積んだプロフェッショナルなコンサルタントの価値は高い。

3　情報提供機能

コンサルタントに顧客が期待する役割の1つに、クライアントに対する外部情報の提供がある。欧米のように転職が一般的な社会では、同じ業界の中で人が転職する例が多いので、1つの企業の考え方やノウハウが業界で共有されるスピードが速い。日本でも、人材の流動性が比較的高い業界は同じような傾向がある。

しかし、日本では一般に大手企業であればあるほど人材の流動性が低いので、他社や他業界の動向がなかなか耳に入ってきにくい。クライアントサイドにしてみると、社内事情や自社が携わっている業界については詳しいが、それを超えた広い視野や客観的な視点はもちにくい傾向がある。

その点、コンサルタントはさまざまな業界、さまざまな企業の変革に立ち会っており、豊富な問題解決の経験をもっている。これらはクライアントにとっては利用価値が大きい。

もちろん、コンサルタントには守秘義務が厳しく課せられている。ここで言う情報提供とは、他社の事業内容などを安易に他人に伝えるという意味ではない。クライアントが、さまざまなケースで問題解決にあたってきたコンサルタントの「経験」を利用することで、プロジェクトの成功確率や成果を高められるという意味である。

4 外圧機能

これも聞き慣れない言葉かもしれないが、事業会社では非常に重視されているコンサルタントの機能の1つである。

コンサルタントの大きな役割が、問題解決策の提示にあることは前に述べた通りだ。しかしその一方で、クライアントが問題解決策をすでに把握しており、それをあえてコンサルタントに提案してもらうというケースは意外と少なくない。そんなことをするのには2つの理由がある。

1つ目は、社内の提案より社外からの提案のほうが関心を集めやすいという理由である。日本の企業は良く言えば家族的で団結心が強く、悪く言えば仲間うちの馴れ合い的な風土が強いケースが多いので、社内から何か新たな改革案や事業プランを提案しても、すぐには本気になってもらえないことが少なくない。また、社内改革やコスト削減など、必ずしも社員全員に歓迎されないプロジェクトの場合、誰かが悪役になって改革を進めていく必要がある。そのため、あえてコンサルタントという「外圧」を利用し、これらのプロジェクトを押し進めようとすることがある。

実際、ある第一線のベテランコンサルタントは「クライアントの中には、やるべきことはとっくにわかっているが、全社レベルの改革を断行するために、第三者たるコンサルタントから提案させるというケースは結構ある。こちらもそれを承知しつつ独自の分析と考察を深め、より説得力のある提案をしている」と証言している。

さらに、コンサルタントを活用して言いにくいことを言ってもらう一方で、プロジェクトがうまく回らなかった場合、その責任をコンサルタントに回すことでリスクヘッジをするというケースもある。こう言うとひどいやり方のように聞こえるかもしれないが、現実にこうしたケースは存在するし、クライアントにとってはこれも1つの経営手法である。少なくとも、コンサルタントにはそういう機能もあることは知っておいたほうがよい。時にはクライアントの事業を成功させるというゴールのために、社内政治のように一見無駄と思えるような仕事でも厭わずこなさなければならない。

2つ目は、これは文字通りの「外圧」ではないが、コンサルタントの力を借りて、社員の意識改革を狙うケースもある。後章でも触れるが、優れたコンサルタントのプロフェッショナルとしての働きぶり、仕事に対する責任感の強さはすさまじいものがある。

コンサルタントという、高いビジネス基礎能力と仕事に対するモラルをもった人間を社内に投入し、その仕事ぶりを間近で見せることで自社の社員の意識改革を行うという狙いも企業にはある。

この機能はどちらかというと、これをメインにコンサルタントと契約するというよりは、プロジェクトの副産物としての効果を狙っている場合が多いが、それでもコンサルタントがもたらす重要な価値の1つには違いない。コンサルタントとは、それほどビジネスのプロフェッショナルであると考えられているわけだ。

5 アウトソーシング機能

これは一口で言えば、クライアントの仕事そのものを請け負うことである。「何をやるべきか」「どうやればよいか」といった解決策の提示よりも、「最終的にクライアントの問題を解決し、成果を出してくれること」をコンサルティングファームに求める流れが強まっている。

また企業経営において近年、「アセットライト」の考え方が主流になってきている。アセットライトとは、企業が保有する資産（アセット）を圧縮し、身軽な（ライト）状態にすることを指す。製造業は部品から完成品まで自ら作っていては、コスト面で国際競争に勝てなくなったため、工場や設備を売却・閉鎖し、外部への委託生産に切り替えていることはよく知られている。こうした動きは企業経営のさまざまな領域に及んでおり、システム運用や経理、人事、営業などの業務をアウトソースするケースが増えている。コンサルティング業界でも、こうしたアセットライトの流れに呼応し、コンサルティングファームが自らアウトソースの受け皿となって、クライアントのさまざまな業務を受託する事業に乗り出すケースがある。一般にＢＰＯ（ビジネス・プロセス・アウトソーシング）と呼ばれるこうしたサービスは欧米で生まれ、広く普及したものだが、現在の日本でも定着している。

コンサルティングファームの側から見ても、アウトソースの受託はメリットがある。１つは売上高の拡大である。従来のコンサルティング業務に加え、アウトソーシング業務も行うことでクライアントとの関係をより一層深め、より多くの業務をこなすことができる。もう１つの大きなメリットは、そうした実際の業務を行うことで、新たなノウハウを蓄積できることだ。過去においてコンサルティングファームの弱みは、理論には強くても自分では事業の経験に乏しいため、説得力に欠ける面があった。さらに大きな問題は、現場での業務革新のスピードが速いため、自ら事業をやっていないと新たなノウハウの革新に追いつけない面があることだ。現場に深く入り込むことで、実務の深い知見とクライアントの現状を踏まえたよりリアルな解決策の提案や確実な成果につながる実行支援を行うことができる。さらには、現場で得た問題意識に基づき、次の経営改革やアジェンダの設定にも生かせる。こうしたことからコンサルティングファームのアウトソーシング機能は今後、ますます重要になると思われる。

コンサルティングは複数機能の合わせ技

ここまでコンサルティングファームの機能を５つに分解して紹介したが、実際のコンサルティング業務においては、これらの機能のどれか１つしか使わないというわけではない。複数、あるいはすべての機能が複合的に絡み合っているケースがほとんどである。

実際のコンサルティング業務の大まかな流れに沿って考えてみる（次頁の図参照）と、まず「専門人材レンタル」の機能を活用して調査分析を行い、戦略（解決策）を立案する。その際、クライアントの社内の人材を説得、交渉してプロジェクトが円滑に進むようにするには「触媒機能」が、効果的な解決

コンサルティング業務における５つの機能

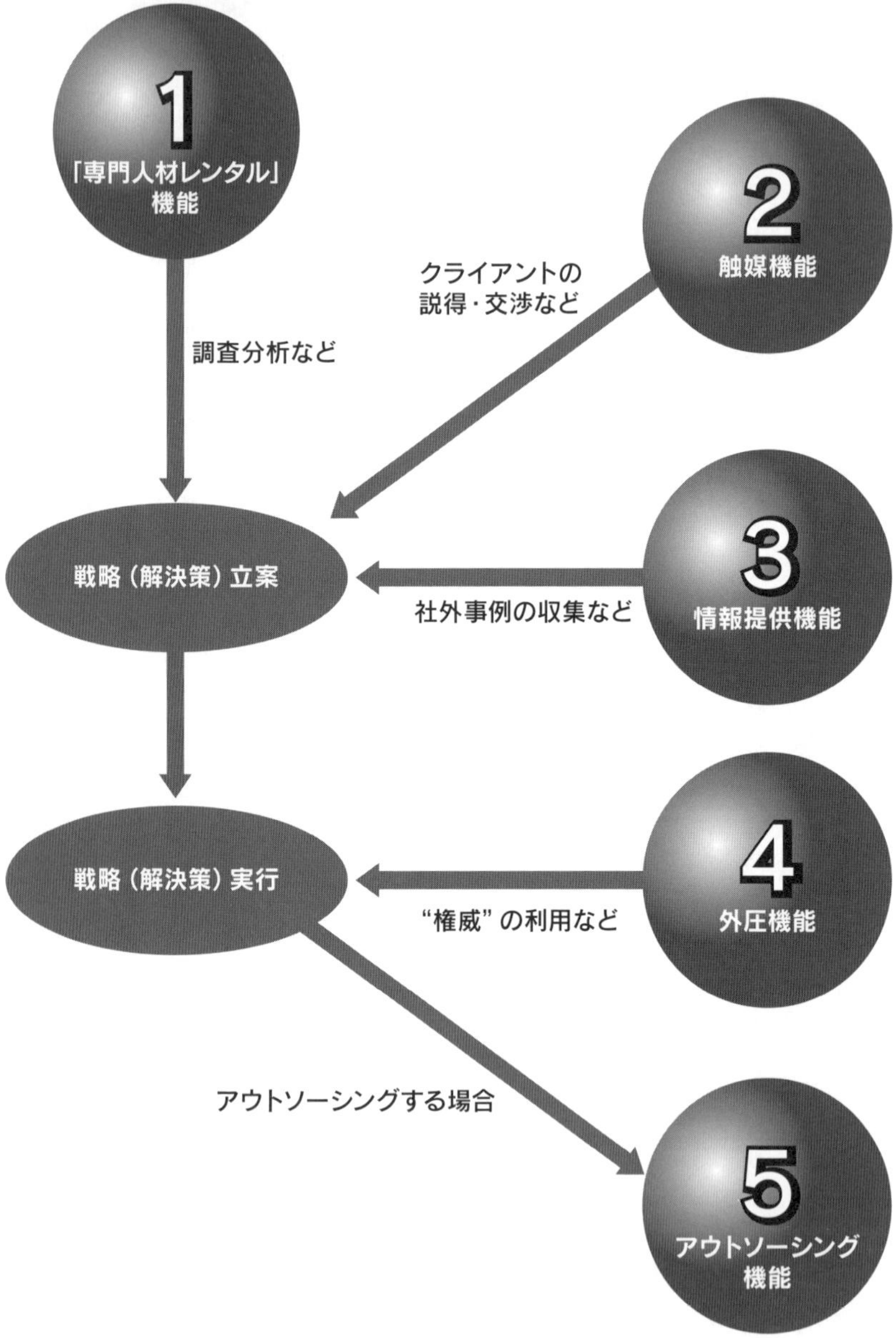

策をつくるうえでは社外の適切な事例などを収集、参考にする「情報提供機能」が同時に必要となってくる。

そして、実際の解決策が決まったら、次はそれをクライアントの社内に周知徹底し、具体的な業務として実行する段階に入る。その際には「あのコンサルティングファームと協力してつくった案だから必ず効果がある。頑張って実行しよう」「あのコンサルタントは社長のお気に入りだから、言うことを聞いたほうがいいぞ」といったコンサルティングファームやコンサルタントの〝権威〟を利用する「外圧機能」が活用される。

また、コンサルタントがつくる戦略や解決策は机上の空論ではなく、必ずどのような方法でそれを実行するのかというビジネスプロセスが提示されている。仮に、その実行手段がＩＴを活用するものであればシステムの設計からプログラミングなどの業務が発生するし、「人事制度の改革が必要だ」となれば、新たな人事制度の設計とその導入が必要になる。それらのシステムや制度の運用をコンサルティングファーム自身が受注することになれば、それは「アウトソーシング機能」が発揮されていることになる。

コンサルタント、ファームにはそれぞれの「得意技」がある

これらの機能は、1つのコンサルティングファームがすべてをもっている場合もあるし、そうでない場合もある。コンサルタント個人も同じで、中には5つの機能をすべて備えているスーパーコンサルタントもいる。しかし一般には、ファームにしてもコンサルタント個人にしても、自分自身が最も強みとする分野や一種の「得意技」をもっているのが普通だ。

例えば、複雑な経営課題に対する戦略を導き出すために必要な、高度な思考力をもったコンサルタントを数多く揃えたファームであっても、「アウトソーシング機能」に優れているとは限らない。同様に、実際のシステムや制度を設計・構築して運用する場面では非常に強い力を発揮するファームでも、「何をすべきか」という戦略的判断に長けているとは言い切れないこともあるだろう。

また、ビジネス的に言っても、高度な思考力を有

するコンサルタントは時間当たりのフィーも高いため、そういったコンサルタントがアウトソーシング機能をこなしたら、とんでもない料金になってしまう。同じコンサルティングファームの内部でも仕事の中身、クライアントに期待される機能によって、人材を分ける必要がある。

コンサルタント個人も同様。「徹底的に考える」ことに高い能力を発揮するコンサルタントは、「専門人材レンタル」が求められる場面でその真価を発揮できる。自分の特性に合わない領域で能力を発揮しようとしても効率が悪いし、プロフェッショナルとして顧客に価値を出すことは難しいだろう。

クライアントは、こういったコンサルティングファームごと、コンサルタント個々人の強み・弱みを把握したうえで、自社のニーズに最もよく合致したファーム、もしくはコンサルタント個人を選定して業務を発注している。

「状況が複雑すぎて自社の人材では考える能力や時間が足りない」と思えば、処理能力の高い専門人材を多数抱えたファームに依頼する。「解決策はわかっているが、それを実行する人材が足りない」と思えば、アウトソースの機能に強いファームに依頼するだろう。「そのどちらもない、とにかくすべてお願いしたい」と言うなら、専門人材レンタルからアウトソーシング部隊まで、すべてを投入できる総合力をもつ大きなファームに依頼するのが得策だろう。

3 日本におけるコンサルティング業界の歴史

江戸時代からコンサルタントは存在していた

コンサルティングという仕事は欧米発祥と思われているが、日本では欧米のコンサルティングが本格的に普及する前から経営提言のサービスが存在していた。

江戸時代には、貨幣制度の確立や交通の発達などにより複雑な市場経済システムができあがり、商工業者たちは日々競争を繰り広げていた。商人たちは、事業拡大のために新製品の開発や新規市場の開拓、多角化を行い、現在のM&Aに該当するような活動もしばしば見られた。そうした中で、経営助言に対するニーズが生まれたのである。

江戸時代後期の町人学者である山片蟠桃※1や、蟠桃の取り組みを高く評価した儒学者・経世論者の海保青陵※2は、財政難に陥った武士や商人、時には藩に対して財政や産業の状況を調査したうえで、再建の実行案を提言している。海保青陵の書籍『稽古談』には、全国各地の経済状況や産業がまとめられており、現代の企業経営に通ずる独自の考え方が数多く主張されている。

経済活動の大規模化に応じて、コンサルタントも組織化されるように

江戸時代は学者など経営知識の豊富な人びとが、アドバイザリーサービスのみを提供していた世界だった。しかし明治・大正期になると、富国強兵・殖産興業などに伴って経済活動がより大規模化し、コンサルタントの助言対象が個人商店から組織へと拡大した。集団に対するコンサルティングが生まれてくる中で、コンサルタント側も組織化された。

人の能力、設備の性能、材料の機能をどのようにマネジメントするべきかを科学的に捉えた「能率」という概念の普及活動に尽力していた日本能率連合会や日本工業協会が1942年に統合し日本能率協会が設立。これが日本初の本格的なコンサルティングファームと言われている（ちなみに、マッキンゼーの創業は1926年、ボストンコンサルティンググループの創業は1963年である）。当時の日本能率協会では工場診断・教育・出版など、さまざまなサービスを提供していたが、現在のトヨタ生産方式にも通ずる「シングル段取り※3」という考え方は、1945年に入社した新郷重夫氏によるものである。

同じく戦後復興期の1957年には、現在の株式会社タナベコンサルティングの前身である「田辺経営相談所」が京都で開業。会社を救う「ビジネスドクター」、今でいう経営コンサルタントのサービスを開始した。ビジネスドクターを謳っていた同社では、「主治医は近くにいるほうが良い」と地域密着モデルにいち早く着手、全国各地に拠点を設けた。

法人数が増加し、コンサルティングのニーズは一層高まる中、産業経済の各界が経営コンサルタントの誕生を強く要望。政府は、「経営士」というコンサルタントの国家資格を認定したり、登録制度を創設したりした。後の中小企業診断士にあたる資格が誕生し、中小企業向けのコンサルティングが浸透したのも1950年代である。

海外進出の動きに応じて外資系ファームが参入

販路確保を目的とした投資から、日本企業の海外進出が加速し始めた頃、ボストンコンサルティンググループは1966年に日本支社を立ち上げた。外資系独自の科学的経営管理手法は日本社会に風穴を開ける存在となった。当時、「コンサルティング」という概念自体は日本に浸透していなかったが、マッキンゼー・アンド・カンパニーの大前研一氏やボストンコンサルティンググループの堀紘一氏などが、大企業の経営改革を支援したり、ベストセラー書籍を出版したりする中で、世間から次第に認知されるようになった。

外資系コンサルティングファームの動きに追随する形で、日系（国内）のコンサルティングファームも増加。ボストンコンサルティンググループ出身者が立ち上げたコーポレイトディレクションなどの日本発の戦略系コンサルティングファームも登場する一方で、金融機関内の研究所や調査部門、融資審査部門などが分社化されて野村総合研究所や大和総研といったファームも誕生した。

業務・ITコンサルティングの誕生によるファームの大規模化と市場の拡大

1980年代、コンピュータ性能の向上により多くの企業が生産・販売・在庫の管理、人事や会計といったさまざまな分野でコンピュータを取り入れた業務の効率化を図るようになった。こうした中、「業務・ITコンサルティング」という概念が誕生。西暦2000年になると古くからのシステムが誤作動を起こすのではないかという「2000年問題」も相まって、業務・ITコンサルティングのニーズは高まりを見せた。

当初は大手の会計事務所がその支援を担ったが、2002年のエンロン事件※4によって会計監査業務とコンサルティングが同時に行えないようになると、他のコンサルティングファームがこの分野に本格的に参入するようになった。コンサルティング各社は、単に経営戦略を描き、どのようにITシステムを導入すべきかという提言のみならず、ITシステムの導入そのものへの実行支援でも価値を提供し始めた。結果として、コンサルティングファームの大規模化が進み、コンサルティング業界の市場が大きく拡大した。

今日、テクノロジーの進化やグローバル化などが急速に進み、短期間で経営課題を解決することが企業の存亡に関わる重要な要素となっている。規制緩和や業界再編、破壊的イノベーション、デジタル・トランスフォーメーション（DX）、新規事業開発への対応などの大きな環境変化が頻繁に起きる中、ファーム各社が取り組む経営課題も広がりを見せており、従来の戦略系コンサルティングや業務系コンサルティングといったファームごとの得意分野の垣根が曖昧になってきている。

その一方で、特定の業界や専門分野に特化したコンサルティングファームも次々と誕生しており、コンサルティングを依頼するクライアントの選択肢は日々増えている。ＩＤＣ Ｊａｐａｎの調査によると、コンサルティング市場の２０１９年から２０２４年の年間平均成長率は５・３％で、２０２４年には市場規模がおよそ６０００億円になると予測されている。コンサルティングファームのサービスと裾野は、今後も広がり続けるだろう。

※1 山片蟠桃（やまがた・ばんとう　1748~1821）: 江戸時代後期の町人学者。大坂で商人としても活躍した。本名は長谷川芳秀だが、升屋の番頭だったことをもじって自ら「蟠桃（ばんとう）」と称した。

※2 海保青陵（かいほ・せいりょう　1755~1817）: 江戸時代後期の儒学者・経世論者。全国各地を行脚する中で、経営に困窮する武士や藩に対して提言を行った。

※3 シングル段取り :10分や10秒以内など、知恵と工夫で短時間で各段取りを済ませる方法。多品種少量短納期生産の実現における鍵となる。

※4 エンロン事件 : アメリカのエネルギー会社、エンロン社の不正発覚事件のこと。
1985年、米国の2つのガス・パイプライン会社が合併してできたエンロン社は、エネルギー政策の規制緩和に伴って天然ガスの取引で飛躍的に成長、電力供給のビジネスにも進出し、1990年代半ばまでに米国最大級のエネルギー取引会社の1つになる。その後は事業の多角化を進め、株価は急上昇、1998年の1年間で98%も上昇するという異常なまでのブームを呼んだ。

しかし2000年代に入ると、同社の業績に不安感が出て株価は急落、翌2001年には、1997年にさかのぼって決算数字を修正した。ところが、これがさらに市場の不安感を増幅し、同年11月には株価はほとんどゼロに。そして同年末、エンロンはあっけなく破産を宣告された。その後、エンロンはグループ内の子会社と不正な財務取引を行うことで負債を隠し、株価の下落を防ごうとしたのではないかとの疑惑が浮上した。

同社の会計監査を担当していたのが会計事務所アーサーアンダーセンだった。この疑惑を指摘できなかったのみならず、資料を故意にシュレッダーにかけて廃棄するなどしてSEC（米国証券取引委員会）の調査を妨害したとして2002年3月に起訴され、有罪判決を受ける。これによって同社の信用は地に落ち、会計事務所の名門アーサーアンダーセンは90年の歴史に幕を下ろすことになった。

これを契機に「サーベインズ・オックスレイ法」と呼ばれる法律ができた。監査法人が監査以外の業務を提供することは原則的に法律違反であるとしている。この法律によって会計事務所が仮に別会社ではあっても、同じグループ内でコンサルティングファームを所有することは不可能になった。会計事務所系コンサルティングファームが、次々と分離・独立したり、社名変更したりした背景にはこうした理由があった。

企業にとっての会計事務所やコンサルティングファームといったプロフェッショナルファームの存在がいかに大きいか、その職務の遂行がいかに重要なものであるかを改めて示した事件だった。

4 コンサルティング業界のこれから

コンサルティング業界の底流に流れる「3つの変化」

前章では日本におけるコンサルティング業界の歴史を概観したが、本章では、今日のコンサルティングファーム各社が直面している大きな変化をおさえたい。コンサルティング業界を取り巻く変化について、コンサルティングファームの経営者への取材から見えてきたのは、以下の3つの大きな流れだ。

1　知のコモディティ化
2　コンサルタントの使い慣れ
3　不可避となった「経営のデジタル化」

▼1　知のコモディティ化

もともとコンサルタントに期待されている役割とは「相談に乗って解決策を提示する」ことにあった。しかし現在は、「解決策の提示」のみでは、代価を受け取るだけの価値を提供できなくなっている。社会や経済の構造が複雑化するに従い、ビジネスはますます細分化され、より高度な専門化が進んでいる。そうした細分化、高度化した世界では、長く1つの業界にいて知識や経験を蓄積した人が有利になり、もともとその業界のインサイダーではないコンサルタントが有効な提案や助言を行うことが次第に難しくなっている。

近年では、ビザスクなど、さまざまな業界知識や専門性を有する人材が多く登録しているプラットフォーム上で、専門家から助言を受けられるスポットコンサルティングサービスが存在感を増している。実際、コンサルティングファーム自体も、ニッチな分野の案件についてはこのようなサービスを利用して効率良く専門知識を吸収している。

加えて、クライアント側の人材レベルが急速に高まり、ＭＢＡの取得はごく当たり前という時代になった。かつてコンサルタントが優位としていたさまざまな経営ノウハウやフレームワークは、今や数多くの書籍などで紹介されており、もはやビジネスパーソンの一般常識として浸透している。インターネットの普及で、さまざまな知識が簡単かつ安価に、クリック１つで入手できる環境があるのはもちろん、最近はＡＩの活用により、有用な情報のみ選びとる技術も生まれてきており、単純な調査案件はＡＩに代替されつつある。

こうした状況の中、コンサルタントは、プロジェクトにおいて単なる情報提供や経営ノウハウの伝授だけでなく、クリエイティブな価値の貢献を求められてきている。例えば、クライアントのお客さまの視点に立ち、徹底的な観察から本当にお客さまが喜ぶ顧客体験とは何かというデザイン思考を活かした提案をしたり、具体的に商品やサービスのプロトタイプを見せたり、さらには、ＳＤＧｓ時代にクライアントがどのような問題に取り組むべきかという経営アジェンダを設定したりする。

近年のコンサルティングファーム各社に見られるデザイン会社の買収やクリエイティブ専門組織の新設といった取り組みの背景には、このようなクライアント自身やそのニーズの変化がある。

▼2　コンサルタントの使い慣れ

かつては、一般企業にとってコンサルタントは特別な存在で、例えば10年に一度の大きな戦略転換や巨大企業の合併、特別なプロジェクトのときなどに業務を依頼する存在というイメージが強かった。しかし最近、クライアントはもっと気軽にコンサルタントに仕事を依頼するようになっている。

ある戦略系ファームの幹部は「以前は〝ここぞ〟というときだけコンサルタントに依頼するという感じだったが、最近は常日頃から近くに置いておいて、ちょっと調子が悪くなったらすぐに相談するという感じの使い方に変わってきている」と話す。つまり、何か特別な事態が発生したときだけ依頼するのではなく、スポーツのコーチのように日常的な健康管理の相談相手として傍らにいる。そのような存在として捉える傾向が強くなっているということだ。

例えば、かつては5人のコンサルタントが3カ月間、1つのプロジェクトに入って一気に進めるといった形が主流だったが、最近ではこうした形式に加え、月に1回、定期的にクライアントを訪問してアドバイスするといった形の業務も増えている。クライアントから見れば、なるべく低いコストでコンサルタントがもつ各種の機能（第2項「コンサルティングファームの機能とは何か」参照）を有効に活用したいとの思惑がある。これも一種のコンサルタントの使い方に習熟した結果ということができる。

こうした変化の背景には、一般事業会社の役員（取締役、執行役員など）が以前と比べて結果に対する責任が重くなり、ハードに仕事をこなすようになったという事情が影響しているという見方もある。「昔は〝重役出勤〟なんて言葉があるくらい、役員はサラリーマンの〝上がり〟としてのポスト的なイメージもあった。しかし今は違う。役員になったら仕事が楽なんてことは全然なくて、役員自身が先頭に立って問題解決していかなければならない。そういう責任の重くなった役員が自分の武器としてコンサルタントを使い始めた」（戦略系ファーム幹部）。そこにあるのは「偉い先生が解決策を伝授する」という古典的なコンサルタント像とはまったく違う、日常的な問題解決のための「仕事人」的イメージである。

加えて欧米では、Eden McCallum社やＢＴＧ（Business Talent Group）社のような、もともと大手のファームに在籍していた経験豊かなプロフェッショナルを組織化して、コンサルタントのクラウドソーシングサービスを展開する企業が注目されている。日本においても、有名ファーム出身のコンサルタントが多数独立しているし、みらいワークスの「フリーコンサルタント．ｊｐ」などのフリーランスで働くコンサルタントと依頼主をマッチングさせるサービスも浸透してきている。コンサルタントという存在が、何か特別なものというよりも、日常的な相談相手として身近な存在になってきているという傾向は強まっている。

▼3　不可避となった「経営のデジタル化」

コンサルティング業界の構造は、デジタル化の影響を受けて大きく変化している。IDC Japanのレポートによると、2020年にはコンサルティングファームの案件のうち、およそ半分をデジタル領域の案件が占めている。

IBMが2004年から約2年ごとに世界中の経営者へ数千人規模で調査している「グローバル経営層スタディ」によると、2012年から現在まで、企業に最も影響を与えている要素について「テクノロジー」という回答がトップになった。その背景として、テクノロジーが社会のあり方やビジネスの仕組みそのものを変容させていることが挙げられる。

従来ITは、ERPなどの基幹業務システムや情報インフラのためのものであったが、今ではビジネスそのものを構成する最も重要な要素となっている。CEO自らがデジタルに強い関心をもち、業界へのインパクトや自社での活用方針を検討し意思決定している中、コンサルティングファーム各社もまた、デジタルベースで経営戦略を描くことができなければ生き残れない。

また昨今は、国内市場の縮小を背景に海外市場への継続的な成長が求められている。その中で、社内業務にデジタル技術を取り入れることにとどまらず、会社のあり方や働き方・社内文化までデジタル仕様に変革する、DXの需要が勢いを増している。

多くの企業は部分的な業務効率化にデジタル技術を取り入れてはいるものの、全社戦略レベルでデジタル技術を組み込むことまではなかなかできていない。そのため、コンサルティングファーム各社がDX領域を強力に支援している。ボストン コンサルティング グループが「BCG Digital Ventures」を2018年に創設するなど、ファーム各社はDX支援を強みにもつ新組織を次々と立ち上げている。

人間臭いコンサルタントの仕事

これらの変化を受けて、コンサルタントの仕事も大きく変わりつつある。例えば、同じコンサルティングファームの仕事ではあっても、「顧客のために解決策を考える」業務と「解決策を実行して結果を出す」業務とでは、その仕事の中身はまったく異なる。「解決策の提示」であれば、そこで最も強く求められるのは頭の良さや発想のユニークさ、分析力といったことになる。極論すれば、机の前に座ったままでも莫大な利益をもたらすアイデアを生み出せる可能性はある。

しかし、「解決策の実行支援（インプリメンテーション）」となればそうはいかない。事業の現場に入って顧客と一緒になって汗を流し、現実の問題を解決して目に見える成果を出さなければならない。人間には感情があり、最良の解決策と理屈ではわかっても、その通りに人が動くとは限らず、単に「正しい」解決策を提示するだけでは何の成果にもつながらない。コンサルタントは日々の地道なコミュニケーションと小さな改善を積み重ね、粘り強く努力することが求められる。とてもリアルで、人間臭い現場の仕事だ。一般に広く流布している、華やかなコンサルタントのイメージとは異なる像がそこにはある。

インプリメンテーションは、現場での具体的な成果を求められる業務なので実施期間も長期にわたり、コンサルティングファームとしては安定的に売上が期待できるメリットがある。また戦略の実行にはＩＴが不可欠で、システムの設計・開発のプロジェクトが発生するケースが多いため、この部分でもコンサルティングファームが関与することができれば売上拡大の機会は一挙に拡大する。

現在、提案や助言を強みとする著名な戦略系ファームにおいても、新たな成長領域として実行支援機能を強化している。ボストンコンサルティンググループは、２０１８年５月に「Digital BCG Japan」というデジタル領域の案件に対して最適なソリューションを実装まで行う専門チームを設立。マッキンゼーも「McKinsey Accelerate」という、クライアントの組織的な課題に対して実行支援や実行能力の構築を行うグループを設け、「アクセラレートコンサルタント」と「オペレーションスペシャリスト」という実行支援部隊について本格的な採用を行っている。

「フィーベース」から「バリューベース」へ

「解決策の提示」から「解決策の実行」支援へと進んだコンサルティング業界の流れは、一部のファームではさらにその先へと進んでいる。それは、コンサルティングファームが解決策を実施した結果について、顧客とともにリスクを分かち合う「リスクテイキング」の発想が広がってきていることだ。

「リスクテイキング」の考え方はこうだ。顧客の依頼を受けて、コンサルティングファームがある方策を提案したとする。顧客としては高いお金を払って提案してもらったのだから、「この案は必ず実行できるよね？　実行したら本当に結果が出るよね？」とコンサルティングファームに確認するだろう。当然、コンサルティングファームは「大丈夫です。良い結果が出るでしょう」と答えるに違いない。

そこで、顧客は逆にコンサルティングファームに提案する。「そこまで自信があるなら、一緒にお金を出し合ってこの方策を実施しませんか？　それで儲かったお金は分け合いましょう。どうですか？」

コンサルティングファームにとっては、収益という面ではこれは大きなビジネスチャンスである。従来の収益モデルである「時間当たりの単価×時間」というコンサルティングフィーに基づいたビジネスの枠を超えて、実際に生み出した価値（バリュー）に対して報酬を得るという新たな段階に入ることになる。実際に、顧客と一緒に積極的にリスクを取り、資金を出し合って会社をつくるなどして、問題解決のためにリアルの事業に取り組むコンサルティングファームの例は少なくない。これはもはや「コンサルティング」という領域では括れない事業形態と言える。

例えば、「会社の総務や人事、財務といった本社機能をダウンサイズして間接部門の経費を下げたい」と考えるクライアントA社があったとする。コンサルティング会社はこの会社の委託を受けて調査、検討したうえで「人事部門の機能を外部の会社にアウトソースするのが最も良い方法である」という解決策を提案したとしよう。

その際に、もちろん既存の人事関連サービス会社に業務を委託するケースもある。しかし、まったく関係のない会社にゼロから委託するのは手間も時間もかかり、良い結果が出る保証もない。であれば、アウトソース策を提案したコンサルティングファーム自身とクライアントA社が共同で出資して新たに会社を設立し、そこが業務を引き受けることにする。そうすれば、すでにA社の業務内容にも精通しているし、解決したい問題の中身もよく把握しているから、より大きな成果が出る可能性が高い（次頁の図参照）。

もちろん、実際はこんなに単純な話ではないが、コンサルティングファームによるリスクテイキングとは要するにこういう考え方である。

あるコンサルティングファームの経営者は「クライアントは自社のあるべき姿はもうわかっている。わかっているけど実現できないところが問題なので、場合によっては私たちと一緒にジョイントベンチャーをつくって運営するという形も含めて提案する。これはもうクライアントというより運命共同体であり、ビジネスパートナーだ。自分たちと一緒にリスクを取らない相手には、クライアントはお金を払ってくれない時代になってきている。コンサルティング業界は変わらなければならない」と話す。

変化するコンサルティングの「価値」

自らも事業に乗り出すコンサルティングファームに対して、「これは本来のコンサルティングファームの姿ではない。自分が事業をやってしまってはコンサルタントではない」という意見もある。クライアントに対して解決策を提案するというコンサルティング会社の原義からすれば、自分で事業を手がけてしまうコンサルティングファームが本当にクライアントにとって公平な視点をもてるのか、という疑問はあり得る。

しかし、ここで重要なのは「コンサルタントとは何か」という定義の論争ではないだろう。大切なのはクライアントに対して価値を出せるかどうかであり、それを判断するのはクライアントである。価値

コンサルティングファームのアウトソーシングの一例

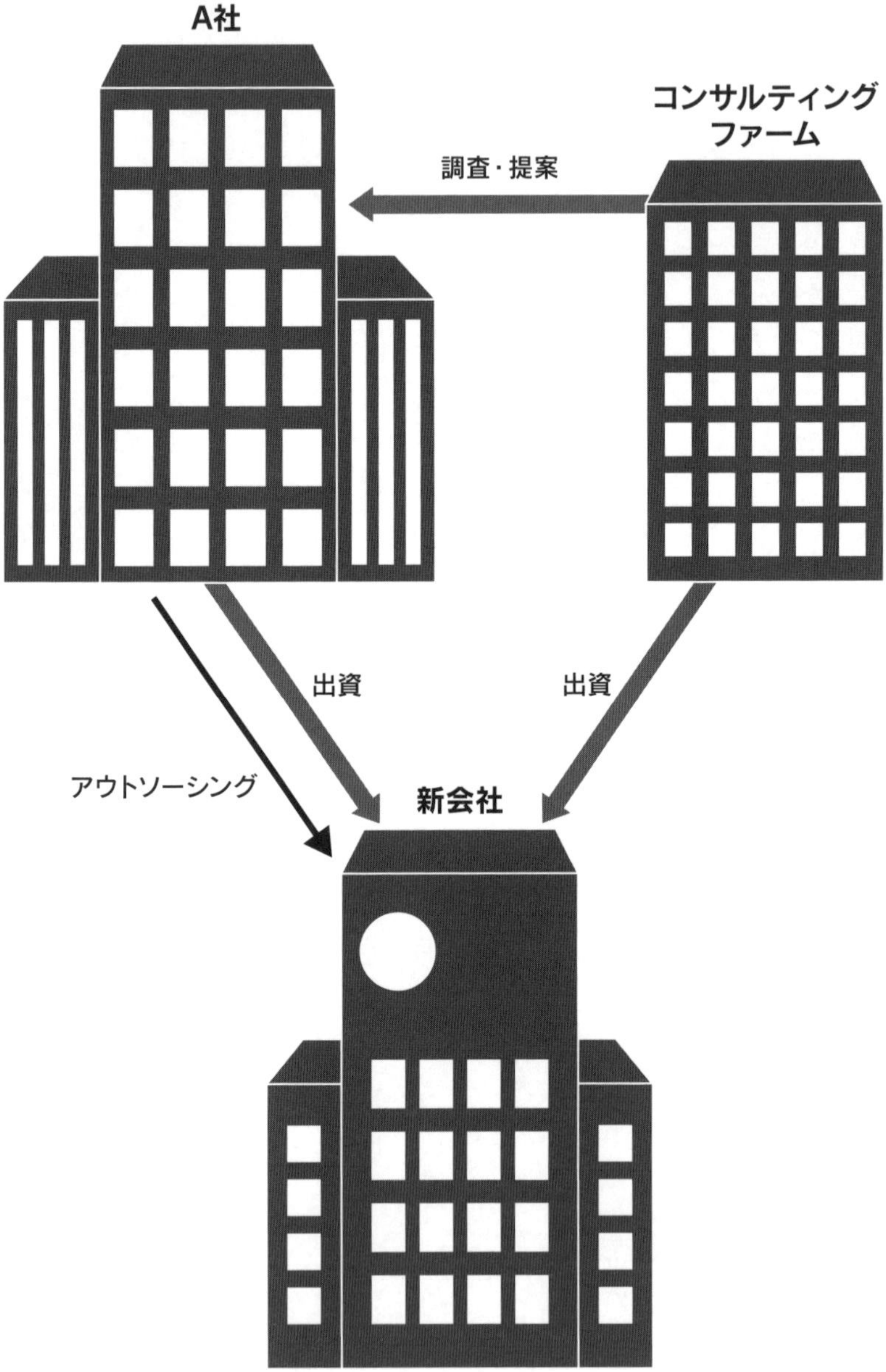

が出る存在にはクライアントは喜んでお金を払うし、そうでない存在には払わない。あくまでクライアントの視点に立ち、彼らのニーズに対して、さまざまな問題解決のアプローチを提案・実行するコンサルティングファームが存在すると考えるのが順序である。

クライアントにとってコンサルティングがより身近な存在となったことで、各コンサルティングファームは近年クライアントに対する提言だけでなく、インプリメンテーションやアウトソーシングの受託に業務の比重が移行している。しかし、実際にどのような考え方のコンサルティングファームが市場で評価されて業績が伸び、どんなコンサルティングファームが淘汰されるか、その判断は市場に任せるしかない。それがまさにコンサルティングファームの差別化に他ならない。

時代の変化は早い。少なくとも、古典的な「相談」から出発したコンサルティングファームの役割が、時代とともに大きく変化しているという状況は認識しておく必要がある。

5 コンサルティングファームの類型

コンサルティングファームの7つの類型

「コンサルティングファーム」と一口に言っても、各社が取り組んでいる経営問題は実に多様であり、具体的に提供している価値も大きく異なる。「戦略系ファーム」や「総合系ファーム」といった言葉を聞いたことのある方は多いかもしれないが、コンサルティングファームはもっと幅広い。ここでは、コンサルティングファームを7つに類型化し、各々の仕事の特徴や代表的なファームを紹介する。コンサルティング業界の全体像をつかんでいただきたい。

▼1　戦略系コンサルティングファーム

戦略系コンサルティングファームは、クライアント企業のさまざまな経営課題の解決を行うプロフェッショナルファームだ。必要に応じて、事業戦略、マーケティング戦略、M&A戦略、新規事業の立案、業務改善や組織改革などのコンサルティングを実施する。クライアント企業からスピーディな変革や具体的な成果を求められる中、中長期的な戦略立案だけでなく、現場のアクションプランを作り込み、プランがきちんと実施できるようにサポートする実行支援まで踏み込んでプロジェクトが行われるようになっている。コンサル黎明期に〝机上の空論〟と揶揄されることもあったが、今ではその様相はだいぶ異なる。

また、戦略コンサルティングというと外資系ファームのイメージが強いが、外資戦略系ファーム出身者などが設立した国内発の戦略系ファームも多数存在している。事業投資など従来のコンサルの枠組みを超えた活動に挑戦しているファームもあり、注目されている。

代表的な外資戦略系コンサルティングファームには、マッキンゼー・アンド・カンパニーやボストンコンサルティング グループ、ベイン・アンド・カンパニーなどがある。内資戦略系コンサルティングファームでは、ドリームインキュベータ、経営共創基盤、コーポレートディレクションなどがある。

▼2　総合系コンサルティングファーム／業務・IT系コンサルティングファーム

業務・IT系コンサルティングファームは、業務改善、IT戦略、ERP導入、SI、BPOなど、業務全般やIT活用に関わる経営課題の解決を幅広く手がけるプロフェッショナルファームだ。昨今のクライアント企業のデジタル化対応のニーズを受けて、急速な成長を遂げているファームが数多く見られる。また、業務・IT系で大規模な戦略コンサル部門をもつファームは、総合系コンサルティングファームと称されている。総合系コンサルティングファームは、戦略立案、業務改善、システム導入・運用など一貫した支援を行い、経営レベルから現場レベルの課題までを幅広く解決する。M&Aコンサル部門、企業再生コンサル部門、組織人事コンサル部門、リスクコンサル部門なども擁しており、サービスの範囲は非常に広い。

総合系コンサルティングファームの組織は、業界（インダストリー）と機能（ファンクション）で部門が区切られており、それぞれの専門領域に精通したプロフェッショナルが在籍しているのが特徴の1つだ。つまり、戦略コンサルティング部門に在籍していれば、事業戦略立案や新規事業開発などの戦略プロジェクトを中心に担当することになる。また、組織規模が大きく潤沢な資金をもつことから、戦略系ファームやデザインファームの買収を行うなど、積極的な事業展開を行っているファームが多い。

代表的な総合系コンサルティングファームには、アクセンチュア、デロイトトーマツコンサルティング、PwCコンサルティング、KPMGコンサルティング、EYストラテジー・アンド・コンサルティングが挙げられる。また、業務・IT系コンサルティングファームとしては、ガートナー、ウィプロ・リミテッド、フューチャー、ビジネスブレイン太田昭和などが知られる。

▼3 シンクタンク

シンクタンクは、政府や企業などから委託された特定課題を検討し、政策や企業戦略のあり方を専門的立場から提案する機関だ。政治、経済、経営、科学などさまざまな領域の専門家が集まり、特定テーマについての研究・分析により蓄積した精度の高い情報や見識をもつ点に強みがある。

また、シンクタンクは、政府系の組織と民間系の組織に大別される。政府系シンクタンクは、省庁や日銀など政府系組織の傘下で、政策に関する調査・提言を行っている非営利の組織であり、政策決定過程において大きな役割を担う。代表的な組織は、経済社会総合研究所、経済産業研究所、日本国際問題研究所、防衛研究所などがある。

一方、民間系シンクタンクの多くは、純粋な研究を目的とする研究機関とは異なり、他のコンサルティングファームと同様、外部の民間企業や官公庁をクライアントとして、プロフェッショナルフィーを得てコンサルティングビジネスを展開している。特に大手の民間系シンクタンクは、経営コンサルティング部門、ITコンサルティング部門、官公庁向けのリサーチ部門（政策に関する調査・提言）、エコノミスト部門などを擁し、多岐にわたる業務領域をカバーしている。経営コンサルティング部門では、戦略コンサルティング、業務コンサルティング、組織人事コンサルティングなどのコンサルティングを行っている。

民間系シンクタンクの多くはメガバンクや大手証券会社などの大企業を親会社にもつ。そのため、大手企業グループのネットワークを活かした強力な営業チャネルを有することも大きな特徴だ。また、近年は、経営コンサルティング部門と官公庁向けのリサーチ部門が協業することで、社会課題解決やSDGs関連のプロジェクトへの取り組みも増えている。日本企業の海外進出を支援するプロジェクトも増えており、海外戦略を専門とする部門をもつシンクタンクもある。代表的な民間系シンクタンクとして、三菱総合研究所、野村総合研究所、三菱ＵＦＪリサーチ＆コンサルティング、日本総研、ＮＴＴデータ経営研究所などが挙げられる。

▼4　財務系コンサルティングファーム（ＦＡＳ）

財務系コンサルティングファームは、企業の資金繰りや財務・税務のアドバイスをはじめ、Ｍ＆Ａ支援、企業価値評価、企業再生、係争分析（ビジネス上で不正行為や訴訟が発生した場合や追跡調査が必要になった場合などに行う事実分析）など、財務に関する課題解決を幅広く支援するプロフェッショナルファームだ。

売上や原価、販管費などのＰ／Ｌ（プロフィット・アンド・ロス・ステートメント：損益計算書）のみならず、資産や負債などのＢ／Ｓ（バランスシート：貸借対照表）の財務状況に関する改善ノウハウを豊富にもつことも、財務系ファームならではの特徴の１つと言えるだろう。なお、財務系コンサルティングファームは、ＦＡＳ（ファイナンシャル・アドバイザリー・サービス）と呼ばれることも多い。

現代は、企業の成長戦略としてＭ＆Ａが非常に重視されるようになっている。そのような背景を受けて、多くの財務系コンサルティングファームが、企業戦略に基づく買収候補先の選定、ビジネスデューデリジェンス、買収後の組織統合といったプロジェクトを行う戦略コンサルティング部門を擁するようになっている。

財務系コンサルティングファームの代表的な企業としては、ＰｗＣアドバイザリー、デロイト トーマツ ファイナンシャルアドバイザリー（ＤＴＦＡ）、ＫＰＭＧ ＦＡＳなどが挙げられる。

▼5　組織人事系コンサルティングファーム

組織人事系コンサルティングファームは、組織人事に関わるルールの整備を通じて、社員の行動変容を促し、企業の戦略を実現する組織づくりを支援するプロフェッショナルファームだ。具体的なプロジェクトとしては、人事戦略の立案、組織構造の改革、人事制度構築、評価制度の改善、組織風土の改革などが挙げられる。

また、企業のグローバル化やM&Aの増加に伴い、海外子会社の人事制度改革やM&Aに伴う人事制度統合のプロジェクトも増加している。さらに、昨今は、コーポレートガバナンス・コードの施行を背景に、取締役のアセスメント、役員報酬制度に関するコンサルティングなど、新しい領域のプロジェクトも増加している。

代表的な組織人事系コンサルティングファームには、ウイリス・タワーズワトソン、マーサー、コーン・フェリーなどがある。ただし、総合系コンサルティングファームやシンクタンクにも、組織人事コンサルティングを専門とする大規模な部門があり、組織人事専業のコンサルティングファームと競合している。

▼6 ブランド系コンサルティングファーム

ブランド系コンサルティングファームは、クライアント企業のブランド価値向上を支援するプロフェッショナルファームである。企業理念やブランドの策定や社内外へのブランド浸透などを支援する。

社内外へのブランド浸透策は、企業とステークホルダーの関係全般にわたるため、プロジェクトのタイプは多岐にわたる。具体的には、社内向けでは社員の意識変革施策や研修に落とし込まれたり、社外向けではマーケティング施策、ロゴやネーミング、パッケージデザイン、ビジョンムービーなどの映像といったクリエイティブコンテンツの制作に落とし込まれたりすることもある。さらに、Ｗｅｂやリアルイベントの企画・実施、またはディレクションなどを行うこともある。また昨今は日本企業の海外進出に伴って、グローバルや進出した地域へのブランド浸透を支援する案件も増えてきている。

ブランドコンサルティングのプロジェクトは、戦略系コンサルティングファーム、総合系コンサルティングファームやシンクタンクの戦略コンサルティング部門などでも行っている。しかし、ブランド系コンサルティングファームは、自社内やグループ内にデザイナーやクリエーターを抱えており、ブランドや商品コンセプトに基づいたクリエイティブ制作まで一貫して行える点に強みをもっている。

代表的な企業としては、インターブランドや博報堂コンサルティングがある。

▼7　先端領域・専門領域コンサルティングファーム

先端領域・専門領域コンサルティングファームは、特定業務や特定業界に高い専門性をもち、その領域に特化したコンサルティングサービスを提供しているプロフェッショナルファームだ。製薬・医療機器業界特化、エネルギー業界特化、ハイテク業界特化、農業分野特化など業界に特化したファームのみならず、リスクマネジメントやコスト削減支援などの領域に特化するファーム、さらには知的資本領域特化、DX領域特化などの先端的なテーマに対して意欲的に取り組むファームも存在する。また、中小規模の企業をクライアントとして、顧問型の支援を行うコンサルティングファームもある。

ただし、ビジネスが拡大する中、当初特化していた領域から事業領域を広げるケースも珍しくない。その場合には、戦略系コンサルティングファームや業務・IT系コンサルティングファームとして分類するほうが適切な場合もある。

例1　DXコンサルティング

AI・先進技術の動向調査と分析、AI・先進技術に関するスタートアップとのアライアンス推進、新規事業戦略策定に関するコンサルティングなどを展開する。

例2　エネルギー業界コンサルティング

電力やガスなどのエネルギー業界向けの経営コンサルティング、エネルギー業界へ参入する大手企業の新規事業立ち上げなどを支援している。

例3　製造業コンサルティング

精密機器や機械などを扱うメーカーを支援するコンサルティングファーム。多数のエンジニア出身者を擁し、設計・開発のプロセス改善や海外展開プロジェクトなど、製造業が抱える課題を幅広く解決している。

例4　農業コンサルティング

農業分野へ参入を検討する大手企業の新事業創出支援、農業企業への経営コンサルティング、農業関連企業のデューデリジェンスなどのプロジェクトを行っている。

例5　病院コンサルティング

病院経営を支援するコンサルティングファーム。病院や医療機関に対して、業務プロセス改善、コスト削減、Ｗｅｂ施策、ＩＴ、組織改革などのさまざまな観点から、病院経営基盤を総合的に強化するための専門的なコンサルティングを提供する。また、経営が苦境にある病院や医療機関に対して、再生支援を行う場合もある。

以上、コンサルティングファームの７つの類型を見てきた。これまで見てきた通り、時代とともにクライアントのニーズは変化しており、ファーム各社が新しい価値の提供に取り組む中で、これらの「○○系」という分類の境目は曖昧になってきている。上記の７つの類型を見ても、部分的に重なり合っているものが多いのが実際だ。ただ、業界全体をぼんやりと眺めても企業理解は深まらないので、上記の類型を１つの下敷きとしながら、コンサルティングファーム各社の研究を進めてみるとよいだろう。

6 コンサルティングファームの経営形態――パートナー制と株式公開

パートナー制とは何か

コンサルティングファームでよく見られるタイトルに「パートナー」がある。これは英国や米国に起源をもつ「パートナーシップ（パートナー制）」と呼ばれる経営形態で運営されるコンサルティングファームが多かったことから、最上級のコンサルタントの肩書として使われているものだ。

パートナー制の最も初期的な形態は、複数の出資者が資金をもちよって会社（ファーム）を設立し、生み出した利益を自分たちに分配するというものだ。そして、この出資者のことを「パートナー」と呼ぶ。パートナーは株式会社で言うところの株主のような存在と言ってもよいが、損失に対しては自らの出資分だけに限定されず、無限責任を負う。ここが株式会社の制度とは異なる。

しかし現在では、日本のコンサルティングファームの多くは株式会社として設立登記されており、パートナーの呼称を用いていたとしても、無限責任を負ってはいない。もちろんその場合でも、パートナーと呼ばれる地位にいる人たちは一般のコンサルタントと違い、自社の経営に責任をもっている。ファームによって仕組みは異なるが、会社の業績が上がればパートナーの報酬も増え、業績が悪ければパートナーの報酬は減るのが普通である。その意味ではパートナーは自らリスクを取っていると言える。

パートナー制のメリットとデメリット

パートナー制は、弁護士事務所や会計士事務所、コンサルティングファームなど、自立して活動する複数のプロフェッショナルが集まって事業を行う業界で主に普及してきた経営形態である。そこでは1人でも十分に生きる力があるプロフェッショナルが、より大きな成果や高い効率を求めて自発的に集まり、相互信頼のもとに組織を運営していくという文化があり、以下のような特徴がある。

- 誰に見られていなくても常に最善を尽くす
- 常に全体の利益を考え、利己的な行為はしない
- あくまで信頼できる仲間だけの（クローズドな）組織である

ビジネスである以上、収益を上げることはもちろん重要だが、自立したパートナーたちにとっては金銭以上に大事なものがある。いたずらに短期的な収益の拡大を求めずに、ビジョンや価値観といった「金銭以外の動機」を重視して、組織を運営できることがパートナー制の大きなメリットである。コンサルティングファームの中にはこの点を重視してパートナー制を維持しているところも多い。

実際、クライアントファースト（顧客第一主義）を貫こうとすると、短期的な収益を追う姿勢と矛盾することはよくある。収益目標を必達とするならば、クライアントにとって必要性の低いプロジェクトも提案せざるを得なくなるケースも生じるからだ。

このように、パートナー制は、自社の価値観に基づいた経営を行ううえでは優れた形態だが、デメリットも存在する。それは株式公開により、外部から大規模な資金調達を行うことで積極的な事業拡大を図るといった選択肢をもちにくい点だ。現代のように経営環境の変化が激しい中、クライアント企業のニーズに対応するサービスや組織体制をスピーディに整えることができないデメリットは、決して小さくはない。

なお、前述のように日本のコンサルティングファームの多くは株式会社であるが、経営陣だけで株式をもっていれば、パートナー制と同様に、価値観などを重視して経営することも可能だ。

コンサルティングファームが株式上場するメリットとデメリット

パートナー制をとるコンサルティングファームがある一方で、自社の株式を上場しているファームもある。グローバルなコンサルティングファームで株式を上場しているファームといえば、ニューヨーク証券取引所に上場しているアクセンチュアが代表的だ。国内ではドリームインキュベータが東証一部上場企業となっている。

コンサルティングファームが株式公開するメリットとデメリットは、パートナー制の裏返しとなる。そもそも株式公開とは何のためにするのかといえば、基本的にコスト（金利）の安い資金を調達するためである。会社を運営していくうえでは資金が必要なのは言うまでもない。生産設備が不可欠なメーカーや多店舗展開をする小売業や外食産業などは多大な投資が必要なので、外部から資金を調達する必要がある。

コンサルティングファームも株式公開することで、外部から大規模な資金調達が可能になり、事業拡大にむけた先行投資を行えるようになる。社内の人材育成体制の整備やナレッジマネジメントシステムの開発を行う余裕もてる。さらには、クライアント企業のニーズに応えるために、デザインファームやAIスタートアップを買収したりすることも可能だ。

一方で、株式を公開すれば株主の意向を鑑みつつ経営を行わなければならなくなるというデメリットがある。一般の投資家は、金銭を増やすことを目的に投資しているわけだから、たとえコンサルティングファームに対してであろうと、年々利益を増やし会社が成長していくことを求める。これは当然のことである。

しかし、コンサルティングファームの事業内容を考えた場合、「クライアントの問題解決」という商品を売っている以上、人材確保の制約などから飛躍的な成長を実現するのは難しいことが多い。仮にクライアント企業から多くのプロジェクトを受注できたとしても、プロジェクトに入る優秀なコンサルタントを短期間で大量に採用、育成することは容易ではない。むしろ、年々利益を増やすという責任を負うことで、無理な仕事を受注してコンサルティングの質が低下する可能性もある。

このように、コンサルティングファームの株式公開については、メリットとデメリットがあり、業界の中でも賛否両論がある。同様に、パートナー制と株式上場したコンサルティングファームのどちらがファームの経営形態に適しているかについても、単純に論ずることはできない。ただ、近年の日本のコンサルティングファームは、コンサルティングビジネスだけでなく、事業投資をはじめとする他ビジネスにも進出する傾向があり、その資金調達のために上場する企業も増えると予想される。

プレミア対談1

「パートナー」というキャリア——その働き方と魅力とは

コンサルティングファームのオーナーであり、経営者である「パートナー」。外資系コンサルを中心に、パートナーシップで事業運営を行うファームは多く存在する。その中で経営の舵取りを担うパートナーはどのような働き方をしているのか。また、コンサルティング業界は今後どのような変化を遂げていくのか。本コラムでは、日本のコンサルティング業界を代表する経営者であるEYストラテジー・アンド・コンサルティング代表の近藤聡氏と筆者・渡辺の対談を掲載する。

EYストラテジー・アンド・コンサルティング
代表 近藤 聡氏

コンコードエグゼクティブグループ
代表 渡辺 秀和

経営コンサルタントの最上位ランクとしてのパートナーの働き方

渡辺：コンサルティングファームへの転職を希望される方々の相談を受けていると、3～5年の経験を経て、他の事業会社やスタートアップに転職したいと考えている方が少なくありません。「ファームでスキルを習得し、実際のビジネスや社会課題解決に活かしたい」という考え方です。確かにコンサルティングファームでは、起業家や経営者をめざすうえで貴重な経験が積めます。私たちの会社でもそのように考えています。

しかし、経営コンサルタントとしてのキャリアを単なるスキルアップと考えるのはもったいない。特にパートナーになると、企業経営や社会の未来像を自ら発信し、業界全体や政府などを巻き込みながらより影響力のある形で課題解決を牽引しているように見えます。ぜひ、パートナーの仕事の魅力を伺いたいと思います。

近藤：一般的に、ファームのパートナーには、3つの顔があります。まず、「ファームを所有するオーナー」としての顔、そして、「ファームを運営する経営者」としての顔です。つまりパートナーは、ファー

ムの持続的な成長に真にコミットする存在です。ファーム全体の経営戦略から人材の採用と評価・育成などの人事管理、そして財務管理、リスク管理など、一般的な事業会社の社長と同じマネジメント・意思決定を担うのです。最後にパートナーには、「経営コンサルタントの最上位ランク」としての顔があります。パートナーは、クライアントを自ら開拓し、リーダーシップを発揮して価値を提供し、深い関係を築いていかねばなりません。特定の業界やテーマのリーダーとして、コンサルティングチームを牽引することが求められるのです。

渡辺：おっしゃる通りで、パートナーはクライアントを開拓しなければなりません。コンサルティングは無形のサービスであるため、営業の難易度は高いと言われます。実際にパートナーはどのようにクライアントを開拓しているのでしょうか。

近藤：「クライアントの相談役に足るか」が、営業の根本です。サービスを売ろうとする物売りの姿勢では、クライアントは心を開いてくれません。相手の悩み相談に真摯に向き合えるかどうかが、クライアントや新しい仕事を開拓する基本です。したがって、パートナーたちは日頃から各界の社長やキーマンとのつながりを深め、真摯に彼らの悩みに向き合っています。

また、パートナーは、クライアントが相談したいと思える存在であり続けるために、自身の専門領域を広げ、深め、最前線で活躍することが求められます。だからこそ、政府の委員会に入ったり、専門書を執筆したりするなど、専門家として情報収集と発信に精力的に取り組むパートナーが多いのです。

渡辺：パートナーの皆さんと話していると、この提案フェーズは、とてもダイナミックで楽しいのではないかと感じています。

パートナーは「御社は今後このようなことに取り組むべきではないでしょうか」と自らアジェンダを提示し、経営者と議論し、企業変革を支援していきます。アジェンダの設定は、社会課題の解決や業界の改革といった一企業内部の枠を超えたものも可能です。もちろん、クライアント企業の成長につながるテーマである必要はありますが。そして、この課題解決を一緒に推進してくれる協業パートナーとしてクライアント企業を開拓し、提案していく。このような一連の流れを自らリードできるところに、パートナーとしてのやりがいやキャリアの魅力の1つがあると考えています。

近藤：そうですね。経営者に対して、本質的な問いを投げかけ、一緒に解決すべき課題に向き合って具体化していく。同じ相談内容であっても、提案の仕方はさまざまで、そこに自分なりの考えや方法論を盛り込んでいくことができます。むしろ、それをクライアントも期待していますね。

もちろん、新卒1年目であっても、マネジャーであっても、クライアントに真摯に向き合い、本質的な課題を見出し、解決する姿勢をもたねばなりません。ただ、パートナーになると、現在遂行しているプロジェクトの範囲を超えて、より中長期的に取り組むべき課題や、業界全体・業界横断で取り組むべき課題について経営者や政府関係者などと深く議論し、世の中をより良くしていくムーブメントを生み出せるチャンスが増えていきます。

特に、ＳＤＧｓやＥＳＧが浸透した今日では、「企業として社会課題にいかに向き合うべきか」が重要な経営課題として位置づけられています。経営コンサルタントとして、より難易度の高い問題解決に取り組めるところに非常にやりがいを感じています。

新しい世界観を創り、社会課題解決を牽引する

渡辺：この数年で社会課題に対する企業の本気度が急速に高まってきています。クライアント企業が社会課題と向き合う中で、コンサルティングファームも政府とのコミュニケーション機会が増えてきているのでしょうか。

近藤：政府と経済界、両者の橋渡し役を経営コンサルタントが担うことは多いですね。社会課題を本気で解決するには、官と民が一体となって、社会構造改革と企業変革を実行していかなければなりません。実は、私は東日本大震災を機に、初めて「自分は日本人」だと痛烈に感じました。震災後、外国籍の同僚たちが母国に帰国する姿を横目に、私は、日本で生きている。日本をより豊かで幸せな国にしていきたいと本気で考えました。そこから、当時はデロイト トーマツ コンサルティングの代表を務めていましたが、同僚のパートナーとともに、社会課題起点のコンサルティングに挑戦してきました。CSVやSDGsといった言葉が生まれ、社会に浸透する前から、震災で痛感した自身の無力を省みて、ファームとして、社会全体をより良くしていくような価値貢献のあり方を模索したのです。

渡辺：そのような想いがファームの変革の背景にあったのですね。社会課題起点のコンサルティングとして、どのような案件を手がけてこられたのでしょうか。

近藤：例えば、水素社会成立に向けた取り組みを、デロイトの代表時代からチームで手がけていました。当時、某企業から、「環境に優しい水素自動車をつくる技術はあるが、水素を供給するスタンドがない」と相談を受けました。そして、当時の国会議員や政府と話をして、委員会を組成し、エネルギー政策に反映するなど政府に働きかけました。

また今日、新型コロナウイルスの感染拡大や米中の関係悪化などの安全保障、さらに人権の問題から、国や地域の境界線が色濃く出てきています。そのよ

うな社会情勢において、EYストラテジー・アンド・コンサルティングでは、サイバーセキュリティも含めたサプライチェーンなどの、より強靱（レジリエント）な、新たな事業基盤をいかに構築するか、政府・企業の双方を巻き込みながら変革を推進しています。

渡辺：1つのクライアント企業の相談役ではなく、多様なステークホルダーを巻き込みながら社会課題解決に向けた取り組みを牽引しているのですね。ここまで広い枠組みとなると、クライアントが明確でないように感じます。このような場合、報酬はどのように得ているのでしょうか。

近藤：水素社会の取り組みを例に挙げても、その成立には、政府や自治体、水素自動車をつくるメーカー、水素ステーションを開発・運営するインフラ企業、水素自体をつくるエネルギー関連事業者など、実に多くのステークホルダーが相互に連携しながら大事を為《な》さねばなりません。新しい世界観ができるまでは、特定の依頼人に対するコンサルティングのニーズは生まれませんから、経営コンサルタントは自らの価値観に従い、世の中の動きを牽引しなければならないのです。そして、新しい世界観ができ、市場が形成される過程になって初めて、そのテーマをリードしてきたファームや経営コンサルタントに特定の依頼人からの相談が寄せられ、通常のプロジェクト報酬を得られるようになるのです。今後のコンサルティング業界においては、このような仕事のつくり方がさらに重要になってくると考えています。

経営者として、パートナーは自身の価値観を軸に意思決定を行う

渡辺：なるほど。あるべき未来社会を自ら構想し、その実現に向けた課題設定とステークホルダーを巻き込んだ変革の推進を通して、新しい世界観を創る。今後のコンサルティング業界における価値創造の大きな潮流となる気がします。

このような取り組みを主導していくパートナーのキャリアは魅力的だと思いますが、パートナーにな

るためには、何が必要でしょうか。

近藤：ここまで、「経営コンサルタントの最上位ランクとしてのパートナーの働き方」を中心にお話ししましたが、パートナーには「ファームのオーナー・経営者としての顔」があります。優れた経営コンサルタントが、必ずしも優れた経営者になれるわけではありません。「ファームの経営者に足るか」という観点がパートナーになれるか否かを分かつと思います。

渡辺：コンサルタントは、プロジェクトワークを通して、経営全般の知識、企業活動のメカニズムを学ぶことができます。また、クライアントを巻き込みながら、タフな企業変革を推進していく中で、経営者に必要なリーダーシップも鍛えられます。事業会社の方々と比較しても、経営者に必要なスキルやマインドを養う絶好の機会に恵まれていると思います。

しかし、私も毎日のように直面していますが、社長になると、瞬時に判断が求められ、価値観を問われます。一方、経営コンサルタントは、自分の価値観をもとに、クライアントに提案するわけではありません。価値観をベースに意思決定が求められるところが、経営コンサルタントと経営者の違いだと感じています。

近藤：その通りだと思います。ファームの代表として、自身の価値観を明確にもつことは重要ですね。経営コンサルタントとして意思決定の支援をすることと、経営者として自ら意思決定しファームをリードしていくことは大きく異なります。そして、経営者としての意思決定は、最終的に自分の価値観に依るところが大きい。「これだけは譲れない」「絶対にこうありたい」「このような価値を提供したい」という、個人としての価値観を強く大切に持ち、正解の見えない経営の舵取りを迷わずに進めていける人物、そして、ファーム全体をさらなる高みに導ける人物が、本物のパートナーになれると思います。

渡辺：本日はパートナーとしての働き方から、そのキャリアの魅力まで広くお話しいただき、ありがとうございました。最後に、読者の皆さまに対してメッセージをお願いします。

近藤：ファームを経営するパートナーたちには各々の価値観やこだわりがありますから、コンサルティングファームには、それぞれの色があります。ファームが何をめざしているかは、各社のパーパスステートメントに色濃く現れています。ＥＹのパーパスは、Building a better working world（より良い社会の構築をめざして）。優れた知見や高品質なサービスの提供を通して、資本市場と世界経済における信頼の構築に貢献する。そして、あらゆるステークホルダーに対して、長期的価値を提供する優れたチームを育成し、持続可能でインクルーシブな成長を実現したいと考えています。コンサルティング業界への就職や転職を検討する際には、各社のパーパスを確認いただいて、ぜひ、ご自身の価値観にフィットするファームを選択し、世界をより良い方向に牽引できるパートナーになっていただければと思います。

【プロフィール】

近藤 聡（こんどう・あきら）氏

大手総合系コンサルティングファームにて、自動車・ハイテク業界を中心に、企業戦略、オペレーション改革、海外展開戦略策定・実行支援などクロスボーダーを含むプロジェクトを数多く手がける。２０１１年より、同ファームで日本代表を務める。２０１９年1月、EY Japan に参画後、２０２０年10月、ＥＹストラテジー・アンド・コンサルティング代表取締役社長に就任。

CONSULTING FIRM

Chapter2

コンサルタントという仕事

1 コンサルタントの仕事の面白さ

コンサルタントという仕事は、エキサイティングでやりがいがあること、そして自分を成長させるために非常に有効な道であることは、多くのコンサルタントが異口同音に認めるところだ。

では具体的に、コンサルタントの仕事の魅力や、やりがいはどこにあるのだろうか。あるコンサルティングファームのパートナー経験者は以下の4つをコンサルタントの仕事の魅力として挙げる。

コンサルタントの仕事の魅力

▼1　最先端の経営課題の解決（視座の高い仕事）に携われること

コンサルタントがクライアントとともに取り組む問題解決は、クライアント単独では解決し得ない複雑かつ最先端の経営課題である。全社レベルの企業変革につながる案件も多く、経営者目線の視座の高い仕事に若くして取り組めることは、この仕事ならではの成長機会と言える。事業会社に就職した場合には、めったに経験できない経営課題と日々向き合い、プロジェクトごとに異なる課題の解決を推進する中で、世の中の企業経営における最先端の知見を獲得し、プロフェッショナルとしての経験を蓄積し続けることができる。

▼2　クライアントから「ありがとう」と直接感謝されること

コンサルタントの仕事に限ったことではないが、クライアントの問題解決を支援する日々の中で、感謝されることは多い。当然ながら、期待値を上回る成果を上げなければクライアントの喜ぶ顔を見ることはできないが、優秀なコンサルタントたちは自身の良心に従い、最高のパフォーマンスを出すために努力を惜しまない。プロジェクトはクライアントと丁寧にコミュニケーションを取り、ともに汗をかきながら進めていくため、いつの間にかクライアントとは戦友のような関係になっていく。クライアントから心の底からの「ありがとう」をいただいたときに、コンサルタントの仕事はやめられないと強く感じる。そして、コンサルタントが取り組んでいる問題解決は、クライアントの先の社会にも少なからず良い影響を与え得るものであり、社会的なインパクトを肌で感じたときにも達成感を得られる。

▼3　自由度の高い働き方ができること

働き方の自由度が高く、成果さえ出していればプロセスを細かく管理されることは少ない。また、素直に感じた問題意識や思いついたアイデアを気兼ねなく自由に発言できる。新卒1年目であっても、積極的に自分の考えを発言し、チームの成果に主体的に貢献することが求められる。与えられた業務を淡々とこなすような働き方ではなく、創意工夫しながら、自ら考えて価値を創造できる自由度の高さが若手コンサルタントの働きがいにつながっている。

▼4　高水準の報酬と充実したトレーニング機会を得られること

事業会社と比較して、コンサルタントは若いうちから高い報酬を得ることができる。外資戦略ファームのマネジャークラス（新卒であれば30歳前後）で2000万円前後の報酬を得ている。また、コンサルティングファーム各社は個々のコンサルタントの人材育成に注力しており、各種研修の提供や自己研鑽活動の補助制度が充実している。各社の充実したトレーニング機会については第6章の資料をご覧いただきたいが、このような待遇の手厚さもコンサルタントとして働く魅力であろう。

上記の魅力に重なるところもあるが、他のコンサルタントたちの話も紹介しておこう。

コンサルタントの証言

▼フラットな組織で、自分が正しいと思ったことができる

「クライアントの組織を見た経験から言うと、一般の事業会社と比較してコンサルティングファームの自由度は圧倒的に高いです。例えば上司への意見を言える度合い。タテにもヨコにも妙な垣根がないので、「これ知っている人いませんか?」と聞けばどんどん答えが返ってくる。ファクトベースの仕事なので、入社1年目の新人でも現場でファクトを握っていれば上司の意見に勝てます。そういう意味で自分が正しいと思ったことができるという点はとても魅力ですね」

（戦略系ファーム、コンサルタント）

▼クライアントとの信頼関係

「クライアントとの信頼関係をつくるのが面白いですよね。仕事は簡単ではないですけど、「さすが」と感謝され、「○○さんなら、どう考えますか?」などと相談してもらえるのが一番の原動力ですね。自分のお金のためとか、出世しようとか、そういうモチベーションではとても続かない。クライアントの問題解決に真剣に向き合う中で、真のビジネスパートナーとしての信頼関係を築けると、クライアントのために頑張ろうとより強く思うようになる。そこが一番のモチベーションだね」

（総合系ファーム、パートナー）

▼自分そのものとつながっている

「コンサルティングという仕事は、人や組織や事業を直接取り扱っていく仕事なので、クライアントへの眼差しは、人間、つまりは個人として自分が生きていくことへの関心と底のほうで深くつながっているんです。そういう意味で、人間としての自分と仕事とが否応なしに結びつけられているんですね。それがこの仕事の楽しさでもあり厳しさでもあります。よく言う『仕事か、プライベートか』みたいなことを感じさせずに全身全霊で仕事しているのは、それが理由だと思います」

（組織人事系ファーム、パートナー）

▼社会的な意義、貢献

「ＳＤＧｓへの対応が本格的に求められる中で、業界各社は社会課題の解決に向けてさまざまな事業を展開しています。しかし、社会課題の解決は１つの企業だけで成し遂げることはできず、異業種の企業や政府・自治体との連携や地域住民の協力が不可欠です。そのような課題に対して、私たちはクライアント企業と特定地域で実証実験を行い、その結果を踏まえて自ら政府に政策提言をし、社会課題解決に向けた国全体の動きを生み出していたりします。そのような社会的なムーブメントを起こす仕事に取り組めることは本当にやりがいを感じますね」

（シンクタンク、マネジャー）

▼変化の現場にいる

「常に変革の現場に携われることが、この仕事の魅力ですね。世の中が大きく変化しようとしている時期に、真剣に取り組むべきテーマについて、大企業が

実際に意思決定をして、実行する現場にいられる。重要な意思決定をする現場、このダイナミックスはその場にいるとぞくぞくしますし、そこが一番面白いと思いますね」

（財務系ファーム、マネジャー）

2 コンサルタントの仕事の進め方

日常的にコンサルタントは、いったいどんな仕事の進め方をしているのだろうか。どんな働き方をしているのか。ここではコンサルティングファームで日々繰り広げられている、コンサルタントたちの仕事の進め方を追ってみよう。

特定の「所属部署」がないコンサルタント

コンサルティングファームも会社には違いないが、その組織はメーカーなど一般の事業会社とは大きく異なる。一般の事業会社はビジネスを展開するために必要な機能を細分化し、それぞれに専門化された仕事を担当する社員がいる。そして、個々の部課には課長やマネジャーといった管理職がおり、その上位には部門全体を統括する部長や役員、さらに頂点には社長がいるというピラミッド型になっている。

つまり、個々の社員や各部課は単機能化されており、組織としての集合体で全体として価値を出すという仕組みになっている。

コンサルティングファームでは、社員の日常活動をサポートする人事や総務、経理といった役割の部署はあるが、それ以外はすべて「コンサルタント」である。コンサルティングのプロジェクトはヒアリングや調査、仮説の構築・検証、課題の設定、解決策の提案、実行などと進むが、それぞれの機能に特化した社員が担当するわけではない。あくまで1人のコンサルタントがプロフェッショナルとして、一貫してプロジェクトを遂行していく。

総合系コンサルティングファームはもちろん、大規模な戦略系コンサルティングファームやシンクタンクでは、メーカーや金融、流通、通信、官公庁や非営利機関などのクライアントの業界や事業形態別に分けた組織設計があるのが普通だ。そして戦略や業務プロセス、テクノロジー、組織・人事といった業務や分野別のグループ分けがある。その2つがマトリックス型に重なっている。ファームによっては、ファイナンスや人事などはその領域に特化したプロフェッショナルが専門的に扱っていることもある。ファイナンスや人事といった領域は業界ごとの違いが比較的小さく、その専門領域での知見や経験がどの業界のプロジェクトであっても応用できる範囲が広いためだ。

しかし、これらはあくまで個々のコンサルタントが自分の強みをどの分野や業界、機能でもつかを表すに過ぎない。特に入社数年程度までの若手の場合、グループ間の人材の移動は、本人の意志や能力開発などの必要性に応じてフレキシブルに考えられているのが普通だ。特に若手のうちは多様な業界、分野で経験を積むことを意図して、さまざまなプロジェクトに配置されることが多い。

プロジェクトは一種の「社内転職」

コンサルティングファームの大きな特徴は、プロジェクト単位で業務を進めていく形態にある。社員は恒常的にどこかの部署に属するのではなく、一定期間ごとに次々とプロジェクトに参画しては散っていく。その繰り返しである。

だからコンサルタントは常に自分がやりたいプロジェクトを社内で探し、次に参加したいプロジェクトをサーチしている。プロジェクトの責任者になるシニアのコンサルタントは常に自分のチームメンバーとして有能な若手コンサルタントを社内で探している。「転職のようなもの」とはこういう意味だ。

1人が常に1つのプロジェクトにしか参加しないファームもあるし、同時並行的に2～3つのプロジェクトに参画する形のファームもある。若手の間は同時期に1つのプロジェクトにしか参加しなくても、ポジションが上がっていくと同時並行的に複数のプロジェクトに加わるようになるのが普通だ。

クライアントがコンサルタントに求めるニーズは

多様で、プロジェクトの内容も多岐にわたる。プロジェクトの期間は通常、3カ月程度が1単位で、長いものだとフェーズ（プロジェクトにおける1つの区切り）を更新しながら数年間も続くものもある。コンサルタントは途中で他のプロジェクトに移ることもあるし、時にはプロジェクトのテーマが途中で変わってしまうこともある。ある意味では、コンサルタントは数カ月単位で常に転職を繰り返しているようなワークスタイルと言ってもよい。

コンサルタントの証言

▼プロジェクトは3カ月が標準

「当社では基本的に1人が同時に2つのプロジェクトを担当する2プロジェクト主義。パートナーはもっと多くの案件をもっています。2つのプロジェクトの比重は一般には50：50ですが、時には50：25：25や3分の1ずつの3プロジェクトになることもあります。標準的には1つのプロジェクトは3カ月単位で、それで終わることもあるし、数年間リピートになることもある。最近多い投資銀行からの仕事だと1プロジェクト1カ月というものもあります」

（戦略系ファーム、マネジャー）

▼若手は1人1プロジェクト

「期間は短いものだと4週間くらいから。普通は2～3カ月ぐらいの感じで、それがワンセットです。シニアプロジェクトマネジャーは1人が同時に2つのプロジェクトをもちますが、マネジャーや若手のコンサルタントの場合、原則として1人が1プロジェクト。そういう形でやっています」

（戦略系ファーム、マネジャー）

▼実行支援に継続のケースも

「期間はプロジェクトによりますが、私の場合は、業務改革関連の実行支援プロジェクトが比較的多く、半年から1年程度ご支援することが多いです。戦略策定のプロジェクトであっても、戦略策定後はフェーズを変えて実行支援のプロジェクトに入り、1年か1年半くらい続いていくケースが大半です」

（総合系ファーム、マネジャー）

3 コンサルタントのキャリアパスと年収水準

コンサルティングファーム内の4つの階層

コンサルティングファームで働く人間は、一般にはコンサルタントと一括りで呼ばれるが、ファーム内ではプロジェクトチーム内で期待される役割によっていくつかのクラスに分けられている。ファームごとにその呼び方はさまざまだが、おおむね以下の4つの階層に分かれると考えてよい。

パートナー
マネジャー
コンサルタント
アナリスト

基本的に、プロジェクトごとに1人のパートナーが全体のコンセプト設計やクライアントとの金額交渉なども含めた総責任者としてつき、さらにコンサルティングのテーマと規模などによってマネジャーが1人から複数人参画する。

パートナーは責任者ではあるが、実際のコンサルティング活動に関わる度合いは一般的に低く、大まかな方向性を出したり、クライアントの発注責任者との交渉をしたりするのが主な業務になる。プロジェクトの現場でリーダーとして責任をもって仕事を進めるのはマネジャーだ。

その下で責任を分担するのがコンサルタントである。そして、コンサルタントの補佐的業務をしながら経験を積むのがアナリストという構造が一般的なチームになっている。

これら各クラスのコンサルタントは、どのような役割を果たすのだろうか。また、その目安としての年収水準はどの程度なのか。簡単に説明しておこう。

アナリスト

新卒・第二新卒で入社した場合、アナリストからスタートすることになる。先輩のコンサルタントについてクライアントへのインタビュー、チームでのディスカッションへの参加、各種情報収集と分析、資料の作成、プレゼンテーションなどが主な業務になる。

アナリストが集めた情報や作成した資料をもとにコンサルタントは仮説を立て、それを検証していくわけで、情報が間違っていたり不十分だったりすれば、そこから出る結論は当然、不完全なものになる。その意味で、アナリストの仕事はコンサルティングの成否を握る重要性があると言ってよい。

これらを実行するための研修やトレーニングは用意されているが、基本的には実務の中でマネジャーやコンサルタントの動き方を見ながら学んでいく要素が大きい。黙っていては誰も教えてくれないので、自分から積極的に学んでいく姿勢がないと成長できない。

アナリストとしての業務をこなしながら、一定の能力が身についたと判断されれば、どんどん責任の重い仕事を任される。「アナリストを何年やればコンサルタントに昇進」という基準はないが、それなりの実績を残していけば、3~4年でコンサルタントに昇格というあたりが目安であろう。もちろん早いも遅いもあくまで実力次第である。

このクラスの年収は、戦略系のファームでは600万~1000万円、総合系のファームでは500万~800万円の水準となる。

コンサルタント

プロジェクトで実際の作業のほとんどを担当する実働部隊がこのクラスだ。中途入社の場合、ここからキャリアをスタートする場合が多い。

コンサルタントになると、プロジェクトの中のある一定範囲を受けもって自分の判断で業務を進め、その進捗ごとにマネジャーの指示をあおぐといったスタイルの仕事になる。マネジャーからは「この問題について考えて」といった指示は出るが、その範囲の中で誰にインタビューして、どのような資料を収集し、それをどう分析・判断するかはコンサルタントの力量によるところが大きくなる。もちろん、事前にマネジャーと十分な打ち合わせを行って進めるものの、自己判断の余地は大きい。

アナリストの場合、基本的には上位者からの指示で仕事を処理していくが、コンサルタントになると自分でスケジュールを立て、管理していくセルフマネジメント能力が求められる。

コンサルタントとして数々のテーマをこなし、幅広い知識や経験を身につけるとともに、顧客との折衝能力、アナリストへの指示の仕方などが一定のレベルに達したと判断されればマネジャーに昇格することになる。ここも具体的な基準はないが、コンサルタント経験3～4年で昇格することが多いようだ。もちろん全員が昇格できるわけではない。

このクラスの年収は、戦略系のファームでは1000万～1500万円、総合系のファームでは700万～1000万円の水準である。

マネジャー

プロジェクト進行の責任者がマネジャーである。仕事の幅は格段に広がり、さまざまな事柄に目配りや気配りが必要になってくる。

まずはチームのメンバーに対して、プロジェクトに取り組む「道筋」を示すことがマネジャーの大きな役割だ。クライアントが満足する成果を生み出すためには、マネジャーがクライアントの意向を十分に汲み取り、どのような方向性で課題に取り組んだらよいのか、その進路を指し示す機能が非常に重要になる。ここがずれると、せっかくコンサルタントやアナリスト個々が一生懸命に仕事をしても、最終的な結果がクライアントの評価を得られないことになる。

最も重要なのはクオリティの管理だ。コンサルタントの仕事は、クライアントが事前に期待した以上の品質を出すことが求められる。それがプロフェッショナルである。クライアントと事前に打ち合わせた方向に合致しているか、真に問題を解決できる方策になっているか、そうしたことを常にウォッチしながらプロジェクトを進めていく必要がある。

スケジュールの管理も大きな仕事だ。プロジェクトには必ずスケジュールがある。それまでに間に合わなければ仕事の意味はゼロになることすらある。そういう事態を避けるには、そのプロジェクトにかかる時間と人数を正確に見積もり、それに見合う能力をもったスタッフの体制を整えることがまず必要になる。そしてスタッフを励まし、時には厳しく指導してスケジュール通りにプロジェクトを進行させねばならない。

予算の管理も欠かせない。メンバーにはそれぞれ「1時間当たりいくら」という価格がついている。価格の高いメンバーを大量に長時間投入すればレベルの高い結果が出るのはわかっているが、それではプロジェクトが赤字になってしまう。いかに見積もった範囲の予算でクライアントの満足できる結果を出すか。そこがマネジャーの腕の見せ所である。

そしてクライアントとの折衝。最終責任はパートナーにあるが、日常的に最もクライアントとの接触が多いのはマネジャーである。クライアントからはプロジェクトの責任者として扱われる。プロジェクトが成功すれば最も高く評価され、感謝されるのはマネジャーだが、逆にクレームがくるのもマネジャーである。

責任は重く、仕事もハードだが、その分達成感も大きい。マネジャーこそはコンサルタントの花形であり、コンサルタントになるからにはマネジャーまで昇進することが何をおいても目標となるだろう。

このクラスの年収は、戦略系のファームでは1500万～2500万円、総合系のファームでは1000万円～1500万円の水準である。また、マネジャーとパートナーの中間的なポジションであるシニアマネジャーやディレクターのクラスとなると、戦略系のファームでは2000万円～3000万円、総合系のファームでは1500万円～2000万円となる。個々のプロジェクトを管理するという役割は同じであるが、個々のマネジャーの実績（プロジェクト報酬の年間総額や重点クライアントへのコンサルティング実績など）に応じて評価が大きく異なり、年収水準にも幅が見られるところが特徴的だ。

パートナー

パートナーになると、マネジャーまでの仕事とは様相が違ってくる。それはパートナーの立場になると、ファーム全体の経営を視野に入れた仕事が求められるからだ。平たく言えば、クライアントから仕事を受注してくること。会社を経営していくための営業活動がパートナーの大きな仕事である。

パートナーになると、各種のセミナーで講演したり、本を書いたり、これまでのコンサルタント生活で培った個人的なネットワークなどから企業の潜在的なニーズを発掘し、コンサルティングの受注につなげる。いくら優秀なコンサルタントがいても、受注の契約が取れなければプロジェクトは始まらない。当然ながら非常に重要な仕事である。

しかも、パートナーが売ろうとするのは「問題解決」という形の見えないサービスである。本当にお金をかけただけの結果が出るかどうかはやってみないとわからない。提案書を作るにしても、そのクライアントについてわかる限りの情報を収集し、あとはロジックで相手を説得するしかない。こうしたワザができるようになるには、そのパートナー自身によほどの人間的魅力と相手を納得させるだけの経験や知識の裏付けがなければならない。そう簡単にできる仕事ではない。

しかしパートナーともなれば、交渉の相手はほとんどが有名企業の経営層クラスである。世界経済の最先端でビジネスを行っているこうした人びとと熱い議論を戦わせながら、ともに新たな戦略を構築し、実現していく魅力は何物にも代え難いものがある。ファームのパートナー経験者は「パートナーまでやらないとコンサルタントの本当の面白さは絶対にわからない」と異口同音に言う。

当然ながらファームの経営の一翼を担うだけに、相応の業績を上げれば報酬も大きいし、社会的地位も高い。コンサルタントの誰もがあこがれる1つの到達点が、パートナーの地位なのである。

このクラスの年収は、個々のパートナーの実績はもちろん、ファーム全体の業績にも大きく影響を受けるため、あくまでも参考程度ではあるが、戦略系のファームでは3000万〜1億円以上、総合系のファームでは2000万〜1億円以上の水準である。

各クラスの年収水準（戦略系と総合系を例として掲載、ボーナスを含む）

クラス	戦略系ファーム	総合系ファーム
アナリスト	600万〜1,000万円	500万〜800万円
コンサルタント	1,000万〜1,500万円	700万〜1,000万円
マネジャー	1,500万〜2,500万円 シニアマネジャーでは 2,000万〜3,000万円	1,000万〜1,500万円 シニアマネジャーでは 1,500万〜2,000万円
パートナー	3,000万〜1億円以上	2,000万〜1億円以上

4 プロジェクトはどのように進むか

実際のプロジェクトはどのように流れていくのだろうか。ある戦略系コンサルティングファームの例をもとに、開始から終了までのプロセスを説明しよう。

プロジェクトの進行プロセス

▼1　論点を明確にする

プロジェクトの最初に、総責任者のパートナーと実際の現場のリーダーとなるマネジャーがクライアントとよく話し合って提案書を出す。そこでは検討すべきポイント、論点を明確にする。そして、それに対して答えを出すためにどんな情報を集め、どんな分析をして、どのように進めていくかをクライアントと大筋で合意してプロジェクトが始まる。

▼2　プロジェクトの詳細設計

開始後は、マネジャーがまずその中身をさらに細かく設計する。検討すべき中身、検討する順番、具体的に必要な情報、その集め方といったことを詳細にプランニングする。つまり、そのプロジェクトで最終的につくるべきアウトプットのイメージを固める作業になる。この段階では仮説だが、最終的なプロジェクトとしての「落としどころ」はこのあたりで、そこに到達するにはどんなことが必要か、これをやればクライアントときちんと議論できそうだというポイントを仮説として考える。それを改めてパートナーと議論し、固めていく。

▼3　スタッフへの割り振り

次はスタッフに仕事を割り振る。チームの構成はまずマネジャーがいて、その下にコンサルタント、さらにアナリストが2～3人というケースが多い。経験の浅いスタッフに対しては「こういうことを調べて、こんなポイントについてまとめてくれ」と具体的に指示を出して進めてもらう。経験のあるスタッフには「こんなことを言いたいと思っているから、論証のためのロジックづくりをよろしく」という形で仕事を任せる。

▼4　最終的なストーリーづくり

マネジャーが描いたプランに基づいてメンバーが各パーツ単位のロジックやデータをつくってくると、それをマネジャーが集めて1冊の報告書にまとめる。つまり、その報告書のストーリーやメッセージを組み立てるのは基本的にマネジャーの仕事である。最初につくった仮説をもとに、「この方向にもっと尖らせていく」とか「ここのメッセージをもっとクリアにしたほうがよい」などと修正しながら、時には追加のデータを集めたりしつつ、最後の報告書までまとめていくことになる。

プロジェクト着手の2つのパターン

プロジェクトには、大きく分けて2つの始まり方がある。1つは、クライアント側であらかじめ解決したい課題が明確になっており、それについてコンサルティングファームに依頼し、プロジェクトがスタートするケース。もう1つは、コンサルティングファームが企業に対して問題提起を行い、潜在的なニーズをつかむことによってプロジェクトが始まるというケースだ。前者の場合、クライアント側が複数のファームに解決策の案を提示させ、内容の優れたものを選んで契約するコンペ形式をとることが一般的であろう。

プロジェクトチームの組成

いずれの場合でも、クライアントの抱える問題とその解決策についてファームがおおまかな提案をまとめ、クライアントがそれに納得してコンサルティング業務を発注したいと考えれば、そこで契約が結ばれてプロジェクトがスタートする。ファーム側ではプロジェクトごとにテーマや業界などに応じて適任のメンバーを決め、クライアント側ではプロジェクトに参画する社内のキーパーソンを選定する。そうして、ファームとクライアントとの合同プロジェクトチームが発足する。

ケースによっては日本国内にとどまらず、海外オフィスからコンサルタントが呼び寄せられたり、逆に海外のプロジェクトに日本からコンサルタントが参加したりすることもある。

チームの規模は内容によってさまざまだ。純粋な戦略構築プロジェクトの場合、3〜8人程度が1チームとなることが多い。その際の構成は、プロジェクトの総責任者として1人のパートナーがおり、その下にマネジャーが1人、コンサルタントが2〜3人、残りがアナリストといったケースが多い。パートナーは日常業務には参加しないので、通常はマネジャーがチームの業務遂行の責任者となる。

一方、総合系ファームのテーマでは、全社的な情報システム構築のような場合、システムの開発と実装に多くの人員が必要になるので、数十人から数百人のメンバーが参加し、プロジェクト期間も数年間に達するものもある。

▼若手コンサルタントの証言
コンサルタント1人でチームを仕切る

「入社後、初めて参加したプロジェクトのメンバーは4人。パートナー1人、マネジャー1人、コンサルタント1人と私という構成です。忙しくなると、もう1人が助っ人で入ることもありました。プロジェクトでは、クライアント側の社員で構成される7〜8人くらいのプロジェクトチームを3つつくり、パートナーを除く3人が、それぞれのチームにコーディネーターとして1人ずつ加わりました。そこで、会議の議題設定や資料作成、事前の打ち合わせ、議論の進行、示唆の抽出など、さまざまな役割をこなしながら、プロジェクトチームが出し得る最大限の成果が出るようにマネジメントしていくわけです。メンバーは大企業の40〜50代の部長クラスの人たちですから、そこに1人で入って仕切るのは大変なプレッシャーでしたが、入社早々の若手がそこまで任せてもらえる職業は少ないのではないでしょうか」

（組織人事系ファーム、アナリスト）

▼入社2年目で経営者と議論

「あるトイレタリーメーカーのグローバル事業戦略、組織設計を検討する大がかりなプロジェクトでした。当社の海外オフィス主導のプロジェクトで、私は日本のコアメンバーとして加わりました。全体で6～7人のチームで、日本からは私ともう1人のコンサルタントが参加し、あとは海外のコンサルタントです。私は日本にいる経営者と課題について深堀りの議論をしたり、クライアントの会社内の生の状況を当社のグローバルチームにインプットしたり、チーム内での議論を再度クライアントにフィードバックするなどの役割を担っていました。入社2年目にして、クライアントの経営者と経営課題について議論を重ね、それをグローバルプロジェクトとして実行に移していく――こんなチャレンジングな仕事につけるのもコンサルタントならではですね」

（戦略系ファーム、コンサルタント）

▼プロジェクトマネジャー（PM）を育てる

「マネジャーになると、複数クライアントのプロジェクトに並行的に加わることが多いですね。シニアマネジャーの現在では、新しいPMを育てる意味で、「サブPM」という形で若いマネジャーに委譲しながらプロジェクトを一緒に管理することもあります。メンバーは平均すると4～5人で、市場調査系とサービス開発系とかプロセス系とシステム系といった具合に分かれて、両方にチームリーダーがいて、私が両方を見るという形です」

（総合系ファーム、シニアマネジャー）

5 コンサルタントのワークスタイル

クライアント先に常駐のケースも

前述のようなプロジェクト形式で仕事を進めるコンサルタントたちの日常は、どのように回っているのだろうか。

コンサルタントのワークスタイルには大きく分けて2つある。1つは、ファームの本拠地を基点に必要に応じてクライアントに出かけて行くというパターン。もう1つは、クライアントの社内にプロジェクト用の専用ルームがあり、そこに常駐して直接「出勤」するパターンだ。

基本的には戦略立案的な要素の強い仕事の場合、コンサルティングファームの本社を拠点に活動するケースが多いが、業務が戦略の実行（インプリメンテーション）に寄るほど、クライアント先に張りつく時間が長くなる傾向がある。特に大規模なシステム導入プロジェクトなどの場合、「この1年ほどはクライアントにほとんど転職したような感じ」という声がコンサルタントから聞かれる。中でもメーカーがクライアントの場合、本社や主力工場が首都圏以外にあることも多い。そうしたケースでは自宅に戻るのは週末だけで、あとは単身赴任状態という例もある。コンサルタントといえば、都心の広々したオフィスでパソコンを前に戦略を練る……というイメージが強い人もいるかもしれない。それは部分的には事実であるとしても、多くの場合には当てはまらない。ファームによっては「何カ月もオフィスに来ない」「社員数の数分の1しか本社のデスクが用意されていない」というケースもある。もともと、全員が本社でデスクワークをすることは想定されていないのである。

成果を出すには現場に行け、というのもコンサルタントのワークスタイルの重要なポイントである。

コンサルタントの証言

▼月曜に行って金曜に戻る

「基本、月曜から金曜までクライアントの会社で業務を行っています。このクライアントは地方にあるので、月曜朝は4時半起床で、6時半の飛行機で行きます。時には日曜の夜に入ることもあります。金曜は最終便で羽田空港着は夜11時ぐらい。私は飛行機が使えるところだからまだいいですが、交通が不便な場所の場合、一定期間行きっぱなしという人もいます。ウィークリーマンションなどに住んでオフィスには1年に2~3回しか来ないこともある。まあその分、お客さまと深く、太く、長く接することができるし、地方での仕事はおいしい食事など楽しいことも多いですけど」

（財務系ファーム、マネジャー）

▼自分の本社は数カ月ぶり

「私は常駐案件が多く、仕事はほとんどクライアント先でこなしてます。たまに、所属チームの全体会議などで自分のデスクに戻ると、逆に新鮮な気持ちになります。同じプロジェクトに従事していないメンバーとはしばらく会っていないので、オフィスで出会うと、「おぉ、久しぶり！」とうれしくなりますね」

（総合系ファーム、アシスタントマネジャー）

▼「常駐」と「通い」で変わるパターン

「いわゆる常駐というパターンも結構あります。クライアント先のプロジェクトルームに出勤し、そこから帰宅することになります。クライアントの社員と同じような生活サイクルになります。もう1つのパターンはクライアントにはミーティングや出張ベースで3日に1回というような形でお会いし、基本的には本社のオフィスにいる。そういうプロジェクトもあります。その場合、オフィスに朝出勤して、必要があればクライアントミーティングに行ったり、自分のオフィスで資料を作ったりですね。この２つで生活のパターンは大きく違ってきますね」

（戦略系ファーム、コンサルタント）

▼お客さまと一緒に仕事をする

「シンクタンク全体として常駐案件は多くないのですが、常駐する場合には、クライアントにプロジェクトルーム（常駐部屋）を用意してもらいます。調査分析や資料作成のような作業は自社のオフィスのほうがやりやすいかもしれませんが、基本的にクライアントと密にコミュニケーションを取りながらプロジェクトを進めていくので、圧倒的に常駐した方が生産性が高いと思います」

（シンクタンク、マネジャー）

▼自分の働き方は自分でつくるもの

「結果を出している限り、どういう働き方をしてもいいのがコンサルティングファームの良いところ。でもそこで大切なのは、例えば『土日は休む』とか『できる限り夜中は仕事をしない』など、できるだけワークスタイルを社内に発信していくことです。入社当初は無理でも徐々にそういう自分のワークスタイルのイメージをつくっていくべき。『あいつは週末でも平気で働く』というイメージができあがっていると、『これ土日でやっといてねー』とかどんどん仕事が回ってくる。自分がやりたい仕事のイメージも同じで、自分に興味がある業界やテーマを積極的に発信していくこと。自分のワークスタイルや仕事は自分で引き寄せるものです」

（戦略系ファーム、マネジャー）

6 コンサルタントの研修・育成

OJT重視の人材育成

コンサルティングファームにも新卒入社の社員のための導入研修や各種スキルについての研修プログラムはある。最近は新入社員のための海外集合研修を設けているファームも増えている。しかし、いずれも期間はそう長いものではなく、基本的な知識や考え方を座学やケーススタディなどで一通り学ぶといったものが多い。実践的なスキルは業務の中で先輩コンサルタントから吸収するものと思ってよい。

人材育成についての考え方はファームによっても違いがあるが、全体的にはOJT重視という点が共通している。コンサルティングファームの人材育成風土を、職人の世界で師匠について技術を「盗む」一種の徒弟制度にたとえる人もいるぐらいだ。

少なくとも、ファームから何かを教えてもらえると期待して待っているような姿勢では心もとない。自分から貪欲に、何でも学びとっていく姿勢は不可欠だ。さらに前項で述べたように、自分は何ができて、将来どんな仕事をしていきたいのか、機会を見つけて自分から社内にコミュニケーションしておくことは非常に重要だ。「仕事はそれをやりたい人がやるのが一番」という考え方がこの業界には強い。まずは「自分がやりたい」と手を挙げることが、会社や先輩にうまく「育ててもらう」第一歩だ。

どのコンサルティングファームも人材育成を重視している。主要ファームがどのようなトレーニングを実施しているか第6章でまとめた。ファームの風土の違いも垣間見えて興味深いので、ぜひ熟読してほしい。

コンサルタントの証言

▼若手を海外オフィスに送り込む

「コンサルティングファーム各社は、考えられる限りのトレーニング機会や自己研鑽活動の支援をコンサルタントに提供しているかと思います。当社では、グローバルネットワークを強みにしていることもあり、海外オフィスとの交換プログラムも始めました。実際に海外オフィスに身を置いて、海外のメンバーと一緒にコンサルティングの経験を積めることは大変貴重な経験になります」

（総合系ファーム、パートナー）

▼パートナーが直接に教育

「入社時に集中研修があり、以降は1年から1年半に1回ほどの頻度でグローバル研修があります。世界中から同じクラスの人間が集まって1週間から2週間くらい缶詰になって研修をします。この狙いは世界中のコンサルタントがもっている価値観やスキルを当社のスタンダードに統一して、当社としての質を確保することと、世界中の同僚との切磋琢磨やネットワーキングを体感させることにあります。

事務所全体での毎月の集合トレーニングもありますが、重要なのはＯＪＴです。当社の特色はパートナー自身が、クライアントのケースの実務に入って実際に仕事をすることです。その結果、パートナーが直接新人と仕事をすることが多くなります。ケースチームに入りますと、多くのケースで少なくとも週に1回は全員が集まってクライアントのさまざまな問題について討議をします。また、個別の事柄についてはパートナーが直接担当のメンバーも交えて仕事をしますから、パートナーから直接ＯＪＴを受けられる機会が多いのです。教える側の経験やスキルは必ず教育効果の差になって出ますので、パートナーがダイレクトに教育することは非常に重要だと考えています」

（戦略系ファーム、パートナー）

7 コンサルタントの評価はどうなっている？

コンサルタントの世界は実力主義だと言われ、年齢や社歴は関係ないというのが一般のイメージだ。だとすれば、その本人の実力を評価する仕組みがあるはずだ。コンサルタントはどのように評価され、どのように報酬が決まっているのだろうか。

プロジェクト単位でフィードバック

ファームごとに評価の方法は多少異なっているが、おおむね次のような形で進んでいくのが普通だ。

▼プロジェクトごとの評価

コンサルティングの仕事は、基本的にプロジェクト単位で進められる。そのため、コンサルタントの評価もプロジェクトごとに行われることが多い。まず、プロジェクトごとにパートナーやマネジャーが、各メンバーの評価を書く。そして、その内容を本人にフィードバックする。プロジェクトが長い場合には、3カ月から6カ月程度を1単位として評価が行われる。

▼フィードバック

フィードバックのときには、本人とマネジャーなどが1対1で内容について話し合い、納得したらサインをする。そうしたプロジェクトごとの評価が蓄積されたところで、半年から1年に1度ぐらいの割合で各個人の総合評価がなされる。この際にはパートナーとマネジャーが集まって、相当に長い時間をかけて全員の評価について意見交換し、1人ひとりに対するレビューを準備する。レビューでは、例えば5段階の評価のどこに相当するか、評価に大きなズレはないか、もっと評価を上げる見方はできないかといった観点で話し合い、最終的に評価を決める。

▼グローバルな調整も必要

インターナショナルなファームでは、そうして決まった評価をグローバルな基準ではどこに相当するかを「翻訳」し、当てはめる作業も必要になる。そこには、グローバルで評価の基準に対するブレをなくし、一定の幅の中に収めること、国をまたいだプロジェクトの際にメンバーの選定をしやすくするという狙いがある。

「ターゲット年俸」の考え方

このようにして評価が決まると、それで基本的な給料が決定する。給料は通常、年俸制である。この基本的な年俸に、半年ごとのレビューによる評価を加え、「この半年のあなたのパフォーマンスは○○だから、ボーナスはこのレンジになりますよ」という形でその年の報酬が決まっていく。

このパフォーマンスに対する評価は、同時に翌年の「ターゲット年俸」を決める役割もある。「ターゲット年俸」というのは、「もし翌年、これだけのパフォーマンスを上げたら、これだけの報酬が取れますよ」という目標になる金額のこと。翌年は各コンサルタントが、その年収を獲得できるよう努力を重ねることになる。

このように、コンサルティングファームでは評価に非常に多くの労力と時間をかけている。しかし、それでも人による評価である限り、全員が満足する結果というのはあり得ない。こうした点をカバーするために、多くのファームでは「メンター制度」(名称は異なる場合がある)のようなフォローやバックアップの機能を導入している。

「メンター」とは「後見人」といったような意味で、プロジェクトのパートナーやマネジャーなど上司的な存在とは別に、若手コンサルタントの相談相手や一種のサポート役として、中堅以上の社員が指名されることが多い。こうしたメンターは、レビューの結果についても意見を言う権利があり、若手のコンサルタントが適正に評価されているか、客観的な立場からウォッチする役割を担っている。

コンサルタントの証言

▼フィードバックシートを活用

「プロジェクトごとにフィードバックシートがあって、基本的にマネジャーが書きます。例えばレポートの作成なら、その網羅性や論理性、説得力など、会議ではその場をリードできるかという論点抽出力、クライアントを引っ張っていく力、積極的に発言したかなどさまざまなポイントがあって、プロジェクトが終わるごとに1枚ずつ書きます。私はこれを特に丁寧に書くように心がけています。その後、本人とマネジャーが話し合ってすり合わせ、それぞれのコメントなどが記載されてシートができあがります。それが1年分たまったものが本人の評価です。

報酬の固定部分は社内のランクでほぼ自動的に決まり、そこに努力次第でボーナスが加わる構造が基本。プロジェクトごとに誰がどれだけ貢献したかによって本人の年間貢献利益が算出され、フィードバックシートの中身でボーナスの金額が決まるようになっています。非常にクリアなやり方だと思います」

（戦略系ファーム、コンサルタント）

▼期待値に対する5段階評価

「定量的評価と定性的評価の2つがあります。定量的評価は、クライアントのプロジェクトに従事した時間をもとに、チャージアビリティという数値で行われます。これは、個々のコンサルタントが定期で提出する勤怠管理シートの数値がベースとなります。定性的評価は、プロジェクトに対するパフォーマンスの評価です。プロジェクトにアサインされた段階で、そのプロジェクトにおける役割、目標を期待値として提示され、それに対するパフォーマンスを5段階で評価されます。その両方の評価が半年ごとに実施され、総合的な評価となります」

（財務系ファーム、マネジャー）

▼「自己評価プレゼン」の制度も

「評価基準の1つとして、『ゴールセットシート』があります。半年後には自分はこうなりたいとか、この作業を達成したいという目標を設定しプロジェクトリーダーと共有するものです。リーダーとは毎日一緒に仕事をしていますので、目標に対する達成度合を自分自身とリーダーが評価する仕組みになっています。

また、年度末には『自己評価プレゼンテーション』があります。自分自身の1年間の成果をプレゼンし、それをリーダーやプロジェクトメンバーおよび関係者が見て、その場で総合的な評価をコメントします。評価プレゼンには、社員誰でも自由に聞きに行くことができるので、評価会議だけで決めるような閉鎖的な評価にはならず、オープンで相互の同意のもと、公平に評価結果がわかるのが特徴です」

（総合系ファーム、マネジャー）

「UP or OUT（アップ・オア・アウト）」は本当か?

「ＵＰ ｏｒ ＯＵＴ（アップ・オア・アウト）」。コンサルティング業界を語る際に、必ずと言ってよいほど出てくるのがこの言葉だ。「昇進するか、さもなくば去るか」。一定の期間で実力をつけて上のクラスに上がるか、それができなければ辞めるしかない。これがコンサルティング業界の不文律だとされる。

確かにそういう心構えの世界であることは間違いないが、日本の場合、そこまで厳格に運用されているケースは少ないようだ。とはいえ、もちろん一般の事業会社に根強い終身雇用的な風土とは、まったく異質の世界であることは言うまでもない。

「アップ・オア・アウト」について、ある戦略系ファームのパートナーは次のように話す。

「プロフェッショナルファームなので確かにそれは前提条件です。人には向き不向きがあって、全員がプロフェッショナルになれるわけではありません。この仕事は無理だなと思ったら早く道を変えたほうが本人もハッピーだと思います。能力を活かす場は他にいくらでもあるわけですから、そういう人をリテンション（引きとめ）すること自体、良いことだとは思いません。もちろん新たな道を探すために全力でサポートしますし、場合によっては紹介もします。

ただ、せっかく縁あって入社したのですから、性急に本人の限界を見極めようとは思いません。早く成長してあとで伸び悩む人もいるし、出足は遅くてもある時期から急激に伸びる人もいます。そういう意味では、他の会社より時間軸は長いくらいだと思います。むしろ、人を大事に育てようという意識は強いのではないでしょうか」

別の戦略系ファームのコンサルタントもアップ・オア・アウト的な傾向は実はあまり強くないと話す。

「会社によっては大量に人を採用して、どんどん振り落としていく場合もあるのかもしれません。ただ当社のような人数の少ないファームはそうではなくて、少数を採ってしっかり育てる考え方です。なので、マイナス評価がついてドロップアウトといった話は少ないと思います。評価のための評価ではなく、育てるための評価という観点が強いと感じています」

「アップ・オア・アウト」は原則ではあるが、実際の運用上では長期的な視野で人材育成を考えているファームが多いと言えそうだ。

8 ポストコンサルのキャリア論――コンサルタント卒業後のキャリアパスを知る

「キャリアの高速道路」としてのコンサルタントポストコンサルの進路は多岐にわたる

コンサルティングファームやシンクタンクのコンサルティング部門で従事した経験をもつコンサル出身者（ポストコンサル）は、業界内外のハイポジションへの転職が可能だ。コンサルタントは若いうちから経営課題解決や組織変革の経験を積んでいるため、企業の経営幹部・幹部候補として抜擢されるキャリアが開かれている。これは、自分で職種を選ぶことが難しい大手企業の総合職や年功序列的な企業でのキャリアとは異なる。現代の転職市場において、コンサルティング業界の経験は、経営幹部へ至る「キャリアの高速道路」と言っても過言ではないだろう。

戦略系・総合系・大手シンクタンクなどの戦略コンサル経験者の場合、特定領域における専門知識はやや薄くなる傾向があるため、CEO（最高経営責任者）、COO（最高執行責任者）、CMO（最高マーケティング責任者）、事業責任者などのCxO（最高責任者）や経営幹部をめざすキャリアを形成することが多い。さまざまな業界の経営企画部門、マーケティング部門、M&A部門、経営陣直下の特命チーム、幹部育成コースなどへの転身が可能だ。また、英語力や年齢との兼ね合いはあるものの、PEファンドへのキャリアチェンジも珍しくない。

IT系・組織人事系・財務系（FAS）といった専門領域をもつコンサル経験者の場合、幅広い業界の事業会社への転身が可能だが、IT企画部門、組織人事部門、M&A・財務部門など、それぞれの専門領域に該当する部門へ転職するケースが主流だ。その後は、培った専門知識と経験を活用して、CI

O（最高情報責任者）、CHO（最高人事責任者）、CFO（最高財務責任者）などの経営幹部をめざすキャリアを形成することが多い。

このように、ポストコンサルは、ネクストキャリアの選択肢が幅広く、しかもハイポジションで転職先に迎えられることが多いという大きな特徴がある。自身の可能性や成長機会を最大化したいと考える人にとって、コンサルタントというキャリアは有力な選択肢だと言えるだろう。ただし、ポストコンサルの受け入れに慣れていない事業会社も少なくない。会社の実情をよく知り、フィットする企業を慎重に選ぶことが大切だ。

高評価を受けるポストコンサルの「問題解決力」と「リーダーシップ」

なぜ、ポストコンサルは幅広い企業で高く評価されているのだろうか。その理由は、特定の業界や1つの企業に限定されない「問題解決力」と「リーダーシップ」にある。

ポストコンサルは、さまざまな業界・企業に対して、経営者視点での問題解決を数多く経験することで、固有の業界や企業に縛られない〝汎用的〟な問題解決力を培っている。日常的に、経営課題の解決を繰り返し行ってきているため、若くとも豊富な経験をもつ。ポストコンサルが、若くして事業会社の役員や事業責任者といったハイポジションに抜擢される理由の1つだ。

また、現代のコンサルティングファームの多くは実行支援まで踏み込み、クライアントへ具体的な成果をもたらすことを重視している。「机上の空論」と揶揄されることもあった、コンサル黎明期のプロジェクトとはかなり異なっている。そのため、クライアント企業の組織や人、場合によってはクライアント以外のステークホルダーを巻き込んで動かすということも、コンサルタントは若いうちから経験している。しかも、会社内の上下関係や大企業の看板を使って、人を動かしているわけではない。当然のことながら、ロジック面の説得力だけでなく、関係者の感情にも配慮した高度なリーダーシップが求められる。このようにして身につけたリーダーシップがあるため、ポストコンサルは、起業家として成功したり、事業会社の幹部として高い評価を受けたりしているのだ。

年齢や職階によるネクストキャリアの違い

ポストコンサルのネクストキャリアは、年齢や職階（アナリスト〜パートナー）によって傾向が異なる。ここで、整理をしておきたい。

20代の若手コンサルタント（アナリスト、コンサルタントクラス）は、他のコンサルティングファームやPEファンド、ベンチャー企業の幹部候補へ転職する人が多い。もちろん、大手日系企業や外資系企業への転職を検討する人も数多くいる。しかし、年齢が若すぎる場合、コンサルティングファームから大手事業会社に転職すると、いかに優秀であってもコンサルタントのような経営者視点の仕事を任せられることは少ない。また、年功的な人事制度を採用している企業への転職は、報酬面での魅力が下がる。そのため、プロフェッショナルファームやベンチャー企業を選択する傾向が強いのだ。

30代の中堅コンサルタント（シニアコンサルタント、マネジャークラス）になると、他のコンサルティングファームやベンチャー幹部でも引く手数多だが、外資系企業や日系企業のマネジメントポジションに転身する人も増えてくる。さらには、起業する人も珍しくない。転身先の幅が最も広い年齢層と言えそうだ。

40代から50代のエグゼクティブ（ディレクター、パートナークラス）は、事業会社の社長・役員レベルのポジションを検討することが多い。しかし、実際に事業会社へ転職活動をしてみると、社会へ与える影響の大きさ、自由度の高さ、報酬の魅力などを比較して、現ポジションの価値に改めて気づくケースも少なくない。結果、他ファームのエグゼクティブポジションへ転職、現職に残りながらスタートアップへの支援や大学での教育など活動の幅を広げるという選択をする傾向がある。

主要なネクストキャリアの動向

ここからは、ポストコンサルの主要なネクストキャリアとして6つの転職先を紹介していく。

▼1　外資系企業への転職

外資系企業は、ポストコンサルの転職先としてメジャーなキャリアパスの1つだ。具体的には、ファイザー、グラクソスミスクラインなどの製薬会社、Apple、Amazon、GoogleなどのIT企業、P&G、VISA、AIG、LVMH、ケリングなどのグローバルカンパニーが代表的な企業として挙げられる。

高齢化を背景として安定的な経営が行われている医療・ヘルスケア業界の外資系企業への転職は、ポストコンサルの中で安定した人気がある。また、事業の社会的なインパクトの大きさや今後の事業成長を鑑みて、グローバルIT企業への転職をめざす人も増加している。

外資系企業への転職の魅力の1つは、給与水準の高さと勤務時間の長さのバランスの良さにある。業界や企業によっても差が大きいため、まとめて記述することはやや難しいが、30代で外資系企業の日本オフィスのマネジャーやディレクターレベルに就けば、年収1000万円台半ば~2000万円と高い報酬水準を得られるケースが多く、かつ、コンサルティングファームほどの長時間労働にはならない。ワークライフバランスを考えて転職するポストコンサルが多いゆえんでもある。

また、希望する職種で専門性を高められるという点も大きな魅力となっている。職種別に採用・人材育成を行う企業が多いため、ゼネラリストとしてさまざまな職種をローテーションさせられることは少なく、1つの職種で腰を据えて業務に専念することが可能だ。結果として、人材市場で比較優位となる専門性の形成につながることになる。

そして、コンサルティングファームに対して継続的にプロジェクトを発注している企業も多いことから、コンサルタントの活用に理解がある点も特筆すべきだろう。ポストコンサルを高いポジションで受け入れる土壌があり、経営企画部門、マーケティング部門、人事部門、財務部門など、さまざまな部門で幅広く採用している。

日本市場で活躍する外資系企業の多くは、日本は課題先進国としての新たな事業機会があり、インフラ（交通、エネルギー、情報通信など）の充実度や政治の安定性などから引き続き日本市場を魅力的な市場であると評価している。各社が日本市場をどのように位置づけ、今後どのような戦略を講じていくのかを把握したうえで、ネクストキャリアを検討するとよいだろう。

▼2　ベンチャー企業（幹部ポジション）への転職

ここ数年で人気が急上昇しているのが、ベンチャー企業の幹部ポジションへの転職だ。現在、ポストコンサルが最も注目を寄せる転職先と言ってもいいだろう。多くのベンチャー企業が、社会課題をテクノロジーやプラットフォームの力で解決するような社会的インパクトのある事業展開を志向している。そのような社会的意義のある仕事で、経営幹部あるいは幹部候補として自身の力を発揮できることが、ポストコンサルを惹きつける大きな要因となっている。

また、昨今の良好な資金調達環境から、ベンチャー企業の用意できる報酬水準が飛躍的に上昇したことも要因の1つだ。株式上場後のベンチャー企業であれば、コンサルティングファームと遜色ない報酬を用意できるケースも珍しくない。未上場であれば、ストックオプションも大きな魅力となる。以前は、年収水準が低すぎたため、ポストコンサルがネクストキャリアとして選択しづらかったが、環境が大きく変化した。

さらに、ベンチャー企業で積める経験の価値も魅力となっている。現在ではIT業界に限らず、あらゆる業界において「デジタル経営人材」の需要が急増している。そのため、デジタル系ベンチャーでの実務経験は、自身の市場価値を高め、キャリアの幅をさらに広げることにも大いに役立つ。起業をめざす人にとっても、優秀な起業家のもとでビジネス経験を積めることは、貴重な成長機会と言えるだろう。

▼3　大手日系企業への転職

今後注目されるのが、大手日系企業へのポストコンサル転職だ。大手日系企業への転職は、年功的な人事制度や新卒採用中心のカルチャーなどがネックとなり、従来はポストコンサルからの人気があまり高くはなかった。しかし、近年では大手日系企業でも、外部から即戦力となる優秀な人材を積極的に登用する動きが進み、ポストコンサルからの注目も高まってきている。具体的には、三菱商事、三井物産などの総合商社、ソニーや日立製作所などの大手メーカーなどが挙げられる。

これまでは、大手日系企業では新卒を一括大量採用するという組織運営がなされ、中途採用枠が限られており、魅力的なポジションも乏しかった。ところが、企業の競争環境の激化に伴い、M&AやCVC（コーポレートベンチャーキャピタル）、DX推進など、改革の担い手として外部のプロフェッショナルを魅力的なポジションで登用するようになってきた。中途入社の場合、培ったスキルを評価されて特定のポジションでのオファーとなることが多く、新卒時の総合職入社のような「配属リスク」が起こりにくい点もメリットとなる。

また、日系企業への転職の場合、会社の意思決定に参画しながら、事業を舵取りできる点も魅力となる。日本本社の経営企画部門やマーケティング部門、M&A部門に所属できれば、自社グループ全体の意思決定に携わることができる。外資系企業の東京オフィスで時折見られるような、海外本社の傘下として意思決定の範囲が限定されるというもどかしさはない。

そして、日本を代表する大企業だからこそ実現できる、インパクトの大きな事業に関わることができるという魅力もある。例えば、総合商社で、環境ビジネス、資源開発、交通インフラ事業など、社会的インパクトの大きな事業の経営を行う。あるいは、大手ディベロッパーでまちづくりに関わるといったような仕事には、大手日系企業ならではの醍醐味があるだろう。

ただし、まだポストコンサルの採用や活用に慣れていない企業が多いので、転職先を選定する際には注意が必要だ。中途採用者を外様扱いする企業も珍しくない。中途入社の役員・管理職の有無や割合を確認するなど、新卒と中途の間に格差がないか事前に確認しておくとよいだろう。また、ポストコンサルの年収水準に届くように、業務委託契約とすることで、既存人事制度の枠を超える年収を提示されるケースもあるが、入社後の上がり幅には確認が必要だ。

▼4　PEファンドへの転職

コンサルタントのよくある悩みとして、「クライアントに提案したプランがどのように実行されるのか見届けたい」、「提案したプランを実行してもらえない」という声がある。そのため、企業に投資して株主という立場から経営支援に参画し、抜本的改革を推進できるPEファンドへの転職に関心をもつコンサルタントは多い。収入の高いプロフェッショナルファームに所属しながら、当事者として企業経営に関わることができる希少なキャリアと言えるだろう。

また、収入にレバレッジを効かせたいという望みをもつコンサルタントも多い。コンサルティングは基本的に労働集約型ビジネスで、毎回のプロジェクトで一生懸命頑張ったとしても、起業家や経営者のように大きな収入をまとめて得ることは難しい。しかし、PEファンドでは、担当企業が成功すれば、インセンティブボーナスで大きな収入を得られるという魅力がある。社員への分配方法は、企業やポジションによっても大きく異なるが、場合によっては、生涯働かなくてもよいほど多額の収入を得ることもある。

さらに、ワークライフバランスの観点も見逃せない。担当企業にもよるので一概には言い切れないが、コンサルティングファームに比べて、PEファンドのワークライフバランスは良いことが多いのだ。投資する意思決定時や投資後に事業を立て直すまでは多忙だが、投資先企業の事業が軌道に乗れば、モニタリング業務が中心となり、日々の業務はコンサルティングファームほど忙しくはない。このような魅力から、PEファンドはポストコンサルに人気が高いキャリアとなっている。

▼5　コンサルtoコンサル転職

現在所属しているコンサルティングファームから他のコンサルティングファームへと転職するキャリ

アパスは、「コンサルｔｏコンサル転職」と呼ばれる。なぜ、わざわざ同業界内で転職するのだろうか?と思うかもしれないが、実はさまざまなメリットがあるのだ。この転職には、「領域シフト型」「ポジション向上型」「ワークライフバランス型」「営業リソース獲得型」と、主に4つのタイプがある。

若手から中堅のポストコンサルは、戦略系のようにゼネラル領域を扱うファームから財務系や組織人事系など専門領域を扱うファームへ転身するケースや、その逆となるゼネラル領域への転職をめざす「領域シフト型」が多い。また、コンサルティングビジネスの好調を背景に、各ファームは組織を拡大しているため、即戦力となるコンサル経験者を高いポジションで抜擢するようになっている。そのため、同領域のファームへ転身して、より高いポジションと収入の獲得をめざす「ポジション向上型」の転職を行うコンサルタントも増えている。

30代半ばからは、業務内容や年収を維持しながら、ワークライフバランスの良いファームに転身する「ワークライフバランス型」のコンサルｔｏコンサル転職も増えてくる。意外に思う読者もいるかもしれないが、近年はワークライフバランスが比較的良好なコンサルティングファームも珍しくない。育児や介護などの事情があれば、時短勤務の前提で入社できることもある。

エグゼクティブのポストコンサルになると、案件受注力をもつファームに転身する「営業リソース獲得型」のコンサルｔｏコンサル転職が多くなる。パートナーやプリンシパルは受注責任を負うようになるが、ドアノックからすべて自力で営業活動を行うのは大変な負担となる。例えば、シンクタンクであればグループ内の金融機関から案件が紹介されるなど、営業体制が整っている。このような豊富な営業リソースをもつファームに転身することで、コンサルタントとしてプロジェクトに専念し、活躍しやすくなるのだ。

コンサルティング業界が拡大し、多様なファームが登場する中で、自身の志向や希望を満たすファームへ転職する「コンサルｔｏコンサル転職」の魅力も増していると言えるだろう。

▼6 起業

起業はポストコンサルにとって、すでに身近なキャリアの1つとなっており、関心をもつ人も増えている。実際、ポストコンサルが起業したベンチャー企業は多くなっており、エムスリーやオイシックス、ラクスルなどが知られる。

起業では、コンサルタントとして培った経営に関する見識や問題解決能力を活用しながら、社会的にインパクトのある事業を推進できる魅力がある。より良い社会をつくりたいという想いをもつ人にとって、大きなやりがいとなるだろう。また、転職とは異なり、自分自身で経営の意思決定ができる点も大きな魅力だ。

さらに、ビジネスが回り始めれば、非常に高い収入を得る可能性もある。上場すれば、数十億円～数百億円ともなるキャピタルゲインが得られることもあり、非上場の小規模企業でも、ビジネスが軌道に乗れば、数千万円～数億円の年収となることも珍しくない。立ち上げ期の収入の低さは厳しいところだが、資金調達環境が整ってきた点も起業の大きな後押しとなっている。

このように魅力を増す起業だが、コンサルタント時代に培ったスキルと起業家に求められるスキルの間にややギャップがある点には注意が必要だ。例えば、実際に事業を推進していく際には、起業する領域における業務知識やネットワークが重要になる。業務知識やネットワークを軽んじていたポストコンサルが、起業後にトラブルに巻き込まれて苦労するケースもよく見られる。同様に、コンサルタントが経験してきている大企業における経営戦略策定と、起業家が直面するゼロからの事業立ち上げでは、求められる能力がやや異なる。自社サービスをいかに少額のプロモーション費用で広めていくか、知名度が低い中でどのようにして人を採用し、組織を拡大させていくかなど、リソースが豊富な大企業とは異なる問題が数多くある。

そのため、コンサルティングファームを卒業した後ですぐに起業をするのではなく、ベンチャー企業へ転職して小資本のビジネスを運営する経験を積んだり、当該領域の事業会社で必要な業界知識を身につけたりすることも有力なキャリア設計と言えるだろう。

また、事業の立ち上げ方を工夫することもできる。プラットフォーム型の事業やＳａａＳ（Software as a Service：サービスとしてのソフトウェア）などの製品開発を伴う事業は当たり外れが大きい。そこで、まずは手堅くコンサルティングサービスで起業し、資金が回るようにしたうえで仕組み系のビジネスを立ち上げるという応用の仕方もある。このような起業を選択できるのも、ポストコンサルならではの強みと言えるだろう。

自分の軸となる「キャリアビジョン」をもつことから始めよう

このようにコンサルタントのネクストキャリアは、幅広い業界の経営幹部・幹部候補、あるいはプロフェッショナルとしての魅力的なキャリアが広がっている。しかし、その選択肢の幅が広いがゆえに注意が必要だ。コンサルティングファームに勤めていると、さまざまなヘッドハンターからスカウトを受けることになる。提示される待遇の魅力や企業の知名度に惑わされると、自分の望む人生から離れていってしまうことにもなりかねない。

そこで、社会人の方も学生の方も、自分が何を成し遂げたいかという「キャリアビジョン」をもつことをおすすめしたい。そのうえで、キャリアビジョンの実現に向けて、どのようなキャリアを積み重ねていくべきかという「キャリア戦略」を考えて、業界や企業を選択していただくとよいだろう。コンサルティングファームへの就職や転職が最良の選択となるか否か、さらにその後のネクストキャリアでどのような道を選ぶべきかは、キャリアビジョンとキャリア戦略で異なってくる。まずは、自分の価値観に向き合い、自分が望む人生とは何か、キャリアビジョンを考えていただきたいと思う。

コンサルタントに求められる〝探求心〟と〝良心〟

コンサルタントは、「クライアント」と「所属するファーム」のお陰で、成長機会と素晴らしいネクストキャリアの可能性を得ることができている。そのため、両者に対して、しっかりと価値を生み出し、全力で貢献することが求められる。

コンサルタントは、資格をもたないが、医師や弁護士、会計士と同様のプロフェッショナルだ。自らの思考や提案のみが商品であり、高額な報酬に見合った価値を提供するためには、それに見合うだけの高度なスキルを身につけようとする〝探求心〟が必要不可欠だ。業界から評価されているコンサルタントは、よい意味での公私混同をしている。日常業務の隙間時間や休日を使い、クライアントと自分自身のために、最先端の知識やスキル、教養を楽しみながら、学び続けている。残業代が出ないなら仕事に関することはしない、といった発想とはまったく異なることは言うまでもない。

ギリシャの彫刻家フェイディアスが、「なぜ誰にも見えない背中まで彫刻を彫るのか」と問われた際に、「神々が見ている」と答えたという逸話がある。専門性の高いプロフェッショナルの仕事は、時にはクライアントが気づいていないこと、要望の枠を超えた点にも、踏み込んで考え抜かなければならない。

そこまで考え抜かなくても、プロジェクト終了時にクライアントは満足してくれるかもしれない。しかしそれでは、中長期的にはクライアントの成功にはつながらない恐れがある。クライアントを満足させるだけでなく、その先を見据えて全力を尽くすという〝良心〟が求められる仕事と言えるだろう。

コンサルティングファームへの就職や転職をめざす方には、自身のキャリアビジョンを明確にもち、より良い社会の実現を見通しながら、〝探求心〟と〝良心〟を大切にクライアントの問題解決に取り組んでいただきたいと思う。

プレミア対談2

人気上昇中、女性が輝く「コンサルキャリア」の魅力とは

結婚、出産、育児などのライフイベントと、自身のキャリアをどのように両立するか。キャリア形成を行ううえで多くの女性が悩むテーマだ。ここでは、マッキンゼーでパートナーとして活躍する山川奈織美氏と堀井摩耶氏に、筆者の渡辺が女性にとっての「コンサルキャリアの魅力」について伺った。

マッキンゼー パートナー
山川 奈織美氏

マッキンゼー パートナー
堀井 摩耶氏

コンコード 代表
渡辺 秀和

ネットベンチャーからの復帰や海外オフィスへの異動も経験

渡辺：女性にとってのコンサルキャリアの魅力についてお伺いしたいと思います。まず、簡単に自己紹介していただいてもよろしいでしょうか。

山川：私は、1999年に新卒入社しました。就活の時はスポーツ記者を志望していたのですが、たまたま友人にマッキンゼーをすすめられ、ケース面接を受ける中でこんな面白い仕事があるんだなと感じ、入社を決意しました。5年ほどキャリアを積んだところで、一度、オイシックスというベンチャー企業でネットビジネスに挑戦し、その後またマッキンゼーに戻りました。現在は、マーケティングを軸に、消費財と小売セクターを中心に消費者向けビジネス全般をご支援しています。マッキンゼーでは、ダイバーシティインクルージョンのリーダーも堀井とともに務めています。

堀井：私も新卒入社で、18年間マッキンゼーでコンサルティングに取り組んできました。学生のころは、外務省や国連などで働くことを想像していました。しかし、大学4年生の時にマッキンゼーのセミナーに参加し、チームで問題解決をする、それもクライアントが解けずに困っている課題をご支援するような仕事に魅力を感じ、入社を決めました。マッキンゼーでは、途上国でのODA関連のプロジェクトなど、政府や国際機関をクライアントとするパブリックセクターの案件を多数手がけています。

渡辺：堀井さんは海外オフィスでの経験が長いと伺っておりますが、どのような経緯があったのでしょうか。

堀井：女性のキャリアに少し関連しますが、夫がアメリカのロースクールに入学したため、私は大学院卒業後からマッキンゼーのボストンオフィスに再入社しました。それから、夫の勤務地とあわせてニューヨークオフィスに移った後、今度は私の番ということで、かねてからパブリックセクターを手がけたかったため、夫とも相談しワシントンDCオフィスに移りました。10年以上にわたるアメリカでの活動は、とても充実した日々を過ごしていたのですが、小学生になろうとしていた子どもが、日本のおじいちゃんとおばあちゃんに年に2回しか会えないような状況が本当に良いのかと考えるようになり、小学校入学にあわせて2018年に東京オフィスに戻ってきました。

渡辺：お二人の話を伺っていると、コンサルティングファームならではの組織の柔軟性を感じます。仕方がないことなのですが、一般的な企業では、部署がしっかりと分かれていたり、部長や課長といったポジションの数に制限があったりするため、異動や復職がしにくいこともありますよね。

ロジックだけでは顧客は動かない。高い協調性を活かした対話が求められる

渡辺：実際の仕事内容について、どのようなことをされているのか教えていただけますか。

山川：私はマーケティングを専門としており、広義ではクライアントの売上成長の実現をご支援することが多いです。一例を挙げますと、ある消費財メーカーで、国内の売上シェアが低迷し、マーケット自

体も成熟している中で、創意工夫した戦略・施策を講じなければ状況悪化は免れない事態の中、再度成長軌道に乗せるための戦略を議論するプロジェクトをサポートさせていただきました。

そのような案件において、私たちは、徹底的にファクトを分析・確認すると同時に、クライアントの人・組織をいかに動かしていくか、深く議論します。ファクトについては、とにかく、数字をいっぱい見る。当社のシェアは、人びとの消費行動プロセスのどこで失っているのか、ブランド要素の何が大事で、競合とどこで差をつけられているのか、商品の品番ごと、チャネルごとに見るとどうか、Ｗｈａｔについて粒度を細かく見ていきます。

また、クライアントの経営層はもちろん、現場担当者も含めて、インタビューを徹底的に行います。複数回のワークショップも行い、現場が「腹落ち」できる戦略と施策を具体化していくのですが、この実行可能性を上げる部分がファクトの分析と同じくらいかそれ以上に重要だと考えています。机上の空論ではない、地に足のついた戦略とするために、クライアントを巻き込み、主体的にアクションを描いていただくように、一緒に動く形で支援しています。このようなプロジェクトを通して、クライアントの方々からは戦友のようだと言っていただくことが多いですね。

渡辺：とても楽しそうです。経営コンサルタントは、ロジックを武器に戦っていて、冷徹な人が多いといった印象をもっている就活生やビジネスパーソンは少なくありません。でも、そのようなわけがない。経営コンサルタントは、クライアントの問題解決に向けて、意思決定や実行をしていただかないと価値がありません。そのため、クライアントに寄り添い、共創しながら問題解決を推進しないといけない。このような人間味のあるところ、対話を重視してクライアントとの良好な関係を基盤として価値を提供しているところが、意外と知られていないですよね。

山川：そうですよね。私は、後輩と話すときには、よく、「フレンドリーチャレンジャー」をめざそうと話すことが多いです。親密な関係であるからこそ、クライアントに切り込める領域があると思います。

私たちの提案には、大規模な組織変革につながるようなものも多く、クライアントが過去のしがらみを越えて、改革を実行できるように勇気づけることが大切です。

堀井：「ロジック」と「ハート」を組み合わせた対話により、いかに腹落ちしていただいて、アクションにつなげていけるかが重要ですね。オバマ大統領時代の政策で、アフリカのエネルギー供給量を倍増しようとする電力開発プロジェクトを推進していましたが、実際に世の中を変えるには現地に行かないといけない。私は、ナイジェリアなどで、多くのステークホルダーと2年近くひざ詰めで議論していました。世界は混沌としていて、綺麗に物事は進みません。3歩進んで2歩下がる、たまには、2歩進んで3歩下がるような（笑）対話を積み重ね、問題解決を進めていくのが実際です。

そうして、ナイジェリアの社会が少しずつ変化していく。深く関与することで社会の変化に自分が貢献できたという実感を強く感じられる点はコンサルタントの仕事の魅力だと思います。多様なステークホルダーとの対話を大切にしながら、社会をより良くしていく仕事なので、高い協調性やコミュニケーションスキルが求められます。このようなことを大切にしている女性にはとてもフィットすると思います。

1つの会社に縛られない「自由度」がキャリア形成の鍵

渡辺：おっしゃる通りだと思います。日本では、いまだにコンサルタントを志す方は男性が多いです。しかし、社会課題解決に関わるプロジェクトをはじめとして、女性にこそ活躍いただきたいフィールドが豊富にあります。

　また、キャリア設計の観点からも、女性にとても魅力的な仕事であると私は考えています。大学で授業をしていた際、「コンサルタントは忙しいので、結婚や出産を考えると不安です」と言って、日本の大企業への就職を志望する女子学生が多かったのを覚えています。たしかに、出産、育児、パートナーの転勤、親の介護など、プライベートの影響によってキャリアを見直す必要が出ることは珍しくありません。場合によっては、勤務先の企業を離れざるを得なくなることもあるでしょう。そのため、人材市場で評価されるキャリアやスキルを若いうちに身につけ、転職や再就職できる自由――いわば「自由度の高いキャリア」を形成しておくことが大切だと思います。ただし、この点は男性も同様です。親の介護のために離職するケースや育児のためにワークライフバランスの良い職場へ転職したいということもあるでしょう。

　また、現代では大企業に勤務していても、リストラにあったり、海外企業に買収されたりすることもあり得ます。不確実性が高い時代を生きている我々にとって、キャリアの自由度はますます重要になっていると思います。そのような中で、コンサルタントというキャリアは「汎用性の高い問題解決力」と「高いリーダーシップ」を身につけることができ、幅広い業界の経営企画、マーケティング、M&A、経営幹部など幅広い職種へ転身が可能です。さらに言うと、高いスキルをもつプロフェッショナルは、勤務形態の交渉も効きます。コンサルタントや公認会計士の方が時短勤務を前提にしながら、年収を上げつつ転職するといったケースは私たちのご支援で珍しくありません。

山川：確かに、これまでを振り返ると、自分で自分のキャリアを選んでこれた実感があります。周囲を見ても、転職するときに苦労している人はいないですね。マッキンゼーは、プロジェクトチームで動くので、特定の部署に配属されません。大企業のように毎年のようにある組織改定で産休・育休の間で自分が所属していた部署やポジションがなくなってしまい、不慣れな部署で苦労する、といったようなこともないです。また、基本はプロジェクト制なので、実は休暇も取りやすいですしね。

進化する職場環境 ――ワークライフバランスの実態

渡辺：休暇のお話が出ましたが、ワークライフバランスや働き方の実態について教えていただけますか。

堀井：当社では、マネジャーまでは1つのプロジェクトを専任で遂行・管理しています。従って、プロジェクトが落ち着いたところで、しっかりと休暇を取ることができます。また、通常の有給休暇に加えて、各プロジェクトの間に数週間の無給休暇を取得できる「Take Time Program」という制度があります。長期の海外旅行や自己研鑽に集中して取り組むなど、活用の仕方は自由ですし、理由を申請する必要もまったくありません。中には、1カ月の休暇を取って、憧れだったパリで暮らしていたコンサルタントもいます。

また、当社には、〝Make Your Own McKinsey〟という言葉があります。プロフェッショナルとして働く者のキャリアは、誰かに指示されて形成されるものではなく、自ら設計し組み立てていくものであるという考えです。1人ひとりの目標を自分で立て、その道筋を自分で設計し、他と自分を比べることなく、自分の選んだ道を自らの努力により着実に進む。それが当社の文化であり、個々人のキャリア・ゴールを支援するために、独立したプロフェッショナルのための「場」を提供しているのです。

山川：「コンサルタントは忙しくて、寝ることもできない」と思っている方が本当に多いですが、大いなる誤解です。コンサルタントは、毎日、経営課題と向き合い鋭く分析し、クライアントを勇気づけ、経営の意思決定と実行を支援しています。ひと言で言えば、エネルギーをもって仕事をしないといけない。ですので、オンとオフを切り替えて、しっかり休養することも大事です。実際に、当社ではチームメンバーの仕事量やモチベーションレベルのパルスチェックを日々実施し、心身の状態についてチームで確認し合っています。恐らく、読者の皆さまが思っている以上に、ワークライフについても問題解決しようという意識も高く、面倒見の良い会社だと思います。入社した後、多くのメンバーが一番びっくりするのも、ここまで個人の成長にいろいろな人がおせっかいなほどに（笑）関わってくると思っていなかった、ということのようです。クライアントを支援することと、ファームの人材を育成することは、ファームとしての価値を生み出す両輪となりますので、コンサルティングファーム各社は自社の人材を非常に大切にしているように思います。

マッキンゼーでは、Ｕｐ ｏｒ Ｏｕｔ（アップ・オア・アウト）という言葉が有名になってしまっており、ある日、無慈悲に解雇を告げられるようなイメージをもたれている方も多いように思います。しかし、そんなことはないです。当社には職階ごとの人員数制限はなく、できれば全員がパートナーとして活躍してほしいと考えていますし、そのために後輩をしっかり育てたいというのが社風です。

また、私は、個人のプライベートが充実していないと人間としての魅力が出てこないと思うのです。私は、東北でのボランティア活動だったり、音楽ライブを一時は100本も観に行ったり（！）などしていますが、そのようなプライベートな活動で得られた人とのつながりや気づきなどが、クライアントとの良好な関係構築やリッチな提案につながっていると感じています。

渡辺：個人のプライベートの充実は大切ですね。コンサルティング業界は、他業界以上に人財がすべてですから、どのファームもさまざまな福利厚生制度やトレーニングプログラムを設け、1人ひとりのコンサルタントのワークライフバランスやキャリア形成を手厚く支援されていますね。また、コンサルタントがメリハリのある働き方ができるのは、コンサルティング業界の多くがプロジェクト単位、かつ、シングルアサインでの仕事をしている点が大きいと思います。最後に、読者の皆さまへのメッセージをお願いします。

堀井：コンサルティング業界への就職・転職を志す方には、コンサルティングという仕事を越えた、自分の〝ライフワーク〟を見つけていただけるとうれしいです。自分が強い関心のある領域に関して、同じ志をもつ同僚やクライアントと一緒に価値を生み出していただきたいです。私も自宅でプロジェクトのことを考えることがありますが、仕事としてやっている感覚はなく、ライフワークとして自分が取り組みたいからやっているという感覚なのでとても楽しいです。そして、女性の皆さまにとっては、コンサルティング業界に対する固定観念を抱く前に、ぜひ一度、企業説明会などに足を運び、コンサルタントたちと話していただきたいですね。きっと、仕事の魅力を肌で感じ取れ、各社の充実したサポート体制や制度に驚かれるのではないでしょうか。

山川：ひと言で、いろいろなことへの好奇心や、人をサポートしたいという情熱がある人にコンサルタントは向いていますね。そして、個人のめざすキャリアを活かす仕組みやキャリア形成の自由度、制度、カルチャーがコンサルティングファームにはあります。長い人生の中で、さまざまなライフイベントがあり、コンサルティングファームへの就職を躊躇してしまう女性も多いかもしれません。しかし、他の企業以上に充実したサポートと柔軟な労働環境があるので、安心して自身のキャリアをあきらめずに磨き続けていくためにも、コンサルティングに関心をもっていただきたいですね。

【プロフィール】

堀井　摩耶（ほりい・まや）氏

パートナー、東京オフィス。ハーバード大学卒業後マッキンゼーに新卒入社。ボストン、ニューヨーク、ワシントンDC支社にて10年超の勤務を経て、現在日本オフィスにおいて公的セクターグループのリーダーを務める。近年は、デジタル変革、組織変革に関するエキスパートとして、公的機関・民間企業のデジタル化、組織改善、リーダーシップ強化などに関する助言を行っている。ポストコロナの新しい働き方として、アジャイル組織についてもウェビナーでの発信や執筆を行っている。また、リーダーとして山川とともに社内「オールイン」イニシアチブでも積極的に活躍している。

山川　奈織美（やまかわ・なおみ）氏

パートナー、東京オフィス。慶応大学法学部政治学科卒業後、マッキンゼー東京オフィスに新卒入社。日本における消費財・小売グループのリーダーであり、またアジア太平洋地域における消費者インサイトに対する専門性をもとに、クライアント企業と協働し、ブランディング、顧客体験、および商品・サービス開発を通じた消費者視点を基点とした成長を支援している。また、マッキンゼー日本オフィスにおけるダイバーシティ＆インクルージョンのリーダーも務めており、働く女性を支援する取り組みである「オールイン」イニシアチブも牽引している。

Chapter3

コンサルティング業界のホット・トピックス

CONSULTING FIRM

1 SDGsや脱炭素化など、社会課題解決に向けたコンサルティング

SDGsがもたらした「ビジネスによる社会課題解決」の動き

経済発展とグローバル化に伴い、企業活動が環境や社会に与える影響はますます増大している。世界がSDGsを掲げて持続可能な開発をめざす今、企業が長期にわたり生き残るには、サステナビリティの観点を経営に取り込む必要がある。

SDGsとは、2030年までに持続可能でより良い世界をめざす17の国際目標から構成される、世界共通の社会課題。ビジネスと持続可能な開発委員会の試算によると、SDGs関連市場は年間12兆ドルの経済的価値を創出すると言われている。SDGsの大きな特徴は、民間企業を社会課題解決の主体として位置づけている点であるが、企業はSDGsに積極的に取り組むことで、新規市場の開拓や事業機会の創出、既存事業の持続的成長の確保、企業価値の向上を実現できる。

多くのコンサルティングファームは、企業のSDGsの達成に向けた、社会課題起点での事業アイデアの検討や戦略策定の支援、実行支援を行っている。

ESG投資の推進とカーボンニュートラルへの注目の高まり

機関投資家の多くは2008年のリーマン・ショックの反省から、企業のキャッシュフローや利益率などの定量的な財務情報だけではなく、環境(Environment)や社会(Social)、ガバナンス(Governance)といった非財務情報であるESG要素を考慮する投資(ESG投資)に取り組んでいる。このESGを推進する動きは日本全体で強くなっており、2020年10月26日、菅義偉首相は就任後初の

所信表明演説において「2050年温室効果ガス排出量ゼロ」を表明した。政府が積極的な姿勢を示すことで、企業や投資家もESG投資に目を向ける機会が増え、企業はさらに踏み込んだ検討を進めている。

先の脱炭素化（カーボンニュートラル）のテーマでは、効果的な脱炭素化への貢献・再生可能エネルギー導入に向けたロードマップを構築する試みが各社で始まっている。日立コンサルティングでは、エネルギーの創出から消費までの潮流を分析し、再生可能エネルギー創出のための設備導入の可否、電力外部調達の可能性を判断し、クライアントの事業戦略に沿った効果的な温室効果ガス削減計画の立案を支援している。2021年4月には、日立製作所と連携して、企業の脱炭素経営を支援する環境情報管理システム「EcoAssist-Enterprise」の新しいメニューとして「CO_2算定支援サービス」を提供している。

2050年の日本を救うスマートシティの社会実装

SDGsや脱炭素は世界レベルの社会課題であるが、課題先進国である日本における課題解決への動きも注目されている。今後30年で、日本の人口は2000万人以上減少すると予想されている。高齢化もより深刻となる中で、公共・公益サービスの維持は困難になり、日常生活の利便性も損なわれることが懸念される。このままでは、経済の縮小やインフラの維持管理など、日本は多くの困難に直面することになる。

この社会課題を解決する1つの方法として、「スマートシティ」が注目を集めている。スマートシティとは、先進的な技術の活用により、都市や地域の機能やサービスを効率化・高度化し、各種の課題の解決を図るとともに、快適性や利便性を含めた新たな価値を創出する取り組みである。国内では、企業・大学・研究機関・地方公共団体、関係府省などから構成される「スマートシティ官民連携プラットフォーム」が発足。スマートシティの普及によってSociety5.0の実現を加速することが期待されている。

IDC Japanによると、国内スマートシティ関連IT市場における2018~2022年の年平均成長率は21・2%、2022年に9964億円になると予測されている。2021年2月には、トヨタ発のスマートシティである「Woven City（ウーブン・シティ）」が静岡県裾野市にて始動。自動運転や人工知能などをはじめとするさまざまな領域の新技術をリアルな場で実証していく予定だ。

しかし、これまでのスマートシティ関連プロジェクトでは、技術先導でビジネスモデルが確立されていなかったがために、実証実験の枠を超えることができなかったケースが多い。そこで、あらゆるビジネスモデルをデザインしてきたコンサルティングファームに白羽の矢が立っている。

PwCは、2019年10月に、京都府とスマートシティづくりに関する包括連携協定を締結。クライアントの（1）ビジネス、（2）顧客あるいは社員の体験、（3）それを可能とするテクノロジー、を三位一体で捉える独自のアプローチ「Business eXperience Technology」に基づき、観光振興や地域の活性化、次世代モビリティなど5テーマを中心に、同地域の持続可能なスマートシティづくりを支援している。そして2021年1月には、スマートシティにおける企業の事業化支援を本格的に展開することを発表。企業の資本業務提携や収益化、SDGs推進による企業価値向上を強力にバックアップする考えだ。

またデロイト トーマツコンサルティングは、2021年4月に、スマートシティ分野における実証プロジェクトにおいて、AIを活用して業界や社会全体の課題を解決するために、介護・医療・HR・ロボット・金融・カメラなどさまざまな領域でのAI製品の開発や実用化を行うエクサウィザーズと協業。デロイトはスマートシティの構想策定を担い、エクサウィザーズはAI技術の開発・社会実装など実証実験を担当し、地方自治体や関連企業への支援サービスの提供を行う。

2 デジタルトランスフォーメーションの牽引

加速する企業のデジタルトランスフォーメーション

新型コロナウイルスへの対応から、オンライン授業やeコマース、テレワークの導入といったデジタル技術を活用したサービスは急速に普及した。そして現在、このようなデジタル技術のツールとしての導入にとどまらず、全社レベルの企業変革や、社会の制度やあり方をもデジタルの力で変革する「デジタルトランスフォーメーション（DX）」が注目されている。富士キメラ総研の推計によると、2030年のDXに対する投資金額は、国内市場のみで2兆3687億円。これは2017年の4・2倍となる。政府も新たに「デジタル庁」を2021年9月に設置し、国としてDXを推進する方針だ。

しかし、DXの重要性は認識しつつも、本格的に

DXに踏み出せている企業はまだ一部に過ぎない。政府は、DXが進まなければ2025年以降に年間最大12兆円の経済損失が生じる可能性があると警鐘を鳴らしている[※1]。

DXは待ったなしの経営課題であるが、ここで禁物なのは、DX推進を焦るあまり、「DXの実現手段」に飛びついてしまうことだ。「UX[※2]／CX[※3]」「デザイン思考[※4]」「カスタマージャーニー[※5]」「アジャイル開発[※6]」などが実現手段として挙げられるが、本当にアプローチすべきは「DXの変革対象」である。新たなデジタル技術を活用して会社の何を、どのように変革するのか、方針を定める必要がある。

では、コンサルティングファームがどのようにDX支援を手がけているか、具体的な事例を見てみよう。

クライアントとの提携や合弁会社の設立を通じたDXの推進

DXの支援内容は多岐にわたるが、全社レベルの変革を推進していくためにも、アライアンス契約を締結したり、クライアントとともに合弁会社を設立したりするファームも存在する。2018年6月、ボストン コンサルティング グループはKLMオランダ航空とアライアンスを締結。KLMの顧客窓口部門からバックオフィス部門まで、航空現場を包括的に把握したうえで、BCG GAMMAと呼ばれる450人ものデジタル技術のスペシャリスト集団を動員し、業務を最適化する人工知能（AI）ベースのシステムを共同開発した。このシステムの導入によって、座席や手荷物、地上サービス、航空会社間のネットワークなど、航空会社の顧客窓口部門からバックオフィス部門までの航空会社のプロセスの最適化に取り組んでいる。

具体的には、フライトの遅延が他のフライトに影響しないように管理したり、効率的な乗務員スケジュールを作成して運航の乱れによる影響を最小限に抑えたりするなど、幅広いDXを実現している。両社は今後、同システムを世界中の他の航空会社に展開する予定だ。

また、アクセンチュアは2020年4月に味の素と合弁会社「味の素デジタルビジネスパートナー」を設立（出資比率は味の素67％、アクセンチュア33％）。アクセンチュアのデジタル変革の知見やデジタル技術を活用することで、味の素のコーポレート組織（人事、総務、広報、調達など）がもつオペレーション業務を集約し、業務プロセスの全体最適化と抜本的な業務の高度化・効率化を進めている。

市民1人ひとりに寄り添う、行政DXの実現

企業のDXに加え、2020年12月に総務省から「自治体DX推進計画」が公表されるなど、地方自治体に対するDXの取り組みも注目されている。

アクセンチュアでは、市民目線の行政サービスの実現に向けたデジタル技術の導入や実行支援のサービスをワンストップで提供している。均一で全方位的に設計されてきた行政サービスから、市民1人ひ

とりのニーズに直接向き合えるサービスへと転換することで、多様化する課題への対応力強化を実現している。会津若松市と連携したプロジェクト「デジタル市民プラットフォーム」では、市民の年齢や特性などを細かく区分し、各ターゲット層に応じたサービスを展開。個々の市民へのきめ細かな対応を実現したとして、平成30年度総務大臣表彰を受賞している。

例えば、母子手帳とマイナンバーの情報を紐づけ、市が把握している予防接種の受診日時を記録して次の受診タイミングのお知らせをアプリなどで受け取るサービスや、チャットボットによる一部の行政サービスへの問い合わせを自動化するサービスを提案・実装している。

2021年4月、ＰｗＣコンサルティングはサイバーエージェントと、政府が推進するデジタル・ガバメントの取り組みや自治体ＤＸの取り組み、住民視点でのデジタル技術の活用を含めた、地域全体のＤＸのあり方を研究。ＤＸに向けた現状の可視化から、課題や事例の共有、解決策の立案および実行までのサポートを一貫して行うことを目的として、共同研究会「DX Drive Japan」を設立した。ここでは、ＰｗＣコンサルティングが中央官庁、地方自治体の業務改革やデジタル時代のアップスキリング※7に関する知見を、サイバーエージェントがデジタル分野におけるサービス開発・運用や広報・広告などに関わる知見を活かし、人びとの暮らしをより豊かにするスマート自治体の実現をめざした研究を通して、自治体に向けたサービス提供を実行している。より具体的には、（1）自治体ＤＸ成熟度診断（自治体のデジタル化に関する取り組みを独自の指標で可視化し、課題抽出と優先順位づけしたうえで、解決方針を提示するもの）、（2）ＤＸ推進における解決策の立案（各自治体のデジタル化を担う部門の課題や構想のヒアリングを通し、解決策を立案）、（3）ソリューション開発・提供（課題解決や構想実現に向けて、最適なソリューションやプロダクトがまだ世の中に無い場合は実証実験も含め、開発および提供）を行っている。

※1 2018年9月、経済産業省「DXレポート ～ITシステム「2025年の崖」克服とDXの本格的な展開～」。ここで、「2025年の崖」とは、複雑化・老朽化・ブラックボックス化した既存システムが整理されなかった場合に想定される、国際競争への遅れや我が国の経済の停滞などを指す。
※2 UX（ユーザーエクスペリエンス）：製品・サービスを使用する際の印象や体験。
※3 CX（カスタマーエクスペリエンス）：顧客にとって、ある企業の製品・サービスに接する際の総合的な印象や体験。
※4 デザイン思考：デザインで使われる考え方を、課題解決などさまざまなビジネスの場面に応用する手法のこと。
※5 カスタマージャーニー：どのように製品やサービスを認知し、競合製品との比較などを経て、購入に至ったのかを旅にたとえたもの。
※6 アジャイル開発：ソフトウェアやコンピュータシステムの開発手法。顧客の要求案件や経営環境の変化に対し、俊敏かつ柔軟に対応することに主眼を置く。
※7 アップスキリング：変化し続ける高度なテクノロジーを職場や日常生活の中で使えるようになるために、必要な知識やツール、能力を身につける機会を与えること。

3 Withコロナ時代における戦略再構築の支援

新型コロナウイルスの社会的影響

２０２０年以降、世界は新型コロナウイルスによって大きく変容した。コロナ禍において、オンラインをはじめとする非接触型サービスやマスクやアルコール消毒といった衛生面の対応が必要となり、事業や生活環境が大きく様変わりしたことは、読者も実感しているだろう。コンサルティング業界で特に注目すべきは、先述のＤＸ需要増加、最新技術に基づくヘルスケア関連のシミュレーションサービス、そして事業再生だ。

緊急事態宣言の発令や感染の懸念から、ヒト・モノの流れが大きく制限されたことで、観光業・外食業を中心に急激に需要が減少し、多くの企業が経営の危機に瀕した。特に２０２０年４月から宿泊関連業は深刻な打撃を受け、国土交通省によると、６～７月の宿泊予約状況は約９割の事業者が「70％以上減少」と回答している。マッキンゼーのレポート※8によると、国際貿易の緊張の高まりや生産拠点の国内回帰の動きによって、今後数年間にわたり市場や規制の不確実性が続く可能性が指摘されている。新型コロナウイルスのような不透明な事業環境下においても企業が生き残るためには、コロナ禍に特化したインシデント管理およびシナリオ分析、直近の資金調達はもちろん、今後も市場の著しい変化にも対応できるよう、既存の事業継続計画の見直しや新たな業態展開など、戦略を転換することが急務である。

事業再構築支援サービスで企業の生き残りをサポート

コロナ禍で苦境を強いられる企業に対して、コンサルティングファームはその経営再建に向けた取り組みを支援している。ＰｗＣアドバイザリーでは、新型コロナウイルスの影響によるクライアント企業の事業環境激変への支援機能を強化する目的で、「事業再編・再生支援」部門と「ディール戦略」部門を統合し、国内最大規模となる事業再生チームを組織。戦略策定・オペレーション改善・施策の実行に強い専門家と、経営危機対応や事業再生に取り組む専門家が一体となった「スクランブル対応チーム（ＳＳＴ：Scramble Support Team）」が先行きの見えないコロナ禍でも最適な経営判断ができるようサポートする。

　新型コロナウイルスに伴う事業再生支援では、まず事業環境や社会環境の変化が企業に与える定量・定性的影響を即座に把握し、シナリオプランニングによって将来の環境変化への柔軟性を確保するとともに、新型コロナウイルスを契機とした社会・経済の構造の変化を戦略検討に活かす方策を検討し、具体策を実行している。

　また、デロイト トーマツ ファイナンシャルアドバイザリーでは、とりわけ外出自粛や時短営業などで大きな打撃を受けた観光・ホテル・外食業界の事業再生・再編の支援に踏み出している。同社では、インバウンドや宴会・出張の減少、感染再拡大のリスクなどの影響も考慮すると、構造的にコロナ以前のマーケットに戻らず、活気を取り戻すまで数年間を要すると予想。当業界の経営管理や施設運営、人材にかかるノウハウを有するオータパブリケイションズと協業し、事業計画の策定や実行支援、金融支援や資金調達に関わるアドバイス、観光業界におけるサプライチェーンの再構築を企図した事業再生・再編プランの策定支援などのサービスを提供する。アフターコロナの観光・ホテル・外食業界のあり方を見据えながら、同業界のさらなる発展に貢献するための支援を推進していく考えだ。

※8 McKinsey & Company、「COVID—19: ブリーフィング・ノート　グローバルヘルスおよび危機対応の観点から」、更新日：2020年4月3日

4 オープンイノベーションの推進

活発化するベンチャー連携支援

２０１７年のオープンイノベーション・ベンチャー創造協議会設置や、２０２０年の内閣府によるスタートアップエコシステム拠点都市選定など、日本政府はベンチャー企業を軸とした成長戦略を掲げてきた。その中で、ベンチャー企業と業務・資本提携する大企業が続々と登場し、この連携支援をコンサルティングファームが次々に手がけている。

大企業とベンチャー企業が連携するメリットは、互いのもつ課題を克服しつつ強みを活かすことができる点だ。ベンチャー企業の中には、その斬新なアイデアや技術力の高さから世の中を根本的に変えてしまう力を秘めているが、その多くは事業拡大に必要なリソースを集めきれず苦戦を強いられている。

一方、大企業は豊富なリソースを有するものの、俊敏性や柔軟性、斬新なアイデアに欠けている場合が多い。自前で新たなノウハウを獲得するには時間や資金を要し、企業規模に見合うような事業にまで育て上げることへの懸念から、ビジネスチャンスがあっても新規事業に参入しづらい。こうした両者が手を取り合い、ｗｉｎ-ｗｉｎの関係を構築している。コンサルティングファームは、さまざまなアプローチで最適なベンチャー連携を実現させるべく奮闘している。

大企業とベンチャー企業の「架け橋」として動く

コンサルティングファームの支援内容は、連携の目的に応じて多様だ。単純なサービス開発であれば、共同研究契約や業務提携を行う大企業とベンチャー企業との間に立ち、実現したいサービスやそのビジネスモデルの具体化、両者が納得いく役割分担やリスク分配に努める。あるいは新規事業の開発において、大企業にないノウハウをベンチャー企業の取り込みによって獲得したいと考えるような場合には、より踏み込んだ交渉にも介在することになる。

例えばエネルギー分野では、2016年9月の東京電力による米スタートアップへの出資をはじめ、日本全国の電力・ガス会社がシリコンバレーを中心としたスタートアップと業務提携や出資を通じた連携が加速している。スタートアップが保有する技術やノウハウを吸収し、新規事業開発に挑戦することが狙いだ。そうした中、三菱総合研究所は、2018年に東北電力の仮想発電所のプロジェクトを支援する際、すでにノウハウを有する国内外のベンチャー企業との連携のためのアドバイザリーサービスを提供している。

一方、テーマは何となく決まっているものの、具体的なサービスのイメージは湧いていない、当該領域のスタートアップとの連携を深め、場合によっては業務提携などを視野に入れたいというような場合、企業は「アクセラレータープログラム[※9]」を主催している。そこで、コンサルティングファームは、スタートアップ企業のソーシングやビジネスモデルの磨き上げなどのメンタリング、プログラム主催者となる大企業との連携支援を担う。

デロイトは、2015年に東京都が公募したアクセラレータープログラムの委託先として採用され、2020年もその活動を続けている。東京都としての政策課題などでの起業に取り組む有望な起業予定者や起業家が、短期集中的にメンターや先輩起業家からの支援などを受けるこのプログラムにおいて、デロイトはソーシングやメンタリングを支援した。

コンサルティングファームによる、ベンチャー企業との提携やファンド事業への参入

提供するソリューションの質を向上させるべく、コンサルティングファーム自身がベンチャー企業と提携する事例もある。ローランドベルガーは、2020年9月に戦略と価値の共創を実現するため「価値共創ネットワーク」を創設。デザイン、DX、も

のづくりをはじめとした幅広い分野から、25のベンチャー企業および3名の個人と協業している。協業の例として、AIによって産業構造の変革を追求しているABEJA社のデータ分析および予測モデルをローランドベルガーの経営コンサルティングノウハウと掛け合わせ、機械学習モデルを活用したアパレル向けの「需要予測コンサルティングパッケージ」を開発している。

加えて「インキュベーション」も、コンサルティングファームが手がけるベンチャー企業との連携の1つだ。インキュベーションでは、「孵化」という意味の通り、起業家志望者や設立間もないベンチャー企業の価値向上のために、彼らに資金やノウハウ、活動場所などを提供して企業成長を促進する。

ドリームインキュベータでは、2000年の創業以来、国内外のベンチャー企業や成長企業に対する資金提供や成長戦略の策定、ビジネス拡大のための仲間づくり、そして、大企業と連携したビジネスエコシステムの構築などを幅広く支援している。2020年9月時点で投資育成に携わったベンチャー企業は180社で、うち29社が上場を果たし、8社は東証一部に昇格、1社が米国NASDAQに上場している。さらに同社は2019年に、最大50億円規模の国内スタートアップへの投資を目的とした1号ファンド「DIMENSION」、および同ファンドを運営する専門子会社を組成。多段階出資を含め密に支援リソースを投下する厳選集中投資を行っている。

このようにコンサルティングファーム自身がファンドを設立し、ベンチャー企業に投資する動きも近年見られる。経営共創基盤は、2019年に国際協力銀行、オムロン、パナソニック、本田技研工業と共同で、北欧・バルト地域を対象としたベンチャーキャピタルファンドを設立した。日本発のベンチャーキャピタルファンドとして、当該地域における先端技術を有するアーリー期のスタートアップ企業を対象に投資している。完全成果報酬型のコンサルティングを実践するプロレド・パートナーズは、2020年にPEファンド「ブルパス・キャピタル(BLUEPASS CAPITAL)」を設立。投資先の企業価値向上にコミットする徹底的なハンズオン経営支援やプロ経営者の輩出に尽力している。こうした動きからどのようなイノベーションが誕生するのか、今後の展開が見逃せない。

※9 アクセラレータープログラム（accelerator program）：大手企業や自治体がベンチャー、スタートアップ企業などの新興企業に出資や支援を行うことにより、事業共創をめざすプログラム。Acceleratorは「加速者」という意味であり、新興企業の成長速度を加速させることが主な目的である。

プレミアインタビュー

プライベート・エクイティ業界への参入と今後のビジョン

2009年に世界初の完全成果報酬型のコンサルティングサービスを始動し、2020年には東証一部上場を果たしたプロレド・パートナーズ。同社は、同年11月に新会社「ブルパス・キャピタル（BLUEPASS CAPITAL)」を設立、2021年1月には運用総額100億円超の PE ファンドを組成した。本コラムでは、プロレド・パートナーズの代表取締役の佐谷進氏と専務取締役の山本卓司氏に、今後本格化するファンド事業への展望を伺った。

成果報酬型コンサルティングのノウハウを活かし、「究極的な成果」にコミットしたい

――なぜ、ＰＥファンドを創ろうと考えたのか、背景や目的を教えてください。

佐谷：ファンドを創りたいという想いはプロレド・パートナーズの創業時から抱いており、10年前から構想を練り上げてきました。投資運用会社「ブルパス・キャピタル」を設立した理由は、究極的な成果にコミットしたビジネスに挑戦したいと考えたからです。これまで私たちは、お客さまの成果実現にこだわり続けてきました。愚直に成果を追求する中で培ったノウハウは、ＰＥファンドのビジネスに大いに活かせます。出資者（顧客当事者）として投資先企業に深く入り込み、名実ともに企業と一体となって企業価値向上を実現していきます。

山本：当社はこれまでも、国内系・外資系ＰＥファンドの顧客に対して、投資先企業の収益改善を成果報酬で支援してきました。特に、コスト削減や売上拡大の案件においては圧倒的な実績があり、２００社を超える支援実績をもつコンサルタントもいます。こうしたノウハウを武器に、自らもファンド事業に挑戦するに至りました。

２０２１年1月に運用総額１００億円規模の1号ファンドを立ち上げましたが、4月に1号ファンドのファイナル・クローズを迎え、すでに1社に対して投資を実行いたしました。

――確かに、成果報酬で企業の売上拡大やコスト削減を実現されてきたプロレド・パートナーズにとって、ＰＥファンドのビジネスは親和性が高い気がします。

佐谷：投資家の皆さまもプロレド・パートナーズがブルパス・キャピタルの運営に全面的に関わっていくという点を高く評価してくださいますね。これまでの当社実績を評価いただけているのは有難いです。

——これからのファンド運用の方針について、教えてください。

山本：ブルパス・キャピタルでは、株主価値ベースで20億から100億程度の中堅・中小企業に投資します。業種は問わず、成長企業から成熟企業まで、投資対象は幅広いです。当社のノウハウによって企業成長を実現でき、将来的には上場を目指せる企業に対して、経営をハンズオンで支援します。

佐谷：現在、地方では年間の上場企業数がゼロであるところも少なくありません。私たちのファンド事業を通して、地元企業の魅力を高め、株式市場への上場、その先の地域活性化に貢献していきたい。自社の成長と社会への貢献に対する強い意志のある経営者と一緒に、リスクを分かち合いながら、価値を創造していきたいですね。

高い人間性を備えた少数精鋭で、経営と現場の両面から企業成長を実現する

——投資先企業とリスクをともにしながら、さらなる成長を目指す。まさに「究極的な成果へのコミット」ですね。ちなみに、現在（2021年2月時点）は何名でブルパス・キャピタルを運営されていますか。

佐谷：8名です。
　メンバーは全員40歳以下で、20代後半と30代前半の若者が多いことが特徴ですね。全ファンドの中でメンバーの平均年齢が一番低いと思います。ファン

ド設立に際して人材募集を行い、３００名超の候補者の中から、この事業を牽引できる極めて優れた人財を厳選採用した結果、年齢的には若いメンバー構成となりました。８名のバックグラウンドは多様で、通常は金融業界やファンド出身の方がＰＥファンドの代表になる中、ブルパス・キャピタルの代表は、もともとコンサルティングファームの出身だった方です。

山本：８名のメンバーの中には、プロレド・パートナーズ新卒入社5年目の20代半ばの社員もいます。彼は入社して3年半、成果報酬型のコストマネジメントのプロジェクトを担当していました。今回、本人の希望もあってファンドのメンバーとして転籍し、足元はファンドの資金調達に加え、（プロレド・パートナーズによる）プリンシパル投資の実行とハンズオン支援、エグゼキューションなど、あらゆる投資実務を推進してもらっています。

――20代でファンド業務に携われるとは、なかなか他にない成長機会ですね。大抜擢の理由は何でしょうか。

佐谷：端的に言うと、「胆力のある人間」だったからです。素直で真面目で、地道な人間であることは大切です。

山本：彼は、「考えることを諦めない人間」ですね。どのような業務であっても、より高い品質を実現するためにはどうすればいいか、より効率的に業務を終えるにはどうすればいいかと、楽しみながら考えて実行できるところが素晴らしい。中途半端に優秀な人間は、与えられた業務を卒なくこなすだけで、成長スピードが遅いと感じます。泥臭く、地道に考えながら行動できる人間は成長も早く、何より「強い」です。

佐谷：あとは、人柄も高く評価しています。コンサルもファンドも、賢いだけではダメで、顧客や投資先から信頼され愛される人間性がないといけない。入社5年目の彼には、それがあるように感じます。

――なるほど、プロレド・パートナーズが求める人

物像や大事にしている価値観が見えた気がします。経営コンサルタントのセカンドキャリアとしてPEファンドへの転職を目指す方も多いですが、ファンド事業の醍醐味は何でしょうか。

佐谷：経営課題の当事者になれることです。ファンド事業において、私たちは出資者、いわば運命共同体として、企業の成長に真に責任をもつことになります。目に見える成果が出なければ報酬など得られない、逃げることができない状況で、経営と現場の両方の視点から本当に取り組むべき課題を見出す。そして、その課題を確実に解決し、具体的な成果を生み出していく経験は、コンサルティング実務では得がたいやりがいと成長を与えてくれると思います。

さらなる成長実現に向けて、10以上のビジネスモデル変革に挑戦する

——今後、ファンドとして、プロレド・パートナーズとしてのビジョンを教えてください。

佐谷：ファンドは調達額1000億円まで拡大したいですね。その頃には、ファンドを3つに分けて、各々で別の代表に経営を任せることで、高いモチベーションを維持して投資事業を推進していただきたいと考えています。

山本：優秀なメンバーが、辞めるのを惜しいと思ってくれるようなファンドづくりをしていきたい。投資対象は変えず、中堅・中小企業の成長、その先の社会の発展に貢献したいと考えています。中堅・中

小企業に投資する手触り感は残していきたいですね。

佐谷：プロレド・パートナーズのビジョンとしては、新会社の設立やM&Aを通して、10以上のビジネスモデルの変革に挑戦したいです。成果が見えづらい経営コンサルティングという事業に対して、当社が成果報酬型のサービスを展開したように、従来のビジネスとは価値の提供方法が異なる新しいビジネスモデルを生み出していきたい。例えば、属人的で非効率的な事業運営をしているような業種に参画して、パターン化できる業務はすべて自動化し、本当に頭を使うことにだけ人が関与して価値を出すような既存の事業変革に挑戦していきたいですね。

――コンサルティング業界の枠を超えて、ファンド事業にとどまらず、さらに新しい挑戦を続けていくのですね。

佐谷：最近は、コンサルタントの（高級）派遣やアウトソーシングが流行っています。しかしそれでは、自社の存在意義が危ぶまれてしまう。やはり、コンサルティングファームとして、本質的にどのように事業展開していくかという部分にこだわりたいと思います。今後も「成果＝対価」となる事業運営を常に意識しながら、経営者として、当社のさらなる成長への道筋を描き続けていきます。

【プロフィール】

佐谷　進（さたに・すすむ）氏

東京芸術大学美術学部卒業後、ジェミニ・コンサルティング・ジャパン、ブーズ・アンド・カンパニー（現 PwC Strategy&）で大手プラント工業のリエンジニアリング、大手都銀の経営コンサルティングを経験。その後、不動産運用会社であるジャパン・リート・アドバイザーズにて、住宅、オフィス、商業ホテル、倉庫物件などの取得・運用業務に従事。２００９年12月プロレド・パートナーズを創業し、２０２０年４月東証一部上場。

山本　卓司（やまもと・たくじ）氏

立命館大学政策科学部卒業後、リクルートにてコンサルティング営業、新規事業開発、営業組織構築、営業マネジメントなどを経験。その後アクセンチュア・戦略グループにて大手製造業や大手小売業の業務改善・コストマネジメント案件、マーケティング戦略立案などの経営コンサルティングに従事。２００９年12月プロレド・パートナーズ創業に携わる。

Chapter4

主要ファームの特徴と戦略

Profile 1

アーサー・ディ・リトル

世界初のコンサルティングファーム――クライアントが自走する「終わりなき革新」を支える

経営と技術の融合。クライアントの主体的なイノベーション創出を促すパートナー

ＡＤＬは、１８８６年にマサチューセッツ工科大学のアーサー・Ｄ・リトル博士が設立した世界初の経営コンサルティングファームである。設立以来、〝イノベーションの実現〟を軸に蓄積した知見をもとに、高度化・複雑化が進む経営課題を解決しクライアントから高い評価を受けてきた。

ＡＤＬの特徴の１つとして、経営と技術の融合に対する深い知見がある。技術革新をドライバーとした社会の変化を広く深く洞察し、市場、競争環境とクライアントの本質的強みを徹底的に分析したうえで、経営がとるべき道筋を描き出すのがＡＤＬのコンサルティングだ。多様なバックグラウンドをもつメンバーが、日々経営と技術の融合に向き合っている。もう１つの大きな特徴は、「Side-by-Side（常に顧客とともにある）」というＡＤＬ固有のコンセプトである。プロジェクト開始時にはプロジェクトチームを牽引しつつも、最終的にはクライアントの事業活動の自立化を促すことをめざしている。そのために、戦略策定にとどまらず、戦略に合わせたソリューション（打ち手、取り組み施策）を実行に移せる体制の構築や、成長の基盤となるケイパビリティ（企業がもつ組織的能力）の支援にも力を入れている。時には組織改革や人材育成まで踏み込んで支援することで、クライアントが主体的に革新を追求し始めることを目標とする。

テクノロジーを競争力のコアに位置づける広範な企業に対し、多様な機能・価値を提供

ＡＤＬのコンサルティングは、グローバルに事業

を展開するクライアントが直面する、多様かつ複雑な経営課題を対象にしている。プロジェクト遂行に際しては、産業・機能別の各領域に精通した国内外のプロフェッショナルによる最適なチームを、国境を越えて組成し、問題解決にあたる。産業別の領域では、自動車・機械、エレクトロニクス、テレコム・ＩＣＴ、食品、製薬・素材産業などの経営課題の解決に大きな強みをもつ。ただし、近年ではほとんどの産業がデジタルなどの各種テクノロジーによるディスラプション（破壊）に晒《さら》されているため、支援先となるクライアント領域は交通・建設・不動産・総合商社・広告など多岐に拡大し続けている。

機能別の領域では、大きく「アンティシペイト／イノベイト／トランスフォーム」の機能を提供する。アンティシペイトは、自社とエコシステムを取り巻く大きな潮流を予測し、長期ビジョンや自社が進むべき大方針をつくるような未来型機能である。イノベイトは、大きな潮流の変化を前提とした際に、自社が実現すべきイノベーションやビジネスモデルを描き、それに必要なケイパビリティの過不足を踏まえ、具体的な戦略に落とし込んでいく機能である。そして、トランスフォームは、戦略を実現するために、外部のエコシステムを巻き込みながら自社を継続的に改革していくための、変革支援機能である。

ＡＤＬでは、この3領域に継続して取り組みつつ、今後は徐々にトランスフォームの割合を増やし、個別企業のみならず産業全体、あるいは産業を超えた社会全体の課題解決にも取り組み、それを先導していきたいと考えている。そのために、イノベーションそのものだけでなく、イノベーション創出の仕組みづくりにも取り組んでいる。一例として、ＪＲ東日本のプロジェクトが挙げられる。ＪＲ東日本は、モビリティ革命に対応するためのイノベーション創出の仕組みとして、他社と広く連携しながら鉄道事業者の視点にとらわれない新たなアイデア創出・実証実験を行うコンソーシアム組織を設立した。その際に、ＡＤＬはコンソーシアム組織の戦略策定、設立、運営マネジメントの支援を一貫して提供。現在では150社近くの企業が参加し、社会実装をめざしてテーマ検討や実証実験が進められている。

こうした取り組みの結果、ＡＤＬのクライアントには10年以上継続的に多岐にわたる戦略案件を依頼する事例も多数見られる。さらに、近年ＡＤＬでは、「オープンコンサルティング」を標榜し、ベンチャー企業・最先端の専門家・アカデミア（大学や研究機関）と協業しながら、社会やクライアントの課題を解決する活動も進めている。

経営コンサルティングは、太い木を切り倒すような地道な仕事

ＡＤＬで働く醍醐味の１つは、若手コンサルタントの頃から自ら仮説を立て、プロジェクトを推進していく経験が積める点だ。他の戦略ファームでは、シニアメンバーが仮説を立て、若手は仮説検証に向けた調査や分析に従事することが多い。それに比べてＡＤＬは少数精鋭のファームであるため、シニアと若手の距離が近く、若手にも裁量を与えるカルチャーがある。若手であっても自分で仮説を立て、クライアントの経営層とディスカッションを行う機会が与えられる。人材の観点では、かつては理系出身者が多数を占める印象が強かったが、近年はバックグラウンドが多様化しており、出身学部別で見ても文理がほぼ同数程度になってきている。また、各人のキャリア開発の志向性を踏まえてアサインが決められるうえ、充実した社内トレーニングやフィードバック／メンター制度・ワークライフバランス改善施策などの各種の仕組みを、小規模組織の強みを活かして柔軟に運用している。こうした継続的にコンサルタントを成長させるための組織的な仕組みに投資し続けてきた努力が実を結び、業界では「コンサルタントの立ち上げ・育成に強みをもつファーム」としての評判を確固たるものにしている。

ＡＤＬが求める人材は、未知の事象をゼロベースで考え、苦しい局面でも最後までやりきる力をもつ「ノコギリ」タイプだという。カッターやナイフは鋭く小さなものは切れるが、太い木を切り倒すことには適さない。企業経営の根本に関わる経営コンサルティングは、太い木を切り倒すような地道な道程。企業の本質を捉え、ゼロベースで考え、高い壁があっても逃げずに実行し、成果を出す。ＡＤＬは、そんな強い意思をもつコンサルタントを求めている。

アーサー・ディ・リトル のコンサルティング領域（機能別）

1.Anticipate!（未来を描く）

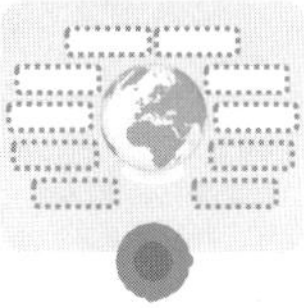

予見する

将来のトレンドやエコシステムにおける大きな潮流・変化を捉える

2. Innovate!（イノベーションを起こす）

創造する

イノベーションを起こすために必要なケイパビリティやソリューション・ビジネスモデルをゼロベースでつくり上げる

3. Transform!（会社と産業を変革する）

磨き込む

自社と自社を取り巻く産業エコシステムを継続的に改善していく

Linking Strategy, Innovation, and Transformation
in technology intensive and converging industries
（技術がコアであり変化し続ける産業において、戦略・イノベーション・トランスフォーメーションを一体で提供する）

アーサー・ディ・リトル が考える経営と技術の融合

	経営＝収束	融合	技術＝発散
戦略	このビジネスを具現化するのに必要な技術は？	⟷	この技術が、ビジネスに与えるインパクトは？
アプローチ	どのように効率よく管理するか？	⟷	どのようにより斬新な成果を生み出すか？
価値観	儲かるか？	⟷	すごいか？面白いか？

"技術による発散"と"経営による収束"のバランスをとることこそ継続的イノベーションの源泉

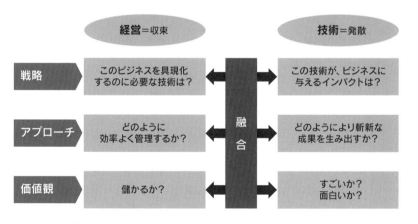

Profile 2

アクセンチュア

ビジネス×先端テクノロジーでイノベーションを推進し、企業の変革を実現させるグローバルカンパニー

世界最大のデリバリーネットワークとビジネス×テクノロジーで、ニーズに迅速に応える

アクセンチュアは戦略策定からテクノロジーを活用したオペレーションの実行まで一貫したサービスを提供し、特にデジタル、クラウドおよびセキュリティ領域において卓越した能力で世界をリードするプロフェッショナルサービス企業だ。51万人以上（2020年12月時点）の社員が支える先端テクノロジーセンターとインテリジェントオペレーションセンターのネットワークは世界最大を誇る。アクセンチュアは積み重ねてきた豊富な経験や高度な専門スキルを活かして、40以上の業界のさまざまな業務に対応可能であり、クライアントはもちろん、クライアントを取り巻く全方位の関係者に価値をもたらすために変化を促す存在となることに主眼を置いた活動を行っている。

同社は「本社」をもたない組織だ。アクセンチュアの経営陣はそれぞれ世界各国の異なるオフィスを拠点としており、その時々のＣＥＯが着任以前から拠点としていたオフィスがそのままＣＥＯの拠点となる。それはＣＯＯやＣＭＯなども同様だ。世界中の全拠点がフラットな関係であり、相互にサポートし合う独自の組織体制を採用している。アクセンチュアは、全世界の拠点が統合された１つの組織体として有機的に連携する真のグローバルカンパニーと言える。

世界各国のアクセンチュアを束ねているのが共通の価値観、「６つのコアバリュー」[※1]だ。その中の１つ、「One Global Network」は、クライアントを支援することで積み重ねてきた豊富な知見をはじめと

する、さまざまな知的財産をグローバル全体で共有しようという考え方である。アクセンチュアでは、社内のコミュニケーションツールが整備されているので、世界中の社員と即座に情報交換ができる。最新事例などの情報にアクセスできることはもちろん、特定の専門領域をもつ海外のメンバーと直接つながることも可能だ。

クライアントのニーズはその時々で変化する。そうした変化に合わせて、アクセンチュアも自らを変革し続けている点が同社の強みだと言える。2020年3月にはグローバル全社で新しい成長モデルを導入。すべてのサービスにデジタルの要素は必要不可欠であるため、デジタル部門にリソースを集中させることは適切ではないとの判断から、全社の売り上げ比率の70%を超えるまでに成長したデジタル事業部門をあえて戦略的に発展的解消。これによってすべての部門にデジタル人材を再配置し、クライアントのデジタルトランスフォーメーション（DX）を全方位的にリードできる体制に変更した。アクセンチュアが常に意識しているのは「パイオニア」であること。「いつでも新しいことにチャレンジできる環境なので刺激的だ」と同社の社員は言う。

最先端のデジタルテクノロジーをビジネスチャンスに変える

同社は、経営・事業戦略を具現化させるオペレーション戦略や先端テクノロジーへの知見も深い。IoTやAI、RPA[※2]などのイノベーションにつながる最新テクノロジー分野を同社は「New IT」と表現している。

2017年にはクライアントの迅速な成長の実現と革新的な未来の創造を支援する体制「アクセンチュア・イノベーション・アーキテクチャ」を構築した。この体制は、同社全体を下支えする機能を横断的に束ねて構築されており、クライアントのデジタル変革の段階に応じて6つの機能の組織[※3]が支援する。イノベーションの動向に主眼を置いて次に起こりうる変革を常に予測できる体制をグローバルレベルで包括的に築いているコンサルティングファームは他になく、アクセンチュアの大きな優位性だ。

4 主要ファーム

グローバルな仕事の環境

アクセンチュアは、世界中のトップ企業とのビジネスを通じて社会にさまざまなインパクトを生み出している。米フォーチュン誌発表の世界のトップ企業100社のうち91社*がアクセンチュアのクライアントだ。また取引規模上位100社のうち97社*が10年以上同社とのビジネスを継続している（＊2020年12月時点）。

日本企業の海外展開案件も多数手がけているため、日本にいながらグローバル案件を担当する場合もある。同社では語学やコミュニケーションの研修にも力を入れており、海外研修で他国のメンバーと一緒にトレーニングを受けるなど、グローバルに通用する仕事の進め方を吸収できる。

また、入社2年目以降は、世界中の募集中ポジションを検索して応募できる社内転職ツール「キャリアズ・マーケットプレイス」を利用できる。日本法人では2020会計年度だけでも約550人の社員がこのツールで部署異動（異動先は海外含む）した実績がある。「自分のキャリアは自分で築く」。これがアクセンチュアの考え方である。

会社によって自らを進化させ、会社に進化をもたらす

「チャレンジに、手加減しない」。それがアクセンチュアのDNAだ。クライアントが気づかなかった問題の解決や案件の成功にはチャレンジし続けることが不可欠。いきなり高みをめざすというよりは、「常に今の1段上をめざす」を繰り返していくイメージだ。また、同社には、全社員が受講できる豊富なオンライントレーニングも用意されている。

社風はフラットで風通しが良い。自らの頭で積極的に考え、率直に意見を伝えることを重視する「シンクストレート・トークストレート」という文化が根づいている。同時にチームワークも大切にされ、さまざまなスキルや価値観をもつ多様性のあるチームのコラボレーションこそが最大のパフォーマンスを発揮するという考え方が浸透している。フラットなカルチャーの中でチャレンジを重ねながら自分らしく成長したい人にとっては、最適なファームだ。

アクセンチュアの組織体系

世界共通の体制で、事例・ナレッジを最大限に活用できるのが強み

クライアント・グループ	ビジネスコンサルティング本部	インタラクティブ本部	テクノロジーコンサルティング本部	オペレーションズコンサルティング本部

×

各産業のエキスパート・専門知識が結集

通信・メディア・ハイテク
- 通信
- エレクトロニクス
- ハイテク
- メディア
- エンターテイメント
- インターネット＆ソフトウェア

金融サービス
- バンキング
- キャピタル・マーケット
- 保険

公共サービス・医療健康
- 公共サービス
- 医療健康

製造・流通
- 自動車 ・産業機械 建設・不動産
- 運輸・貨物
- 航空・旅行
- 消費財・サービス
- ライフサイエンス
- 流通・小売

素材・エネルギー
- 化学
- 素材
- 石油・天然ガス・石炭
- 電力・ガス事業

アクセンチュア・イノベーション・アーキテクチャ

アクセンチュア・リサーチ	アクセンチュア・ベンチャー	アクセンチュア・ラボ	アクセンチュア・スタジオ	アクセンチュア・イノベーション・センター	アクセンチュア・デリバリー・センター
世界有数の高等教育機関やシンクタンクと提携し、業界知識とデータに基づいた調査手法を組み合わせることで、新たな知見を提供しています。	イノベーションを生み出す有望なシーズを特定すべく、スタートアップ企業との連携、事業機会の特定や戦略的投資を行います。	応用研究開発によって、近未来にお客さまのビジネスに変革をもたらす新たな事業コンセプトの具体化、技術ソリューションの特定を支援します。	アプリケーションの迅速な開発とプロトタイピング、およびデジタルサービスの設計と開発をスピードと俊敏性をもって実行します。	業界特化型のソリューションの実証と拡張を行い、お客様に新たな価値を提供します。	世界50拠点以上に張り巡らされたネットワークの規模を活用して、ITの新たな力を引き出し、ビジネス・プロセスに変革をもたらす支援を行います。

※1 6つのコアバリューとは、「スチュワードシップ」「ベスト・ピープル」「クライアント価値の創造」「ワン・グローバル・ネットワーク」「個人の尊重」「インテグリティ」を指す。
※2 RPA：ロボティック・プロセス・オートメーションの略。ロボットによる業務自動化。
※3 上記「アクセンチュア・イノベーション・アーキテクチャ」の図を参照。

Profile 3

アビームコンサルティング

日本発の総合系グローバルコンサルティングファーム

「業界×サービス×グローバル」の3つの総合力で企業をサポート

アビームコンサルティング（以下、アビーム）は創業以来、「日本発、アジア発」をスローガンに掲げ、企業の事業拡大に貢献してきた総合系ファームだ。アビームは「クライアントの『Real Partner』として、クライアントの求める変革を〝実現〟する」ことを価値としてきた。

同社の最大の特徴は「業界×サービス×グローバル」の3つの総合力の高さだ。クライアントは、製造、金融、流通・サービス、商社などあらゆる業界のリーディング企業に加え、官公庁などの公的機関まで幅広い。「クライアント以上にクライアントの業務に精通している」と言われる専門性の高さを誇り、業界の壁を越えたコラボレーションに貢献している。

また、同社はITソリューションの高い専門性と業務プロセスの深い知見・ノウハウを有し、戦略立案から変革の実行、変革の定着化までの一貫したコンサルティング支援が可能だ。

グローバルでは、73拠点に広がるネットワークを有し、クライアントのグローバル展開を支援している。

「デジタル×ESG」「デジタル×スポーツ」という新領域の挑戦

DXによる日本企業の企業価値向上にいち早く取り組んできた。これまで企業の価値は、財務情報をベースに判断されてきたが、最近ではそれに加えて、「目に見えない資本の価値（ESGやSDGsなど）」を重要視するようになっている。しかしながら日系企業の多くはESGやSDGsの価値を顕在化できていないため、国内外の投資家から低く評価されている。

そこで同社は新たな経営管理手法「Digital ESG経営」を提唱し、実現をサポートしている。「Digital ESG経営」では、最新のデジタル技術を活用して企業内外に散在しているＥＳＧ情報を収集・蓄積・分析し、わかりやすく可視化することができる。その結果、企業は迅速に経営判断ができるだけでなく、開示データの透明性・信頼度の向上により投資家をはじめとするステークホルダーからの評価を獲得し、さらなる経営資源の増強を実現するのだ。企業を取り巻く環境がダイナミックに目まぐるしく変化し、予測困難な局面を迎える中で、さまざまな業界や領域において日本企業のＤＸを推進している。

その他にも、日本のスポーツ業界（クラブ・リーグ）が抱える不安定な収益構造、データ分析人材の不足などの課題に対して、同社はこれまで培ったノウハウとデジタル技術を駆使し、競技場への集客施策の企画、サッカークラブの収益改善、選手のタレントマネジメント、データ分析によるパフォーマンス向上などの解決を支援している。

グローバルに活躍できる環境 ニューノーマルの時代に応じた働き方変革

アビームで働く最大の魅力は活躍の場がグローバルであること。『日経コンピュータ』のアンケートでも「海外勤務志向の強い学生の志望企業ランキング」で2位に入った（２０２１年5月13日号※）。海外でのプロジェクトが多く、２０１９年度は日本本社に在籍するコンサルタントのうち約4分の1が渡航し、現地メンバーと協働している。海外経験を積むことが推奨され、海外拠点での研修を通じて若手社員を育てる制度も充実。海外で活躍するチャンスがさらに広がっている。

またアビームでは社員1人ひとりが生産性高く、付加価値の高いコンサルティングサービスを提供できるよう、働き方改革、ダイバーシティ&インクルージョン、健康経営の3つの柱でワークスタイル変革「ABeam Business Athlete®」を実施している。２０２１年からは社員1人ひとりの価値観に合った働き方を自律的に選択できる「Biz Athlete Workstyle

3.0」に基づき、副業制度、フルリモートワーク制度、大学院進学や国際貢献活動参加のための自己研鑽休職を新たに導入している。

社会課題解決の領域では、2021年にグローバル一丸となって社会課題解決の取り組みを推進するサステナビリティユニットを新たに設立。他部署と兼務するメンバーで構成され、所属部署で培った各自の業界・サービスの専門性を活かして、「プロボノ」「ビジネス化」を中心にNGO／NPO・企業・行政などのさまざまなステークホルダーのサステナビリティ領域における変革を支援することで、SDGsの達成に向けた社会的インパクトの創出を促進している。

チームで互いに高め合いながら成長していく

アビームには、チームワークを重視する姿勢が企業文化として根づいている。そんな同社は「人間力のある人が多い」とクライアントから定評がある。これはコンサルタント同士が、常にナレッジを共有し合うなどファーム全体の力を使って、クライアントから求められたことに誠実に対応している結果である。また社員が自主的に開催する勉強会も頻繁に行われており、それぞれの経験や知識を共有し合い切磋琢磨する環境がより早い成長につながっている。

このような同社が求める人材像は「自ら考え行動できる人」「周りを巻き込んで前に進める人」「チャレンジを楽しめる人」「負けない人」だ。時勢によって変化するクライアントの課題に対処するため、努力を続けられる人、環境の変化についていける柔軟性をもった人が望ましい。グローバルに活躍する真のグローバルプレイヤーとして成長できるファームだ。

※企画協力：日経コンピュータ

SDGsへの取り組み

**コンサルティングファームであるアビームコンサルティングは、
さまざまなステークホルダーとの共創型アプローチにより社会課題の解決に取り組み、
コンサルティングの力でグローバル、ローカルを問わず、
あらゆるSDGs(持続可能な開発目標)のゴール達成に貢献します。**

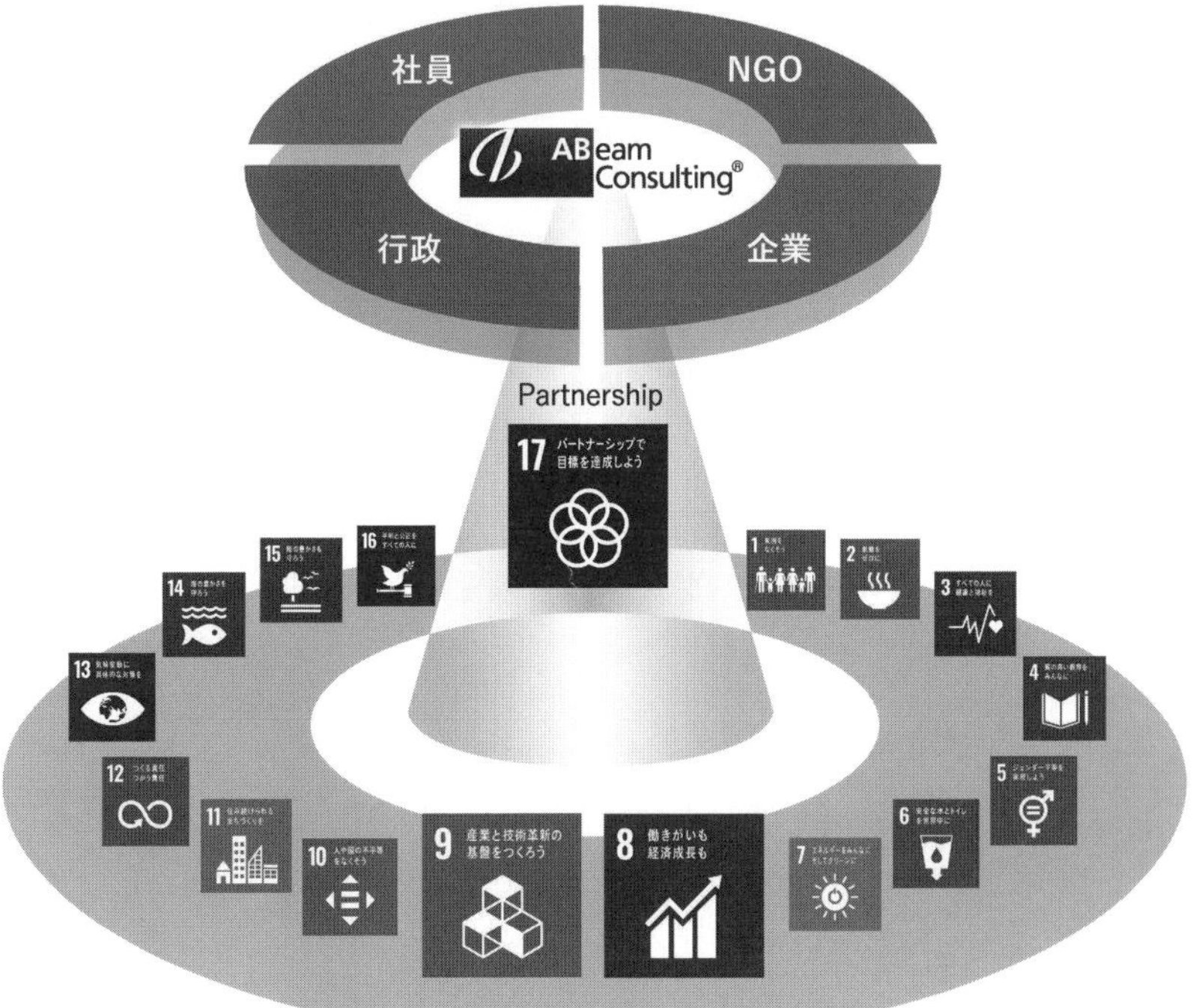

アビームコンサルティングのマテリアリティ

SDGsへの取り組みを積極的に推進するため、アビームコンサルティングのマテリアリティを以下3つに特定しました。

Goal 17 **パートナーシップで目標を達成しよう**	当社はNGO、クライアント企業および行政、さらに社員との共創によりクライアントサービスやCSR活動などすべての事業活動を通してSDGsの各ゴールの課題解決に貢献すべく、活動を展開していきます。
Goal 8 **働きがいも経済成長も**	当社の経営戦略であるWorkstyle Innovation "Abeam Business Athlete"の推進により、個人としてチームとしての能力を最大限発揮し、ステークホルダーへの提供価値を高めます。
Goal 9 **産業と技術革新の基盤を作ろう**	新しいテクノロジーの取り組み、バリューチェーンのアジェンダに沿った提案など、Digital Innovationを通じ、クライアントや社会の変革を導く価値提供を実現します。

Profile 4

ＥＹストラテジー・アンド・コンサルティング

「グローバルコラボレーション」を武器に、社会課題を解決する

挑戦者を求める グローバル・プロフェッショナルファーム

ＥＹ《イーワイ》ストラテジー・アンド・コンサルティングは、ＥＹ（アーンスト・アンド・ヤング）の日本におけるメンバーファーム「EY Japan」を構成する法人の１つだ。ＥＹは、世界的なプロフェッショナルファームであり、「コンサルティング」「アシュアランス（監査・保証）」「Ｔａｘ（税務）」「ストラテジー・アンド・トランザクション（ＳａＴ）」の４つの主要なサービスラインを提供している。このうちコンサルティングはＳａＴとともにＥＹストラテジー・アンド・コンサルティング（ＥＹＳＣ）に属するサービスラインである。

パーパスに共感したメンバーが集う

ＥＹはBuilding a better working world（より良い社会の構築をめざして）をパーパスに掲げる「パーパスドリブン・カンパニー」でもある。このパーパスに共感したメンバーがＥＹに集まり、コラボレーションにより複雑な社会課題の解決を支援・牽引している。

一例として、昨今、非財務的価値を経営に求めるステークホルダー資本主義が進展していることに対し、ＥＹは伝統的な企業の財務価値のみならず、「長期的価値」を測定するための新たなフレームワークを開発している。

「プロジェクト・ドラゴン」で志向するハイパーグロース

またEY Japanは近年、「プロジェクト・ドラゴン」と呼ばれるハイパーグロース戦略を実行している。

その成長ドライバーの1つが、日本企業の海外でのビジネスを支援する「ジャパン・アウトバウンド・ビジネス（JOB）」だ。JOBでは、ASEANや中国などの成長市場にプロフェッショナル集団を送り込み、専門チームを組成。クライアントのカルチャーと戦略を熟知したうえで、現地マーケットに軸足を置いたエンドツーエンドのサポートを提供する。

さらに着目すべきユニットは、国家戦略のアドバイザーを担うトップコンサルタントを擁する「ストラテジックインパクト」だ。「〝社会そのもの〟が我々のクライアント」。そう述べる國分俊史氏が率いる同ユニットは、安全保障、サイバーセキュリティ、経済、環境、金融などの領域の社会課題に対し、社会的構造変革を促す活動を行っている。

２０２０年10月には近藤聡氏を社長に擁し、コンサルティングとＳａＴが統合。ＥＹストラテジー・アンド・コンサルティングとして新たなスタートを切った。これにより、戦略策定とＭ＆Ａ、ビジネスコンサルティング、テクノロジーコンサルティング、人事コンサルティングを「一気通貫」で支援する体制を強化した。

さらには、業界軸のセクターチームも強化。多様なバックグラウンドをもつメンバーが互いに化学反応を起しながら、これまでの「誰でもできる領域」ではなく、「新たな領域」、そして「誰もやったことがない領域」へチャレンジしている。

そのために、急速かつ柔軟に社内制度や仕組みを最適化しており、エキスパートから新人まで一体となって社会の期待に応えるべく邁進している。

垣根を飛び越えて協力し合う「コラボレーションの力」

ＥＹの強みは、国境や組織の垣根を越えた「コラボレーションの力」だ。社員はコンピテンシーを軸としたチームと業界軸のセクターチームに分かれて所属しているが、クライアントの課題に応じ、組織横断的なプロジェクトチームを組成して活動する。

日ごろから他の部門やサービスライン、海外のＥＹオフィスから知見を得ることで、質の高いアウトプットを提供している。

コラボレーションの1つの事例として、国内の洋上風力発電事業者向けの提案がある。ＳａＴが中心となり、4つのサービスラインのメンバーから成る電力・ユーティリティ業界エキスパートと連携。水素エネルギー事業に詳しいストラテジックインパクトのメンバーも参画したことで、EY Japan一丸となって質の高い提案を行った。

また、最新テクノロジーを体験し、ビジネスの未来を生み出すイノベーションハブである「EY wavespace™」も設置。ＡＩ、ＲＰＡ、ブロックチェーン、サイバーセキュリティといった「最先端技術のショーケース」であると同時に、クライアントとＥＹがコラボレーションしながら戦略を考える「ハブ」として活動している。

グローバルレベルの視野をもち、協力し合える人材

同社が求める人材は、大きく分けて2タイプ。1つは、コンサルティング業界のさまざまな専門分野で多くの経験を積んだ人。もう1つは、コンサル経験がなくとも、各業界における最高水準の専門性をもつ人だ。コンサルティングの知見と業種別セクターの専門性を融合させることで、複雑な経営課題を解決する強固な体制を整えたいとしている。

一方で同社は、まだ専門性のない新卒社員も積極的に募集している。採用においては、基礎的な能力として、「ロジカルシンキング」「リーダーシップ」「コミュニケーション」「協調性」などを高いレベルでもつことが期待される。

コンサルティング業界の中では比較的「新しい」同社では、スタートしたばかりだからこそ、起業家精神を発揮し、チャレンジできる領域が多々ある。それにより、スピーディな自己成長も可能となる。成長することで、顧客や社会に貢献し、自己実現していく。これこそが、Building a better working worldをパーパスに掲げるＥＹが、参画者に求めていることだ。

EYストラテジー・アンド・コンサルティングの組織

Consulting

ビジネス コンサルティング
- ▶ビジネストランスフォーメーション
- ▶サプライチェーン&オペレーションズ
- ▶ファイナンス
- ▶エンタープライズリスク
- ▶テクノロジーリスク
- ▶金融サービスリスクマネジメント

テクノロジー コンサルティング
- ▶テクノロジーソリューションデリバリー
- ▶テクノロジートランスフォーメーション
- ▶データ&アナリティクス
- ▶デジタル&エマージングテクノロジー
- ▶サイバーセキュリティ

ピープル・アドバイザリー・サービス
- ▶ワークフォースアドバイザリー
- ▶統合型ワークフォースモビリティ

クロスセクター

- ストラテジック バリュー エンハンスメント
- ストラテジック インパクト
- ジャパン アウトバウンド ビジネス

セクター

- テクノロジー／メディア・エンターテインメント／テレコム
- 自動車・モビリティ・運輸・航空宇宙・製造・化学
- 消費財・小売流通
- プライベートエクイティ
- 公共・不動産
- 銀行・証券
- 医薬・医療
- 保険

Strategy and Transactions

EYパルテノン
- ▶ストラテジー
- ▶トランザクション ストラテジー アンド エグゼキューション
- ▶ターンアラウンド アンド リストラクチャリング ストラテジー

トランザクション アンド コーポレート ファイナンス
- ▶トランザクション デリジェンス
- ▶バリュエーション、モデリング & エコノミクス
- ▶リード アドバイザリー

Profile 5

A・T・カーニー

"日本を変える、世界が変わる"を実現する「尖った個」の集団

最も評価され、信頼されるコンサルティングファームをめざす

A・T・カーニーは1926年に米国シカゴで創立された世界有数の経営コンサルティングファームである。全社戦略・事業戦略の立案からオペレーション改革の実行までを一気通貫で支援できることに定評があり、高度な専門性、目に見える成果の実現、顧客企業との密接な協働作業を最大の強みとする。

同社は、個々のコンサルタントがクライアントにとっての「Trusted Advisor」であり続けること、そして、クライアント企業をはじめとする社会の未来を形づくるリーダーにとっての「The Most Admired Firm」であることをめざしている。同社のクライアントは、あらゆる主要産業分野のグローバル企業や各国の大手企業、政府系機関が中心であり、「Fortune Global 500」に名を連ねる企業の75%が同社のクライアントである。

現在、A・T・カーニーは全世界40カ国以上、約60の拠点に、約4200名のスタッフを擁する。その中で、同社は日本オフィスを最重要拠点の1つに位置づけており、さまざまな挑戦がしやすい環境にあるという魅力から、他ファーム出身のパートナークラスの転職人気も高い。

「課題先進国」日本の社会課題解決を通して、より良い未来を創造する

「The Most Admired Firm」となるために、同社では大きく3つ、①社内外の才能溢れる「尖った個」からなるベストチーム、②日本企業と社会の「可能性を解き放つ」こと、③「創造と変革のリーダーの輩出」へのパッションを大切にしている。

A・T・カーニーのコンサルタントは、他社とは明らかに異なる真の基礎能力をもつ「強い個」となり、時代の変化を的確に捉え、先進企業の経営陣から信頼される「経営を語れる個」へと成長し、ビジネス、テクノロジー、クリエイティブの3つの領域を越境できる「尖った個」へと成熟することが期待されている。また、志を共有する社外の才能溢れる「尖った個」とのネットワークも重視しており、プロジェクトで協働することにも積極的だ。クライアントへの提供価値の最大化を最優先に考え、真のベストチームを組成している。

また、日本は「課題先進国」だからこそ「課題解決先進国」になれるとして、社会課題の解決に向けて、日本企業と社会の可能性を解き放つことに取り組んでいる。世界のフロントランナーと言える日本企業が数少ない中、同社は世界に向けた価値の創造と提供により、世界の時価総額ランキングに食い込むような大企業20社、グローバルで戦えるベンチャー企業200社を生み出すために、同社の現役コンサルタント、アルムナイ、社外の「尖った個」からなるKEARNEY Familyの力を20社＋200社に集中投下するビジョンを掲げている。

さらに同社は、創造と変革へのパッションをもつリーダーの人数こそが、日本が「課題解決先進国」として提示できる解決策の数と、グローバル市場を牽引するような日本企業の数を決めると考える。そのため、クライアント内の創造と変革のパッションをもつリーダーを見出し、輩出するためのプログラムを提供している。その他、ベンチャー企業・デザインファームへの出向や留学、海外トランスファー、個人起業・NPO支援などを通じて、コンサルタントが「尖った個」として創造と変革のリーダーへと成長することを後押ししている。

「変革」と「創造」の両輪で価値を提供する

従来、同社はCEOやCxOのアジェンダである企業の「大規模変革（ラージ・スケール・トランスフォーメーション）」を推進している。事業ポートフォリオの改革や営業やマーケティングなどを中心としたDX、全社横断的な業務プロセス革新、M&

A、PMI案件などを多数手がけている。これは、同社の強みであり、引き続き、多くのクライアント企業が期待と信頼を寄せている領域だ。
そして近年では、このような「変革」の支援だけでなく、新産業や新事業の「創造」にも積極的に取り組んでいる。例えば、宇宙関連事業やまちづくりなど、日本の国際競争力の強化や社会課題の解決の観点から極めて重要である一方、単独企業では大規模な投資に足踏みしてしまうようなテーマにいち早く切り込み、新規団体の立ち上げや人材ネットワークの構築、政府における成長戦略の議論に関連した国家プロジェクトの組成などを支援している。また、クライアント企業に対しては、これまでに培ってきた信頼関係を活かし、戦略的M&Aによる新規事業の創造や新商品開発、新組織の立ち上げなどを支援している。

少数精鋭で「尖った個」を体現する

同社に入社した暁には、「尖った個」へと成長を遂げるべく、個々人が10年、20年は同社に軸足を置くことが期待されている。多くのファームは「Up or Out」である中、同社は「Progress or Out」が基本姿勢。個人として能力が成長していれば、ファームの中でどんどんキャリアを重ねることができる。

そのため、同社ではポテンシャルのある人材のみを厳選して採用している。採用試験では、処理能力を測るケース面接はもちろん、価値観など文化へのフィットを確認する「behavioral interview」に重点を置く。採用基準としては、「圧倒的な知的好奇心があること」「チームやクライアントとの連帯感を築けること」「大胆に考え、実行に移せること」「感動品質・世界水準をめざすパッションを強くもっていること」などが挙げられる。周りからの指示を愚直にこなすというよりは、個人としての目的意識やビジョンを明確にもち、世の中への価値貢献志向が高い人が求められる。A・T・カーニーをプラットフォームとして活用し、より良い社会の実現に貢献したい、そんな人にはぜひチャレンジしてほしいファームだ。

KEARNEYが重視している10のキーワード

日本を変える世界が変わる
より良い未来を形作るべく、2050年を見据えてよりいっそう謙虚かつ大胆に取り組む

"20+200"
日本を代表する大企業20社、世界に向けた価値を創造する日本発ベンチャー200社の支援に注力する

CxO Agenda
CEOやCxOが重要視する新産業・新事業の創造や、既存事業の戦略的変革の伴走者として貢献する

課題解決先進国化
企業の時価総額や、売上・利益の最大化だけではなく、課題先進国から課題解決先進国へと進化することを支援する

Our Values
Passion、Boldness、Curiosity、Solidarity、Generosityという価値観を共有できるメンバーのみを採用する厳選採用を貫く

個
10年・20年単位で、コンサルタントが"強い個""経営を語れる個(T)""尖った個(Π)"へと進化することを支援する

BTC越境力
Businessに軸足を置きTechnology、Creativeの専門性をもつ越境力を養う

創造と変革のリーダー
2050年までに、"日本を変える世界が変わる"を実現する創造と変革のリーダー2,000人を輩出する

KEARNEY Family
KEARNEYの卒業生、現役、社外の"尖った個"が繋がり、Best Teamを組成する

Well-Being
KEARNEY全従業員、取引先を含む全ステークホルダーの身体的、精神的、社会的な満足度の向上をめざす

KEARNEYに軸足を置いた10年・20年単位のキャリア形成

個々人がKEARNEYをキャリア形成の足場として、**10年・20年単位で在籍**し、その期間に出向・留学・海外トランスファー・個人起業・NPO・出産・育児・サバティカル(自己研鑽休暇)などで**人間的魅力とBTC越境力を高める**

個々人が"強い個"へ	"経営を語れる個"へ	"尖った個"へ
世界最高水準のプロフェッショナリズム	特定業界・クライアント・テーマへコミットする個	コアコンピタンスをB領域としたBTC人財
―プロフェッショナリズムの率先垂範・言語化・浸透	―どのような業界・テーマでも"経営を語れる個"は限られるのが真実	―KEARNEYのコンサルタントのコアコンピタンスはビジネス(B)領域
―他社と明らかに異なるホンモノの基礎能力の習得を促すトレーニングプログラム	―時代の変化を捉え、専門性を開発し続ける"T字型"人財化は必須	―テクノロジー(T)領域やクリエイティブ(C)領域の専門性も必須
―感動品質・世界水準の仕事を目指すプロフェッショナリズムがコアコンピタンス	―"経営を語れる個"への多様な道の当たり前化	―異なる業界・クライアント企業・テーマに挑戦し、"Π(パイ)字型"人財へ

Profile 6

NTTデータ経営研究所

社会変革と最先端のテクノロジーの融合で、デジタル時代の「情報未来」を築く

官民双方から社会変革を仕掛ける、シンクタンクと戦略系にまたがる経営コンサルファーム

NTTデータ経営研究所は1991年にNTTデータ通信（現NTTデータ）を母体に創設された経営コンサルティングファームだ。「新しい社会の姿を構想し、ともに『情報未来』を築く」をミッションとし、事業コンセプト「Social and Business Design Cycle」を実践している。本コンセプトは、社会政策と企業の事業開発・推進の両面から社会を変革していく、という考え方。官民双方の経験をベースに、現場経験を踏まえ、机上論に陥らない政策提言と、国家戦略や政策を理解したうえでの時流に乗った企業へのコンサルティングを実行することで2016～2020年度で年平均15・8％の売上成長を実現している。

こうしたコンセプトから、同社では、業界を横断的に、機能ごとにユニット（チーム）が組まれている。1つの組織、個々のコンサルタントがテーマの専門性を武器に官、民の双方に通じた社会変革を実現するのだ。

同社のもう1つの大きな特徴が自由な風土だ。NTTデータの関係会社ではあるが、同社からは独立したビジネスパートナー的な関係を維持しており、コンサルティングの結果をITに誘導することを特に求められていない。また、各組織の守備範囲が非常に広いため、各ユニット、コンサルタントが自由に新しいことにもチャレンジしやすい環境となっている。

自分の提案が国の政策やサービスにもなる

同社の主なクライアントは、多様な業界の大企業や官公庁だ。テーマは多くが上流戦略で、社会課題の解決に深く関わるものが多い。環境・エネルギーマネジメント、スマートシティ、地域創生、健康経営、再生医療、介護、インフラ輸出、キャッシュレス、次世代バンキング、BCP、サイバーセキュリティ、ESG、SDGs、行動デザイン・ナッジ※など幅広く手がける。また、ペイメント、流通、社会資本整備などの分野で海外でのビジネスを拡大しつつあり、ASEANでの事業展開やNTTデータの海外コンサル子会社などとの連携も増えてきている。

プロジェクトは3～4名の少人数で取り組むことが多く、1人ひとりの存在感、裁量が大きい。期間は、規模によって数カ月から複数年まで。同時に2～3件のプロジェクトにアサインされることも多く、幅広いケースから豊富な知見を蓄積できる。

同社で働くことの醍醐味はなんといっても、仕事の影響力の大きさだ。例えば、縦割り的な性格が強い行政機関に対して、多数のステークホルダーが絡む研究会、実証実験などのプロセスを経て合意形成を図りながら実際にサービスインしているケースもある。公共案件は時間がかかることも多いが、自分の提案がそのまま国の政策やサービスへとつながることで、自分の仕事が社会に貢献していることを実感できる。

テクノロジーとデザインの両面から、新たなデジタルビジネスを創出

もちろんIT系の案件も得意であり、企業のIT戦略の策定から、人材育成、新しいソリューションサービスのための提携支援まで幅広く手がける。特に最近はデジタルビジネスの構築や組織のDXの支援案件が増加しているのは言うまでもない。また、企業変革やM&A・PMIなど、経営そのものの変革プロジェクトにも、デジタルの要素を取り入れている。その他ではAIや5G・IoT、ロボティクス、脳科学といった最先端の技術や、個人の特性などのビッグデータを駆使して、新たなビジネスイノベーションの提供をめざしている。

さらに同社は、デザイン思考のアプローチから、業界横断的な新たなデジタルビジネスをつくっていくための取り組みを進めており、今後「デジタル」がますます重要となる中で、テクノロジーとデザインの両面からアプローチし、ゼロから新しいものをつくる創造性向上のためのサービスを提供している。

自由な働き方で、コンサルタントとしての成長を促進

NTTデータ経営研究所ではワークスタイル変革に取り組み、自由度の高い働き方を実現している。コロナ以前からITの活用により社内外でのリモートワークを推奨しており、コンサルタントのテレワーク率は70%を超える。サテライトオフィスの活用や兼業申請者も多く、社員は時間、空間を自由に選択して働けるようになった。

同社の社員の育成方針は、「走攻守」三拍子揃ったコンサルタントを育てること。「走」はマーケティング、「攻」はセールス、「守」はプロダクション（アウトプット）を指すが、若いうちからマーケティングやセールスに携わることで、早く自分の名前で仕事を取れるようなコンサルタントに成長できる。実際、書籍の執筆やセミナーでの講演、雑誌への寄稿など、情報発信の場で活躍している若手社員も少なくない。

そんな同社が求めるのは、成長意欲が高く、自律的な人。考える力、コミュニケーションといった基本能力に加え「自律的に、積極的に貪欲に目標に向かって動けるような人」だ。新卒だけではなく中途採用も積極的で、コンサルタントの80%以上は中途採用者だ。コンサルティングファーム出身者のみならず、IT企業出身者や各業界・業務の専門家、大学での研究者、官公庁職員など多様なバックグラウンドをもつ人が歓迎されている。自律性をもち、チャレンジ精神旺盛で、経営コンサルタントとして早く成長したい、そんな志望者にとって最適なファームだ。

NTTデータ経営研究所のミッション

新しい社会の姿を構想し、ともに「情報未来」を築く

新しい社会の姿を構想する

目指すべき社会の姿を未来の視点で描き、提言します。

「情報未来」を築く

情報の活用から新しい価値を生み出す仕組みをつくり出し、
未来への変革を実践していきます。

ともに歩む

パートナーシップのもと、オープンな発想で知恵を生み出し、
ともに社会の持続的な発展に貢献します。

NTTデータ経営研究所の事業コンセプト

企業理念「新しい社会の姿を構想し、ともに『情報未来』を築く」に基づき、
事業コンセプト「Social and Business Design Cycle」を実践

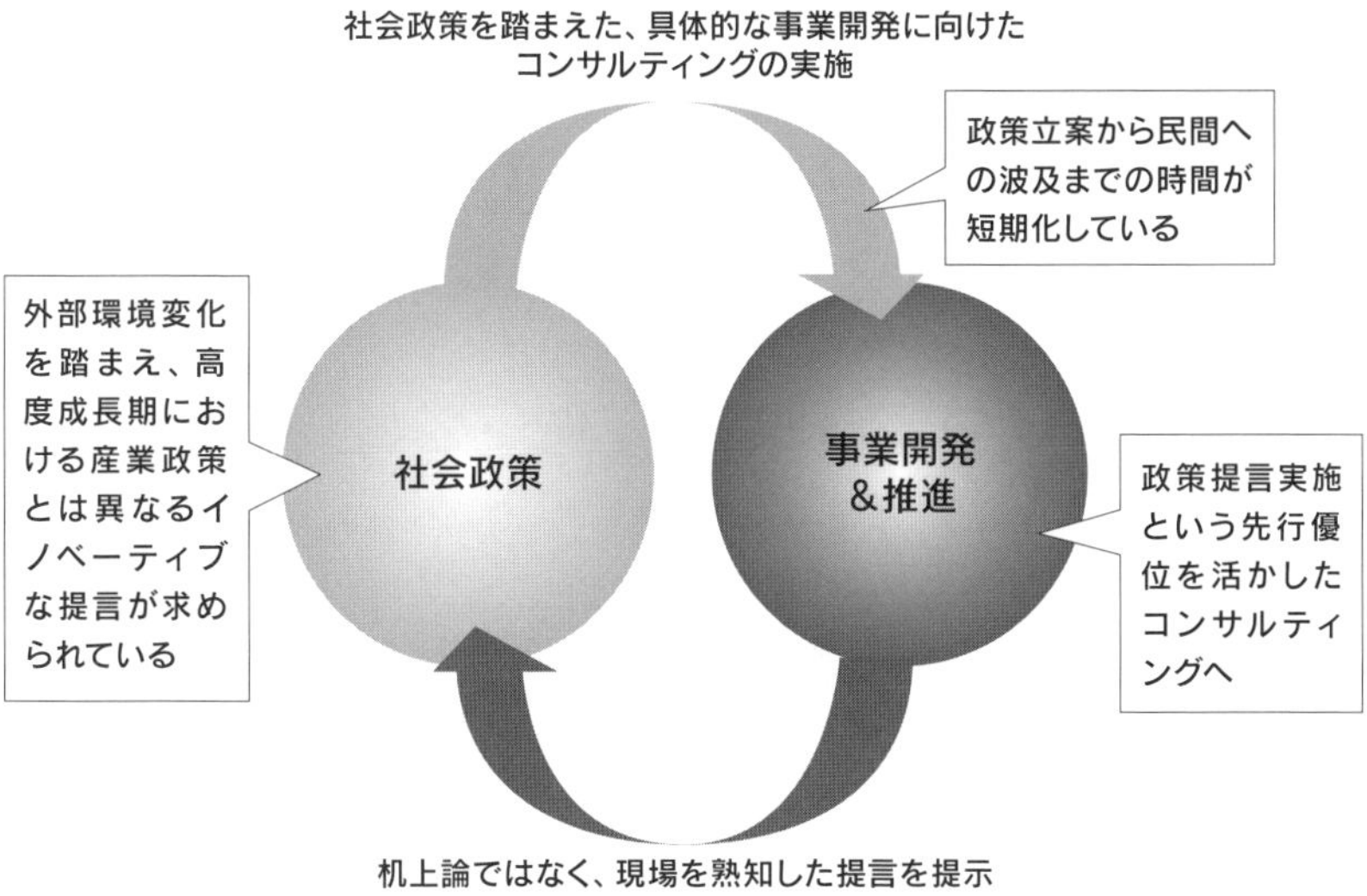
社会政策を踏まえた、具体的な事業開発に向けたコンサルティングの実施
政策立案から民間への波及までの時間が短期化している
外部環境変化を踏まえ、高度成長期における産業政策とは異なるイノベーティブな提言が求められている
社会政策
事業開発&推進
政策提言実施という先行優位を活かしたコンサルティングへ
机上論ではなく、現場を熟知した提言を提示

※ ナッジ：行動科学の知見で、自発的に望ましい行動を促す手法。

Profile 7

クニエ

国内外の製造業を根本から支える、少数精鋭ファーム

日本に貢献する想いで創設された日系グローバルファーム

クニエは、NTTグループのコンサルティングファーム。日本の通信インフラを支え、日本の発展を支えてきた企業として、「国民の公益に資する心」「日本経済への貢献心」を志とし、日本企業に真に役立つコンサルティングを少数精鋭で提供するため、2009年に設立された。

同社はNTTデータの100％子会社ではあるが、システム導入やBPOなどのボリューム型コンサルティングを行っているわけではない。日本を代表する企業にフォーカスし、事業戦略、研究開発、設計開発、生産、サプライチェーンの改革など、難易度の高い、企業の競争力の源泉である実業務の中枢に対して、実行支援型の業務コンサルティングを行う。

クニエにはNTTデータからの出向社員はごくわずか。同業他社や事業会社からの転職者と生え抜きの新卒社員で構成され、親会社へのIT案件提供などの義務も負わない、高い独立性を有している。

クニエの特徴は、利益至上主義・規模拡大を指向するコンサルティング業界に警鐘を鳴らし、実直（真摯）なコンサルティングを提供する点だ。「日本経済への貢献」をポリシーに、クライアントと一体となって真の企業変革を推進するのはもちろん、コンサルティング活動を通して「社会への貢献」と「新興国への貢献」を強く意識した活動を行っている。これを可能にするのが、愚直に専門分野の知見を深めるとともに、社会的人間性を磨き、最前線のコンサルティングワークと社会貢献に携わり続ける、クニエの優秀な少数精鋭のコンサルタントたちであ

る。これは他ファームにはない企業カラーと言える。

自動車メーカーとの共同研究も生産と設計開発の改善・強化が強み

クニエの主なクライアントは、自動車業界や重工業、機械といった日本が得意とする製造業の大企業だ。ソリューション領域としては、戦略、会計、人事、営業、マーケティング、物流などはもちろん、中でも、製造業のコア業務である研究開発、設計、生産領域の改革を得意とする。

生産や設計の現場は、日本の製造業の強さの源泉だ。このため、彼らと専門知識を戦わせながら改革を議論していくコンサルティングは、極めて難易度が高い。しかし、クニエには、クライアントと同等、もしくはそれ以上に専門性の高いコンサルタントが多数在籍しているため、クライアントの気づかない視点や新しいソリューションを提供し、日本の製造業の新しい取り組みやチャレンジに貢献している。

またクニエは、NTTグループの強みを活かして、IoTやデジタルを使った社会基盤や、企業の次世代製品やサービスの開発などの最先端案件も数多く手がけている。

同社では、こうした事業会社へのサービスに加え、日本の活性化のために地方創生にも積極的に取り組んでいる。観光による地方誘客や農業の再生、地域企業の事業再生や産業誘致、都市再生などにも取り組み、地域の活性化に貢献している。

65％以上がグローバル案件海外で活躍できる

クニエではグローバル案件が65％以上を占め、コンサルタントは海外で活躍できるチャンスに恵まれている。グローバル案件のクライアントは、日本企業のみならず、海外の現地企業も多数。同社は中国やタイ、インドネシア、ベトナムといったアジア圏に拠点をもち、現地の製造業を中心にコンサルティングを提供している。これらの地域では、日本がグローバル化する過程で取り入れた、グローバルでの経営管理、人材育成、品質改善、物流改革、研究開発や設計、生産改革、業務スキル向上教育といったテーマに対するニーズが高い。日本の製造業を改革してきたノウハウを背景として、同社の海外におけるプレゼンスの高さは他の欧米系ファームを凌いでいる。アジアのある国では、中央政府が企業に対してクニエのコンサルティングを受けることを推奨し、地方政府がプロジェクトに資金援助をしているほどだ。その他、アフリカや中央アジア、中央アメリカや島しょ国などの途上国支援を専門にするチームもあり、多くのＯＤＡ案件にも関わっている。大型の都市計画案件や産業育成、農業改革などのグローバル案件も社会性の高いものが多く、大きなやりがいが得られる。東欧、中東、中南米、南米、アフリカなど、工業立国を志向する国々に展開し、日本発のコンサルティングファームとして不動のブランド確立に挑んでいく。本年度からは米国にも拠点を展開し、米国の製造業にも改革ノウハウを展開していく。

売上よりも、クライアントの満足度で評価される

1つのプロジェクトは3人程度の少人数で取り組むケースが多い。このため、コンサルタントはクライアント側のプロジェクトに入り込み、クライアントのメンバーとともに改革に汗を流すことで大きな成果を生み出していく。

このようなクライアントと一体となって改革を進めるクニエが求める人材は、「熱意と貢献心がある人」だ。ＱＵＮＩＥの〝Ｑ〟とは品質（Quality）、〝Ｅ〟とは熱意（Enthusiasms）を意味する。クニエの選考では、高い専門性（Ｑ）を身につけ、熱意と貢献心（Ｅ）をもって仕事に取り組めるかどうかが重視される。こうした人材が集まることで、ともに高め合うという働きやすい環境が醸成され、離職率も10％未満とコンサルティング業界では非常に低い。

教育制度も極めて充実している。新卒社員については丸1年間を教育にあてている。入社後、戦略や業務改革の徹底的な集中講義を4カ月間受ける。その後、海外研修、プロジェクト研修を経験し、1年かけて個人の適性が見極められた後、ようやく配属が行われる長期育成だ。また、中途採用についても、新卒者が受ける研修と同様のものを2年かけて学ぶ制度が導入された他、キャリアが上がるごとに数十時間の研修を行うなど、少数精鋭集団が維持されるさまざまな仕組みをもっている。

人事評価もユニークで、専門性や社会的人間性の到達度合いを年次で棚卸しし、集団で実力を評価する制度だ。実績は評価に入らず、目標もノルマもない。

企業そして社会のために、本当に求められていることを真摯にサポートしたい。そんな社会貢献意欲の強い人には至適な企業だ。

クニエのミッション

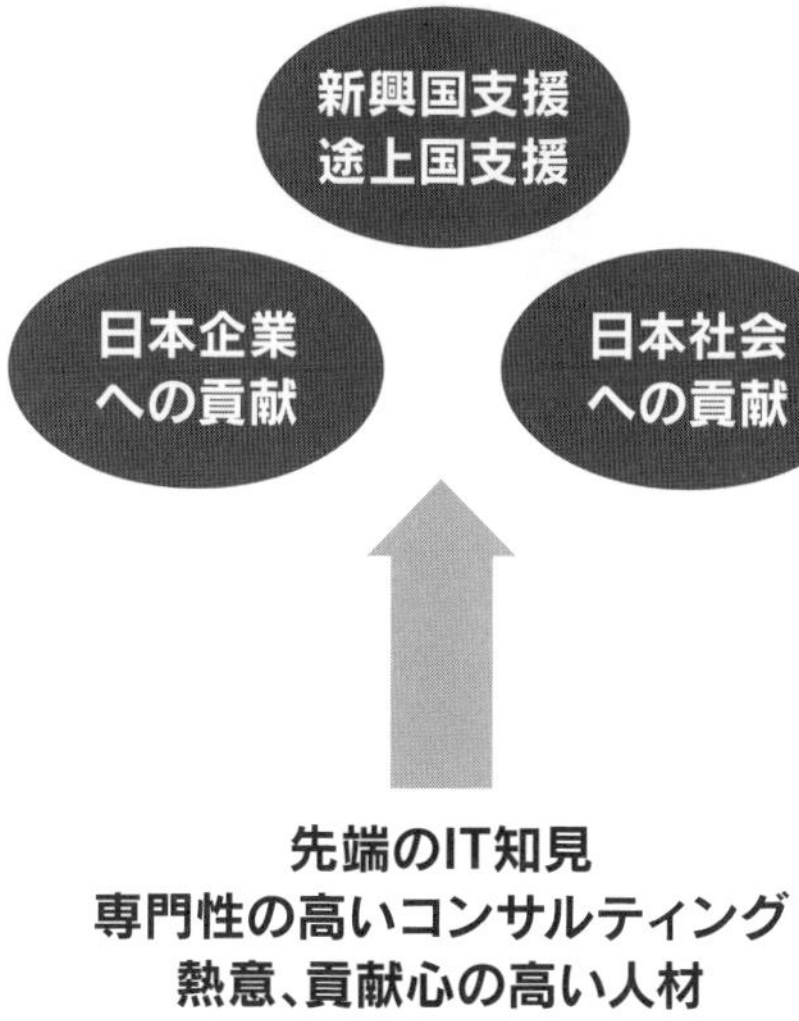

クニエの人材開発コンセプト

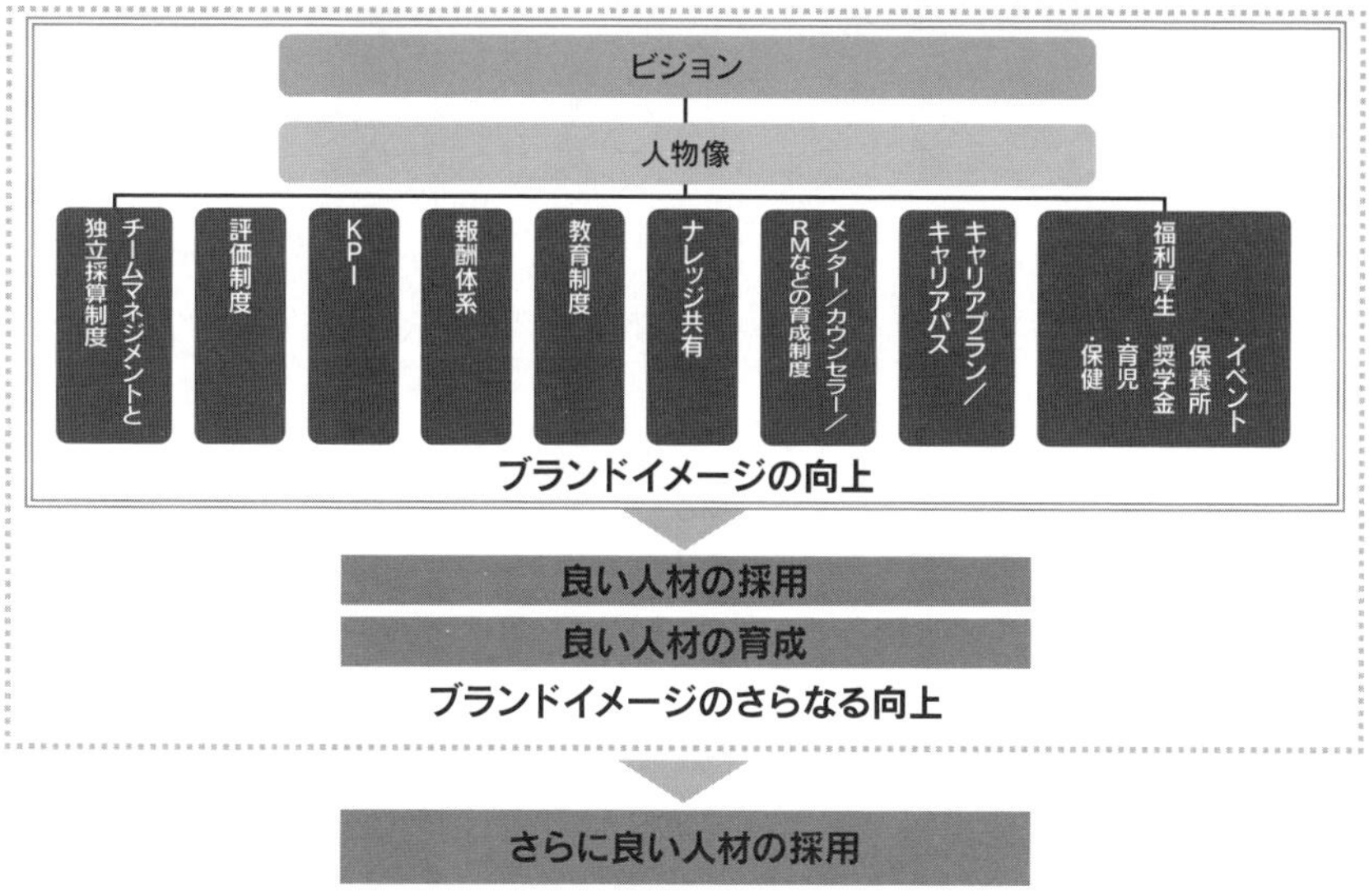

Profile 8

経営共創基盤

専門分野を統合したハンズオン型プロフェッショナルサービス

ハイレベルなハンズオンを成功報酬型で提供

経営共創基盤（以下、ＩＧＰＩ）は２００７年に産業再生機構[※1]のメンバーを中心に設立されたハンズオン[※2]型コンサルティングファームだ。ＩＧＰＩの最大の特徴は２つ、設立理念と経営方針に見られる。

１つ目は設立理念にある「矛盾や困難をはらむ、経営現場での死闘・格闘を通じて、世界に通用する真の経営人材を創出する」こと。コンサルティングの現場では、経営者から「企業の調子が悪いのだが、どうすればよいか」といった曖昧なオーダーを受けることが多い。こうした場合、解決すべき課題はプロジェクトを進める中で明らかになるため予測ができない。そこで、ＩＧＰＩは企業経営に必要な要素を網羅的にもつことで、分野を区切らない総合的な課題対応を可能とし、各種の専門性を統合したプロフェッショナルサービスを提供している。

２つ目は経営方針にある「『事業経営と財務経営』の壁を越えた経営人材を現場に投入し、価値ある現実解・固有解を提供する」こと。ＩＧＰＩはクライアントの価値向上という目的に対し、結果が出るまで支援する。この徹底した「ハンズオン」を可能にするのが同社の財務基盤の強固さだ。ハンズオンを徹底的に実施しようとすると、通常はクライアントにかかる高いコンサルティングフィーがネックとなる。そこで、ＩＧＰＩは中長期の成功報酬型のコンサルティング契約を結ぶことで、成果が出る前に依頼主が資金切れとなることを防いでいる。これには成果が出るまで収入がないため、ＩＧＰＩ自体の財務基盤の安定性が必要とされるが、会社設立時の外部拠出金が十分にあるため、ＩＧＰＩはハンズオンを高いレベルで提供し続けることができる。

「スーパージェネラリスト」によるコンサルティング・アドバイザリーと投資・経営

ＩＧＰＩは「コンサルティング・アドバイザリー」と「投資・経営」という2本柱のサービスを提供する。コンサルティング・アドバイザリーでは、従来から強みのある企業再生や事業再生に加え、近年増えている事業開発や構造改革といった企業の成長戦略を支援している。投資・経営では、ＩＧＰＩ自身が経営に参画し改革を進める「１００％マジョリティ投資」と、老舗企業からベンチャー企業まで幅広く外部支援する「マイノリティ投資」に取り組んでいる。これら2つの領域に関わることで、それぞれから得られる知見や経験値を相互に活かすことができ、ＩＧＰＩ自体とメンバー個人の成長につなげることができている。

また、同社のプロジェクト遂行の特徴は「スーパージェネラリスト」による幅広い知見に基づいたコンサルティングだ。メンバーは、自分の得意分野を突出させる一方、分野を限定しない知識・スキルも兼ね備え、幅広く物事を俯瞰する力をもつ「スーパージェネラリスト」として成長することが期待されている。ＩＧＰＩのプロジェクトではそういったスーパージェネラリストが最初の戦略策定・ストーリー策定の段階から関与し、全プロセスを担当する。これにより、首尾一貫した支援ができる。

アジア地域初のハンズオン型経営支援をめざす

日本の大企業からベンチャー企業まで、多様な業界のクライアントをもつＩＧＰＩだが、現在、アジア地域における事業拡大を推進している。同社はすでに上海、シンガポール、ハノイに海外オフィスを設立。各オフィスでは、アジア各国のプロフェッショナルを採用し、日系企業のみならず現地企業へのアドバイザリー業務も行っている。同社が今後、特に力を入れようとしているのが、同地域におけるハンズオン経営支援業務だ。現在、中国を含むアジア各国で取り組み件数が増えている。具体的な支援内容は、合併・買収後の統合プロセスのサポート、オペレーションの構造改革支援、新規で海外市場に参入する際のスタートアップ支援などが挙げられる。アジア各国を舞台に戦略策定に取り組む企業はすでに存在するが、ＩＧＰＩは、より難しい実行面をハンズオン型で支援できる唯一の企業をめざしている。

２０２０年7月には名古屋工業大学共創基盤を設立した。高い先端研究力・技術力をもつ名古屋工業大学との連携により、先端技術の社会実装やインキュベーションの推進を行う。

専門性をもち、専門外へ知見を広げる

ＩＧＰＩには若手のチャレンジを推奨する風土がある。若いメンバーがさまざまなことに挑戦し、成功や失敗を通じて成長する機会を組織全体でサポートする。このような社風で、若いうちから裁量を任されるケースが多いため、自分で次々と物事を構想できるクリエイティブな発想力が鍛えられる。

またＩＧＰＩにはさまざまなバックグラウンドの出身者が集まっているのも特徴だ。いかなるバックグラウンドの出身であっても、それぞれの使命は専門性の枠を超えたサービスを提供すること。そのため、コンサルタントにはその専門性を高めつつ専門外の分野に関しても知見を広げることが要求される。

そのような人材として大切なことは2つある。第一に、自分が自信をもてるところまで極めた専門分野をもつこと。一芸をもっていればその分野で評価され、クライアントからの信頼を勝ち取ることができる。また、そこを足がかりにクライアントとの仕事の幅を広げることができれば、知見も開けていく。

そして第二に、経営に興味をもつこと。企業の経営分析においては、局所的な事実にフォーカスするのではなく、会社全体の意思決定方法、組織構造などに関心を払わなければ優れた分析結果は得られない。リアルな企業経営に興味をもち、自分が経営を行う立場になって考えることが重要だ。

多様な人材が在籍し、経営人材としてのプロフェッショナルを求め、育成するＩＧＰＩ。スーパージェネラリストとして経営全般を深く支援したいと考える人におすすめしたいファームだ。

経営共創基盤の3つの特徴

事業と財務

事業課題から財務課題まで、クライアントの課題に合わせ、多様なバックグラウンドをもつプロフェッショナルチームを組み、シームレスに支援

ハンズオン実行支援

IGPIのスタッフが経営層から最前線の現場まで入り込み、事業・財務の戦略立案だけでなく、実際の実行までともに行う

リアルな固有解

常にIGPI自ら実行することを念頭に、実行当事者としての目線・覚悟で、具体的かつリアルな固有解を導出

経営共創基盤の支援領域

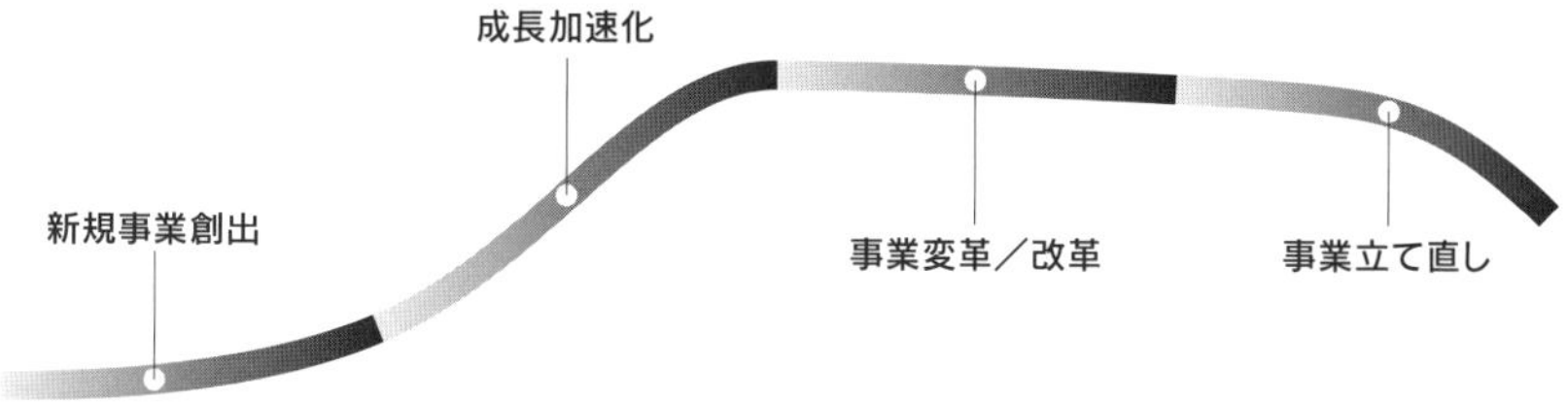

新規事業創出	成長加速化	事業変革／改革	事業立て直し
●新規事業の創出に向けた事業戦略の立案から実行までをハンズオン(常駐協業)で支援 ●スタートアップ企業に対する出資を通じて、資金面での支援を行うことも可能	●企業のさらなる成長をめざして新サービスの開発や海外進出などを支援 ●その過程で必要となる企業／事業買収をM&A戦略立案から実行、買収後の統合まで一貫して支援	●事業ポートフォリオの見直し、組織の強化、営業・製造のオペレーション改革などを支援 ●その過程で必要となる子会社や一部事業の売却も一貫して支援	●再生局面の企業に対して、事業と財務の両面から実現性の高い事業再生計画を策定し、実行までを支援 ●IGPIが事業スポンサーとして出資し、ハンズオン(常駐協業)で企業の再生を支援

※図はホームページをもとに作成

※1 産業再生機構：大手銀行の不良債権問題を解決するため、5年間の時限組織として国の出資で2003年に発足。2007年の解散までに計41社を支援した。

※2 ハンズオン（常駐協業）：IGPI は、外部アドバイザーという立場を超え、企業の経営層から現場まで IGPI 社員が支援するハンズオン型のスタイルに重きを置く。一般的なファームの戦略立案や財務支援だけでなく、実行フェーズまで伴走することで、実際にクライアントの企業価値を向上させることをめざしている。

Profile 9

KPMGコンサルティング

「攻め」と「守り」の両輪で、サステナブルな成長を実現する

グローバルにおいて高い評価を受ける、BIG4の一角

ＫＰＭＧコンサルティングは、ＰｗＣ、デロイト、ＥＹなどとともにＢＩＧ４の一角をなす総合コンサルティングファームだ。

ＫＰＭＧグループは、監査、税務、アドバイザリーサービスを提供するプロフェッショナルファームとして、１００年以上の歴史を培ってきた。１５４の国と地域に約20万名のプロフェッショナルを擁するグローバルネットワークを活かし、クライアントの価値向上と課題解決を支援している。同社は世界的に高い評価を得ており、GoogleやAppleなどと並び、毎年人気ランキングの上位に名を連ねている。

ＫＰＭＧコンサルティングの最大の特徴は２０１４年創立という若さだ。社会のグローバル化が急速に進み、生産拠点やＲ＆Ｄセンターを海外に移す日本企業はガバナンスの構築を含めた対応に追われている。また、ＩＴの進化は業務を効率化させる一方で、企業はサイバー攻撃などへのセキュリティ対策が求められている。そのような中、アドバイザリーサービスの提供体制を一段と強化するため、ＫＰＭＧマネジメントコンサルティングとＫＰＭＧビジネスアドバイザリーを統合、組織再編して生まれた。グローバル規模での事業モデルの変革やオペレーションの改善を、最先端テクノロジーの活用により支援する。

「攻め」と「守り」の両輪で提供する、多角的なコンサルティングサービス

現在、ＫＰＭＧコンサルティングは、幅広い業界のクライアント企業に対して、「攻め（マネジメント

コンサルティング)」と「守り(リスクコンサルティング)」の両面で経営全般を支援している。

マネジメントコンサルティングはMCユニットと呼ばれ、「Business Transformation」と「Technology Transformation」の2つの分野で構成されている。企業のさらなる成長や事業モデルの変革を目的として、戦略立案から業務プロセス改善、ITシステム導入までの「攻めの経営」を実現するプロセスを一貫して手がけられる体制を構築している。

また、リスクコンサルティングはRCユニットと呼ばれ、「Risk & Compliance」の分野を担当する。企業の成長をより確実で持続可能なものにすることをめざし、リスクマネジメントから内部統制構築、内部監査支援、個人情報やサイバーセキュリティ対策まで、万全の「守りの経営」をサポートしている。この「攻め」と「守り」の両輪で企業の新たな成長をドライブしていくことが、同社のミッションだ。

また、デジタルへの対応力を強化するため、2019年には先端テクノロジー開発とデジタルエキスパートを結集させ、株式会社KPMG Ignition Tokyoとして法人化。社会や企業からのDXなどのデジタルニーズに応えられるような人材開発プログラムを開始している。

ジャパン・リスペクトを重視し、KPMGコンサルティングファンをつくる

KPMGジャパンのめざすビジョンは「The Clear Choice」、すなわち、ファームメンバーの1人ひとりが真のプロフェッショナルとして、卓越したサービスを提供することにより、ステークホルダーから常に選ばれる存在になることである。同社は、「社会からの信頼」を何よりも重視し、クライアントの健全な成長に貢献し、かつ人を大切にするNo.1ファームをめざしている。このようなスタンスを維持できるのは、KPMGグループがジャパン・リスペクトの姿勢をもち続けてきたから。従業員に対して、利益面での短期的な貢献を強いるのではなく、クライアントと長期的な信頼関係を築くことを大切にする、日本ならではの姿勢を尊重しているのだ。

このような背景のもと、同社は数多くの「ファン」をつくることをめざす。クライアントの経営陣から

広く認識され、ＡＩやＩｏＴ、ＲＰＡなどの最新テクノロジーを用いた新たな取り組みの際には必ず声がかけられ、「成長のために一緒に汗をかいてほしい」と握手を求められるような存在が目標だ。

同社ではクライアントにファンになってもらうために、まずは社員自身がＫＰＭＧコンサルティングのファンとなることをめざす。そのために「オーナーシップ」「リスペクト」「コラボレーション」という3つの言葉を重視しており、プロフェッショナルとして常に当事者意識を忘れず、あらゆる立場の違いを超えて相手を尊重し、チームとして助け合いながら動いていけるような組織づくりが進められている。実際、社員に話を聞いても、ほとんどの社員が自社の魅力を「人柄」や「社風」と話す。会社としては発足間もない若い組織だからこそ、文化風土が形づくられて根づいていくのもこれからだ。

今は、組織風土を形づくるステージ。新卒を将来の「柱」として捉える

ＫＰＭＧコンサルティングと他のＢＩＧ4の大きな違いは、一企業としてのステージにある。まだ成長ステージにあるからこそ、新卒への経営陣のコミットメントの強さには自信をもっているという。あるパートナーは、新卒を単なる〝今年の新人〟としてではなく、会社の文化をつくり、同社を率いていく「柱」となる人材として捉える意識が強いと話す。

通常、コンサルティングファームに入社すると1日も早く即戦力に仕立てるべく、すぐにプロジェクトにアサインされて鍛えられていく。ＫＰＭＧコンサルティングの新卒も当然にプロジェクトでのＯＪＴは重視されており、現場で力をつけてもらう志向は他社と変わらない。ただ、「人間力」が問われるステージにいるからこそ、足腰となるコンサルタントの基礎力を徹底的に身につけるための集中トレーニングやプロジェクトローテーション、1人ひとりへのスキルケアなどの環境を充実させている。それほどに新卒への期待が大きいのだ。まだ成長段階にあるファームの中で将来の柱となるべく邁進したい人、誠実かつ健全な組織で人間力を武器に働きたい人にはぴったりのファームではないだろうか。

154の国と地域に約20万名のプロフェッショナルを擁するKPMG

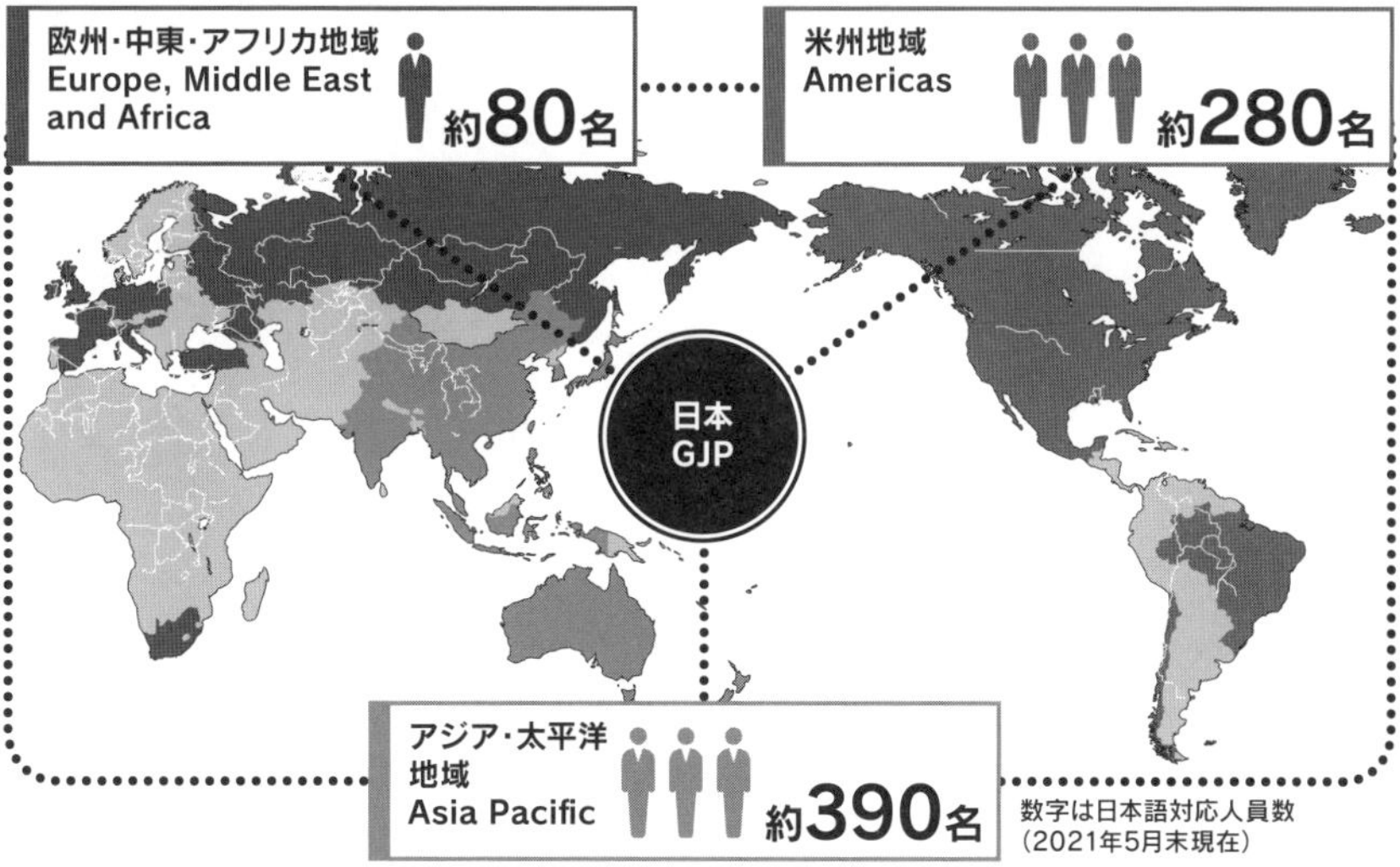

グローバル・ジャパニーズ・プラクティス（GJP）は、日本企業の海外事業展開を支援するグローバルネットワーク。世界の主要38カ国91都市に駐在員および日本語に対応可能な人員を擁し、幅広いサービスを提供している。

KPMGコンサルティングのサービス

KPMGコンサルティングでは、ビジネストランスフォーメーション（事業変革）、テクノロジートランスフォーメーション、リスク＆コンプライアンスの3分野に豊富な経験とスキルを有するプロフェッショナルが、10年後も社会的に価値の高いエクセレントカンパニーをめざす企業を支援する。

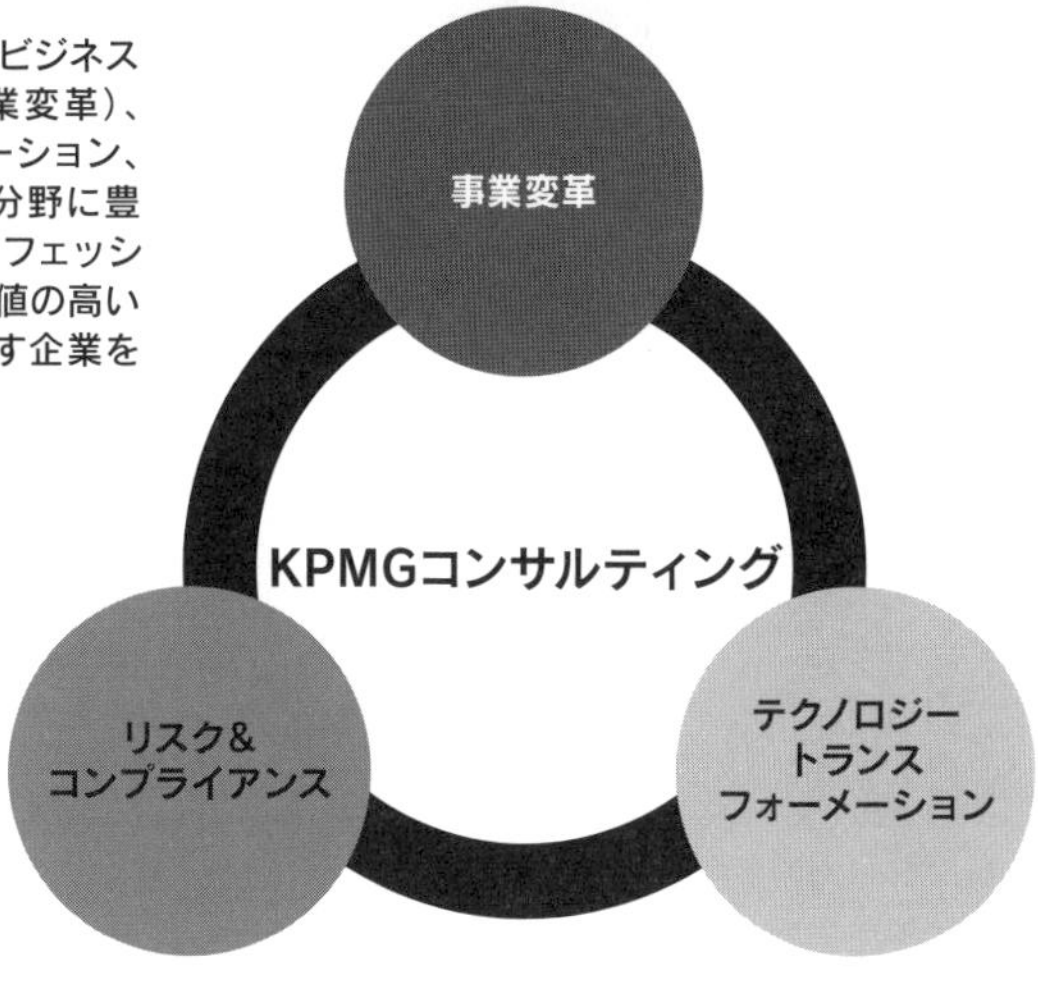

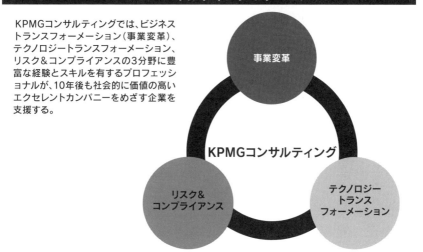

Profile 10

シグマクシス

顧客やビジネスパートナーとの価値共創を通じて、美しい社会づくりをめざす

組織・業界を超えたコラボレーションで社会に価値を生み出す

2018年に、設立10周年を迎えたシグマクシス。同年、新たなミッション「クライアント、パートナーとともに、Society5.0の実現とSDGsの達成に貢献する」、ビジョン「CREATE A BEAUTIFUL TOMORROW TOGETHER」を掲げた。人と人との「信頼」、お互いに助け合う「互酬性の規範」、絆でつながり合う「ネットワーク」――。古来の日本の強みであり、同社自身も設立時から重視してきたこの3つの価値観を軸に、シグマクシスは美しさにあふれる社会づくりをめざす。

同ビジョンのもと、同社は組織や業界の枠を越えたコラボレーションを中心とした、新しい形の事業モデルを実現している。同社にとってコラボレーションとは、1人ひとりが主体性をもち、互いに動機づけ合いながら、それぞれの能力を活かして新たな価値共創に取り組むこと。プロジェクトでは自前主義にこだわらず、顧客もビジネスパートナーも一緒になって知恵と経験を出し合い、互いに成長しながら成果を実現する。ここで大事になるのは、社内外から最適な能力・知見をもつ人財やテクノロジーを目利きして集める力。そして集めたプレイヤーをワンチームにまとめ、それぞれの価値を引き出しながら成果を最大化させる牽引力。つまり「アグリゲーション力」である。同社はアグリゲーション力によりプロジェクトを機動的かつ柔軟に動かすことを強みとしており、これまで多数のプロジェクト実績に加え多様な企業・団体とのネットワークも構築してきた。

近年は、そうしたネットワーク上のプレイヤーを、組織・業界を超えてつなげることで新たな市場を生み出す「マルチサイド・プラットフォーム」の形成・運営にも注力している。２０１７年からはフードテック領域で、社外のプレイヤーとともに新たな「食」産業の創生と、その実装による社会課題の解決に挑む。また、２０２０年からは長野県小布施町とともに、人口減少や防災、環境に配慮した循環型の新たな社会インフラの実現をめざす。

企業や業界、社会のDX推進をめざし、多様なテーマに取り組む

シグマクシスが提供するサービスメニューは、事業戦略、プラットフォーム戦略、M&A戦略、新規事業開発、AI&デジタル活用、デジタル人財育成、ビジネスプロセス変革、人と組織のイノベーション、ワークスタイル変革、大型PMO、DXプログラムマネジメントなど、多岐にわたる。これは、新卒採用および幅広い業界からのプロフェッショナル採用を通じて集まった人財が、互いの発想をぶつけ合い、顧客にとって必要なものを創り出してきたことによる。

２０２０年からは、サービス単独での提供にとどまらず、顧客のビジョンを描き、実現に必要なサービスを組み合わせて提供するアプローチをより重視している。というのも、シグマクシスが考えるDXとは、既存事業を効率化する「デジタル・トランスフォーメーション」、既存事業の強みを活かしながら新たなビジネスモデルを生み出す「サービス・トランスフォーメーション」、組織や人財、働き方を変革する「マネジメント・トランスフォーメーション」の3つのトランスフォーメーションを実現すること。顧客が次なる社会を築くプレイヤーへと進化するためのトランスフォーメーション・シナリオを自ら描き、同社のサービスを組み合わせて提供している。

加えて、コンサルティングサービスを通じて得た知識、経験、スキル、ネットワークを活かし、顧客やビジネスパートナーとの共同出資によるジョイントベンチャー[※1]、ジョイントビジネス、インキュベーション[※2]も手がけている。投資先へは同社のコンサルタントが事業運営の一員として参画し、経営者の目線で意思決定し、具体的な事業オペレーションを

担う。この領域では若手人財の活躍も多く見られ、コンサルティングと事業企画・運営の両方の経験により、自らの可能性を引き出し最大化するキャリアパスが広がっている。また国内外のベンチャーキャピタルへの出資も行い、有望なベンチャー企業とのネットワークを拡大するとともに、彼らの成長支援にも貢献している。

個人の成長が、組織を成長させる

シグマクシスの事業運営体制は、顧客の課題をつかみ提案機会を発掘・拡大する「インダストリーシェルパグループ」と、課題解決のオファリング開発を担う「サービスシェルパグループ」で構成され、両者のコラボレーションでプロジェクトに取り組んでいる(2021年4月現在)。各グループのスキル別チームにコンサルタントが所属しており、プロジェクトは最適なスキルをもつ人財の組み合わせで体制が組まれる。こうした組織横断型のチームワークは、全社の能力向上も促進する。シグマクシスの社内では、組織を越えた勉強会が自発的に生まれてコミュニティ化するなど、互いのスキルや知見を学び取る文化が根づいている。

また、同社が整備する学習環境は、社内で開発する独自のトレーニングコースに加え、社外の専門的なコースを選択できるなど、幅広い領域にわたり整備されている。新卒トレーニングでは、現場でプロジェクトを推進するリーダークラスのコンサルタントが教壇に立ち、実践的なプログラムを提供する。さらにはスポーツや文化・芸能といった異業界の第一人者の視点や発想に触れる機会などもある。こうしたバリエーション豊かな学習環境の中から、社員は自らのキャリア形成に向けて必要な学習プランを立てて実行する。「個人の成長が組織を成長させる」というコンセプトのもと、1人ひとりが自律的に自己研鑽し続けていることこそが、シグマクシスの強みの源泉なのだ。

自ら成長し続けながら、組織の枠組みを超えてネットワークを拡げ、能力のコラボレーションで価値創造に挑みたいと考える人財にとって、やりがいとチャンスに溢れる場だ。

シグマクシスのミッションとビジョン

MISSION

**クライアント、パートナーとともに
Society5.0 の実現と SDGs の達成に貢献する。**

○ 企業のデジタル・トランスフォーメーションの促進。

○ ジョイントベンチャーの創設・運営およびベンチャー企業の支援。

○ 高い価値を共創するマルチサイド・プラットフォームの形成。

VISION

CREATE A BEAUTIFUL TOMORROW TOGETHER

シグマクシスの事業

シグマクシスは企業の多様な経営チャレンジに対して、幅広い分野でのコンサルティングサービスの提供を行う。100%子会社のシグマクシス・インベストメントは、各種事業への投資を行うのとともに、コンサルティングサービスとの連携を通じてジョイントベンチャーの設立などを推進する。また多様なプロフェッショナルおよび企業とのネットワークによるエコシステムの形成を通じ、企業、業界を超えた価値創造活動の推進をめざす。

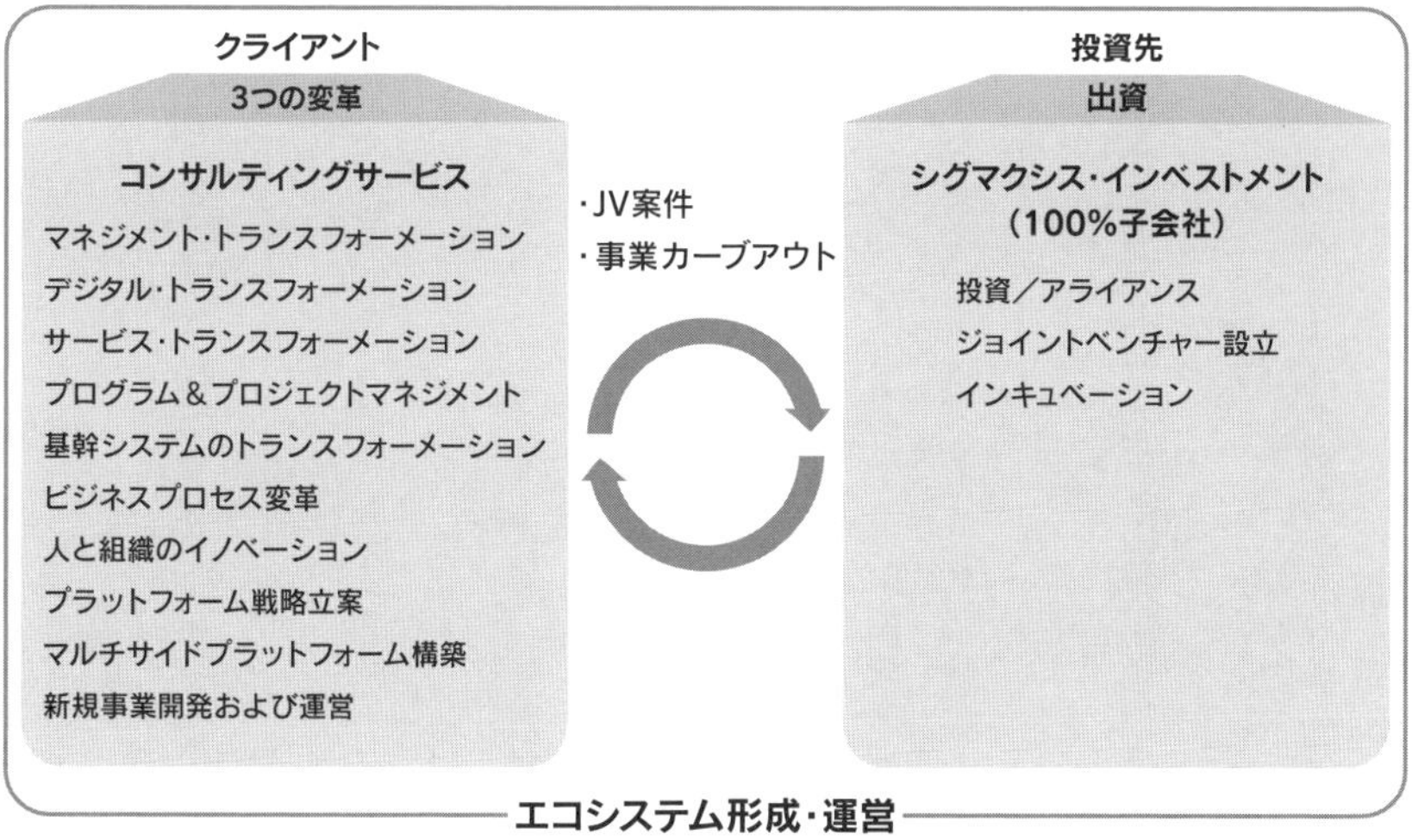

※1 ジョイントベンチャー（合弁会社）：複数の企業が互いに出資し、新しい会社を立ち上げて事業を行うこと。
※2 インキュベーション：新たなビジネスを始めようとしている人や企業に対し、不足する資源（資金、オフィス、ソフトなど）を提供し、その成長を促進することを目的とするビジネス。
シグマクシス・インベストメントは2021年4月に設立。

Profile 11

Takram

次世代を見据え、国内外の革新的イノベーションを実現するデザイン・イノベーション・ファーム

0→1のイノベーションを実現する「越境人材」

Takramは、企業や組織が、限界や領域を超えていくことを現実にするデザイン・イノベーション・ファーム。2006年の設立以来、東京とロンドンを主要拠点として国内外の大企業やスタートアップのイノベーションを強力に支援している。

デジタル化が進み、企業を取り巻く経営環境が加速度的に複雑化する中、新規事業や新たな製品・サービスの開発、新ブランドの立ち上げは、難しいテーマとなっている。このような厳しい状況に対応するためには、ビジネス、テクノロジー、クリエイティビティ（デザイン）というBTCの領域を理解し、まとめあげる力が必要だ。Takramでは、デザインとエンジニアリングの両分野に精通する「デザインエンジニア」、ビジネスとデザインをつなぐ「ビジネスデザイナー」、プロダクトデザインやグラフィックデザインを手がける「クラシカルデザイナー」の異なる専門性を有するプロフェッショナルが互いに協力し合い、0から1を生み出すプロセスで中心的な役割を果たしている。デザインエンジニアやビジネスデザイナーといった職種に見られるように、同社ではBTCの専門領域を横断する高い専門性を有する人材、すなわち、「越境人材」が活躍している。

デザインの力で、企業の発明を社会浸透させる

Takramは、メルカリや清水エスパルスなどのリブランディングからタムロン（写真用カメラ交換レンズ）やISSEY MIYAKE（クリスマ

ス向けの限定ギフト）などのプロダクトデザイン、日本政府の地域経済分析システム「V-RESAS」のUI設計・ソフトウェア開発まで、実に多様かつ時代の最先端を切り拓くような取り組みに深く入り込んでいる。

同社が手がけるプロジェクトの7割程度は、新たな製品・サービスやブランドの立ち上げ。デザインエンジニアによるプロトタイプ（試作モデル）の開発や、新製品・サービスの立ち上げに必要なブランディングを推進している。日本には高い技術力を有する企業が多く、自社の保有技術を起点とした発明（テックドリブンイノベーション）は日々行われているが、実際に人に使ってもらうこと（社会浸透）に難しさを感じていることが多い。そのような中、Takramにはテクノロジーの深い知見を有すると同時に、製品を人に使ってもらうためのデザイン力に長けた「デザインエンジニア」が在籍し、企業の0→1の事業創造を強力に支援している。数カ月程度の短期間で、机上での仮説構築と実際のプロトタイピングという抽象と具体を高速で行き来し、消費者に刺さる製品・サービスを創造するのだ。ソフトウェアだけでなく、ハードウェアのプロトタイピングもできるデザインファームは極めて少なく、業界で稀有な存在となっている。

また同社は、クライアントの一員として伴走しながら、4、5年かけてブランドを磨き上げていく。過去に、メルカリ、清水エスパルス、日本空港ビルデング、日本経済新聞社などの名立たる組織のブランディングを手がけており、ロゴやWebサイト、従業員向けのガイドラインなど、企業と顧客の多様な接点をデザインしている。

メルカリのリブランディング案件では、ロゴのリデザイン、「Rebrandingウェブサイト」の制作を支援。「わくわく感」を旧デザインから引き継ぎつつも、どんな人にも身近に感じてもらえる「フラットさ」、信頼できるマーケットプレイスとしての「公平さ」をもとにリデザインを行った。また、メルペイのコーポレートロゴ、サービスロゴも、メルカリロゴと同じ設計に基づいてデザインし、ブランド全体のイメージがブレないロゴシステムを制作している。

世界のトレンドの中心で、革新的イノベーションを支援する

東京とロンドンの拠点から国内外のイノベーションを牽引し続けてきたＴａｋｒａｍ。２０１９年５月にはニューヨークに新たな拠点を構え、２０２１年には中国への進出も計画している。世界のトレンドを俯瞰したときに、完全な自動運転が実現された未来、選ばれる自動車は「利便性の先の快適さや心地よさ」や「ブランド力」をもつものになるという。つまり、優れたデザイン力の有無が、持続的な企業成長の鍵を握ることになる。同社はそのような未来を描き、戦略的に専門人材を採用・育成している。

相互に高め合い、新たな専門性を獲得できる仕組み

Ｔａｋｒａｍが大切にする価値観の１つに、「Collective Contour（集合的輪郭）」という言葉がある。多様な専門性をもつ個々のメンバーが互いにサポートし合うことで、個人の専門性を超えて、異なる専門性の活用を促進することだ。同社では、デザイナーがエンジニアに、「グラフィック的にこんな解決があるよ」と教え、エンジニアがデザイナーに、「この技術を使えば、再現できるよ」と助言するような１つの専門領域に閉じないナレッジシェアが当たり前になされている。また、メンバーは自分の得意領域の案件と不得意領域の案件を１：１の割合でアサインされる。不得意領域の案件では、生徒として仲間から指導を受けて新たなスキルをスピーディに獲得し、得意領域の案件ではプロとして実力を発揮し、教師としてメンバーの成長に貢献するのだ。この他、定期的なナレッジシェアの機会があったり、社内研究活動として独自に製品開発に取り組めるなど、多様な人材育成の仕組みが充実している。

このような社風を踏まえ、Ｔａｋｒａｍでは、プロとして活躍できる専門性が１つ以上あり、多様な専門性をもつプロフェッショナルたちと高め合える関係を構築できる人間性の高い人材を求めている。１つの専門性に固執せず、自分の専門領域や才能を無限に拡張したいという好奇心をもち、新しいことにチャレンジし続けることを楽しめる人は最高の成長機会を得ることができるだろう。

The BTC Triangle, a Key Framework for Innovation

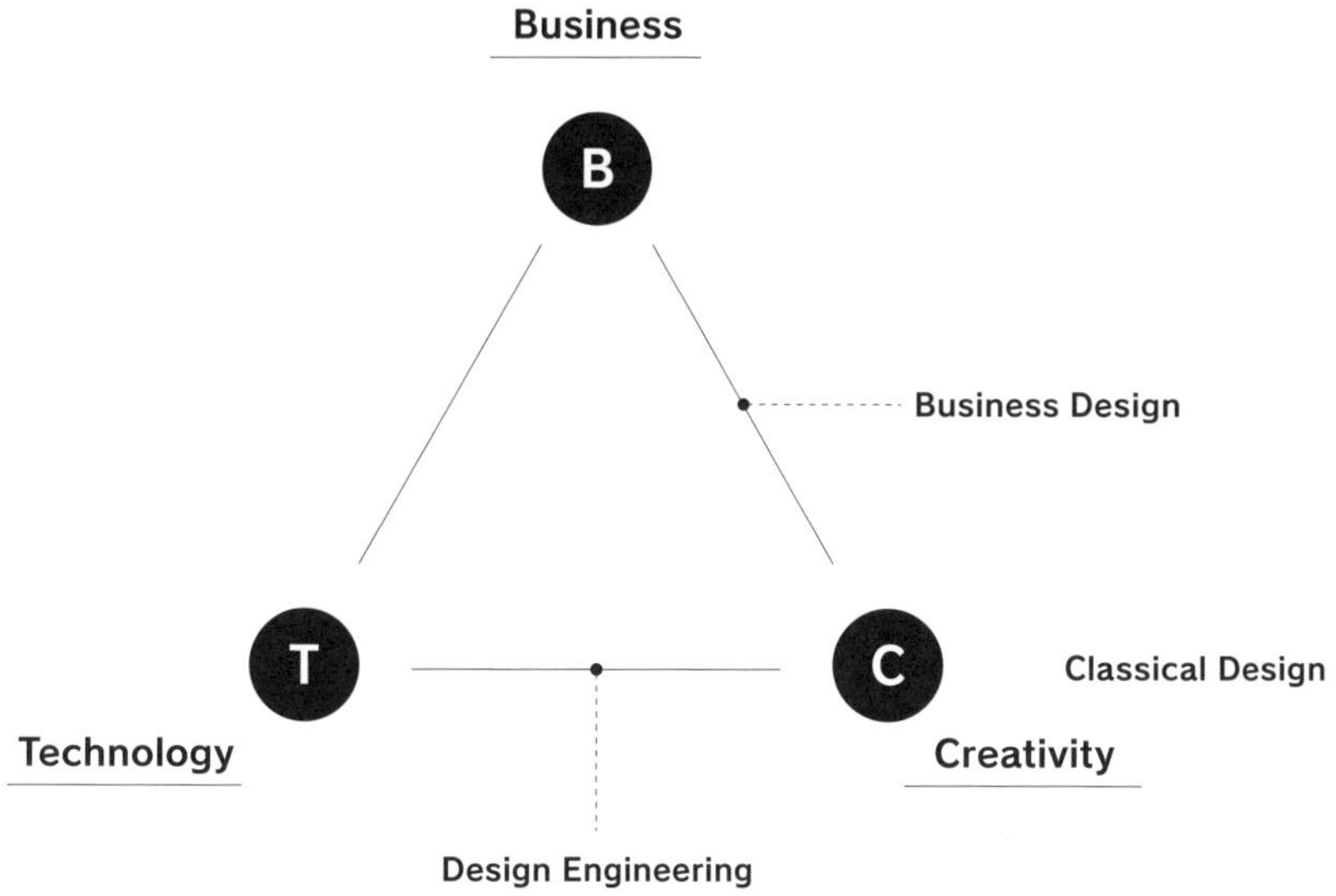

ナレッジチェーンとチーム構成の魔法

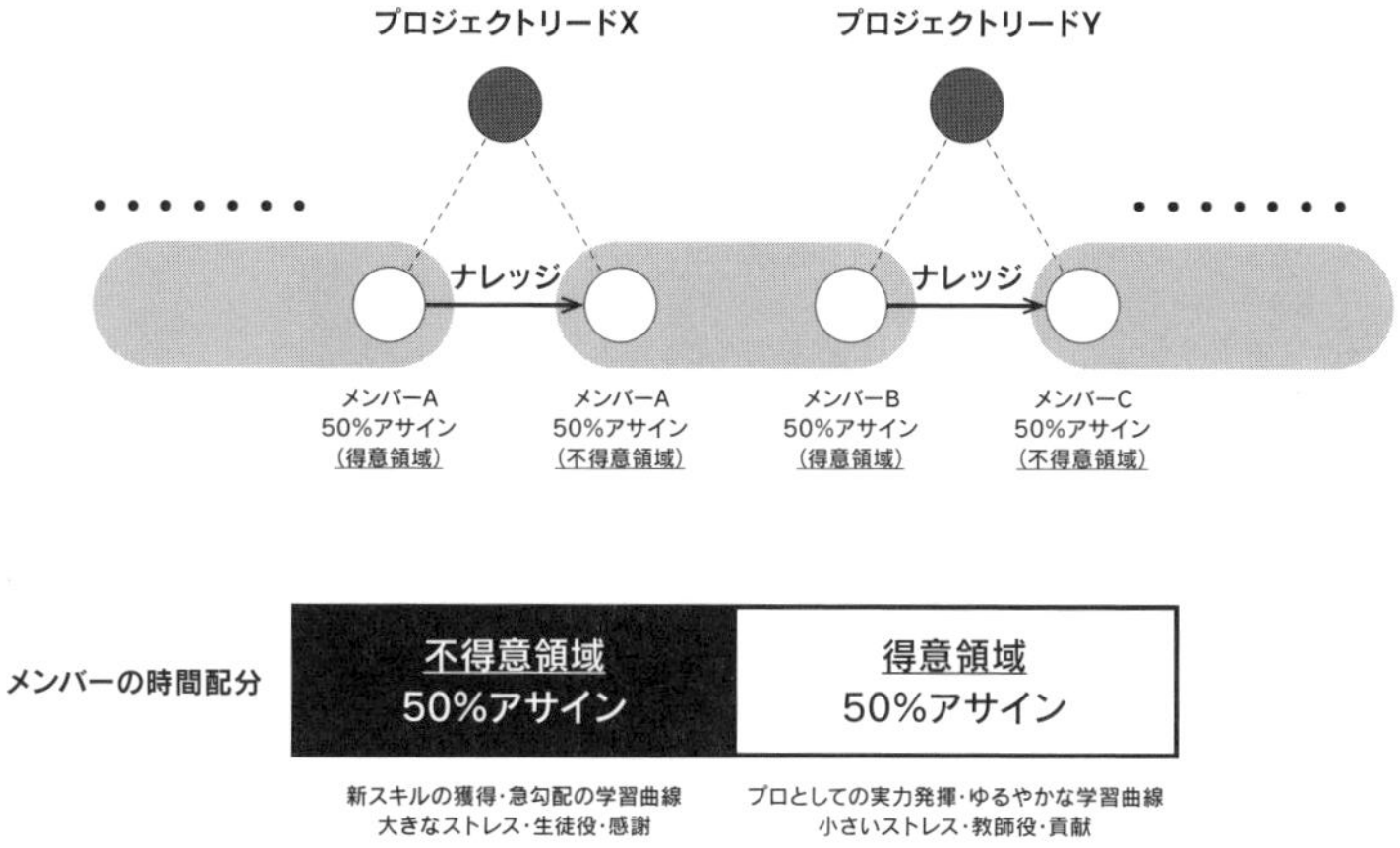

メンバーは得意領域50%+不得意領域50%でアサイン。

ナレッジチェーンが知識・ノウハウを組織内に自動浸透する仕組み。

Profile 12

デロイト トーマツ コンサルティング

End to Endの力で企業・社会の変革を実現し、コンサルティング業界の明日を切り拓く

規模とカバレッジの深さを強みに、新たな価値の掛け合わせで挑む

デロイト トーマツ コンサルティング（以下、DTC）は、企業の経営課題に対して戦略策定からテクノロジーを活用したオペレーションの実行、運用支援までを行う総合ファームだ。世界150カ国に従業員数31万人と世界最大規模であり、プロフェッショナル・サービスブランドとしてもグローバルでNo.1であるデロイトのメンバーファームの一員である。

DTCはインダストリー（産業担当）とサービスを掛け合わせる組織体制と、コラボレーションを価値の源泉としている。インダストリーの強化は10年以上の実績があり、サービスについては、戦略に特化したモニター デロイト、デジタルに特化したデロイト デジタルというサブブランドを展開することで、領域特化のファームとも伍す体制を整えている。これら2軸に加え、エンジニアやデザイナー、データサイエンティストらを擁し、デジタルアセットを開発する部門や、アライアンスやエコシステム形成を推進する部門などのイネーブラー機能の強化を図り、従来の二次元（2D）のコラボで価値提供する世界から、3D、4Dへと新たな価値を掛け合わせていくビジネスモデルを構築している。

DTCを知るためのキーワード「Lead the way」

デロイトグローバルで共通の価値観（Shared Values）の1つであり、スローガンとなっているのが「Lead the way」だ。その言葉にクライアントや社会、そこに集う人びととともに新たな道を切り拓いていく存在となるという想いを込めている。

近年、企業ニーズが変化し、戦略立案を業務の変革につなげ、さらにITシステムも実装して企業を変革していく「End to End」での支援が期待されている。そのような中で、真にEnd to Endでサービス提供するためには、幅広い業界やサービスの専門家、ソリューションを掛け合わせる必要があり、企業の合併なども関係すれば、会計や税務といった専門知見を提供しながら進めることも求められる。その期待に総合的に応え、クライアントをゴールに導いていけることがDTCが選ばれる理由である。

また、同社は社会課題解決に早期から取り組んできた。2011年よりビジネスで得た知見や経験をNPO／NGOなどソーシャルセクターに対して無償提供するプロボノを通じた社会貢献活動を行っている。

また、新たな経営モデルの実践として、幸福学という考えを取り入れた「メンバーファースト経営」という活動を推進。顧客に最高の価値を提供し続けるためには、価値の源泉であるメンバーが、プロフェッショナルとしての幸せを追求できる環境を用意することが必要との考えに基づき、各部門に幸福度を高めるミッションをもつチームを配置している。結果、離職率の低下や働くことに対する満足度が10％以上向上するなどの成果が出ている。

日本企業のこれからの課題に的確に対応

DTCは日系企業を主なクライアントとしており、手がける業界は自動車・電機などの製造業、エネルギー、消費財、金融、医薬品などの他、官庁、自治体まで多岐にわたる。そうしたクライアントに対し、経営戦略や業務改善、組織・人事改革、システム導入などを幅広く支援している。

同社の手がけた象徴的な事例として、ある国内メーカーの案件がある。この企業は、中国・韓国をはじめとする海外メーカーの安価な製品にシェアを奪われ、事業撤退寸前まで追い込まれていた。DTCは従来のサプライチェーン改革として行う生産数管理をはじめとした改善提案に加え、全方位的な支援を際立たせるために、製品自体に対しても、確実に売れる製品の適切なサイズまで提案を行い、シェア改善に結びつけた。このような支援を実現し、具体的な成果創出につなげるには、クライアントのもとに足繁く通い、戦略を現場にまで浸透させる実行力が鍵となる。

上記事例は、停滞する日本経済全体の現状を象徴している。過去10年以上にわたり、多くの日本企業の国際競争力が低下する中、企業の存続理由が改めて問われており、「どれだけ世の中に貢献できる会社となれるか」というモノサシの提示が、より強く求められてきているのだ。DTCは、そうした発想に立脚して、企業のビジネスモデル刷新や新たな産業の創出に取り組んでいる。

創業以来の過去30年近くにわたり、上記事例に象徴される経営姿勢を一貫してもち続けてきたDTCは、最近では特に、デジタルテクノロジー分野で支援強化に取り組んでおり、他社に先駆けて「デロイト デジタル」ブランドを立ち上げ、日本企業のもう1つの課題として「デジタル化の遅れ」を指摘。最新のテクノロジーに企業がどう向き合うべきか、実践的な助言と実行支援に力を入れている。

個性をもち、チームワークも重んじる「学べる」コンサルタントを求める

DTCでの仕事は、デロイトネットワークに所属する31万人強の人材をいかに活用できるかが重要になる。そのためには、コンサルタントとしての個性を確立すると同時に、仲間を集め動かす力が必要となる。個人が担当できる案件数には限りがあり、チームワークが不可欠になるからだ。個の確立のために欠かせないプライドと、組織の一員として動けるチームワークの双方を備えた人材が求められている。

同社の新入社員は、アナリスト、コンサルタント、シニアコンサルタントの順にキャリアアップをめざす。その過程で、コンサルタントとして働くための多面的なスキルやマインドを高めるための「育てる力」に、同社は定評がある。キャリアアップにともない変化していく個々の業務から素直に学ぶ姿勢が、5年後、あるいは10年後の成長につながる。他者からのフィードバックに耳を傾け、着実な成長を続けることで、社会に貢献できるようになる「学習できる人材」を同社は求めている。

デロイト トーマツ コンサルティングのグローバルネットワーク

Global Network　未来を創るビジネスを、全世界150カ国に31万2千人を超えるエキスパートと

デロイト トーマツ コンサルティングは、デロイトの一員として日本のコンサルティングサービスを担い、提言と戦略立案から実行まで一貫して支援するファームです。クライアントの持続的で確実な成長を支援するコンサルティングサービスはもちろん、社会課題の解決と新産業創造でクライアントと社会全体を支援します。

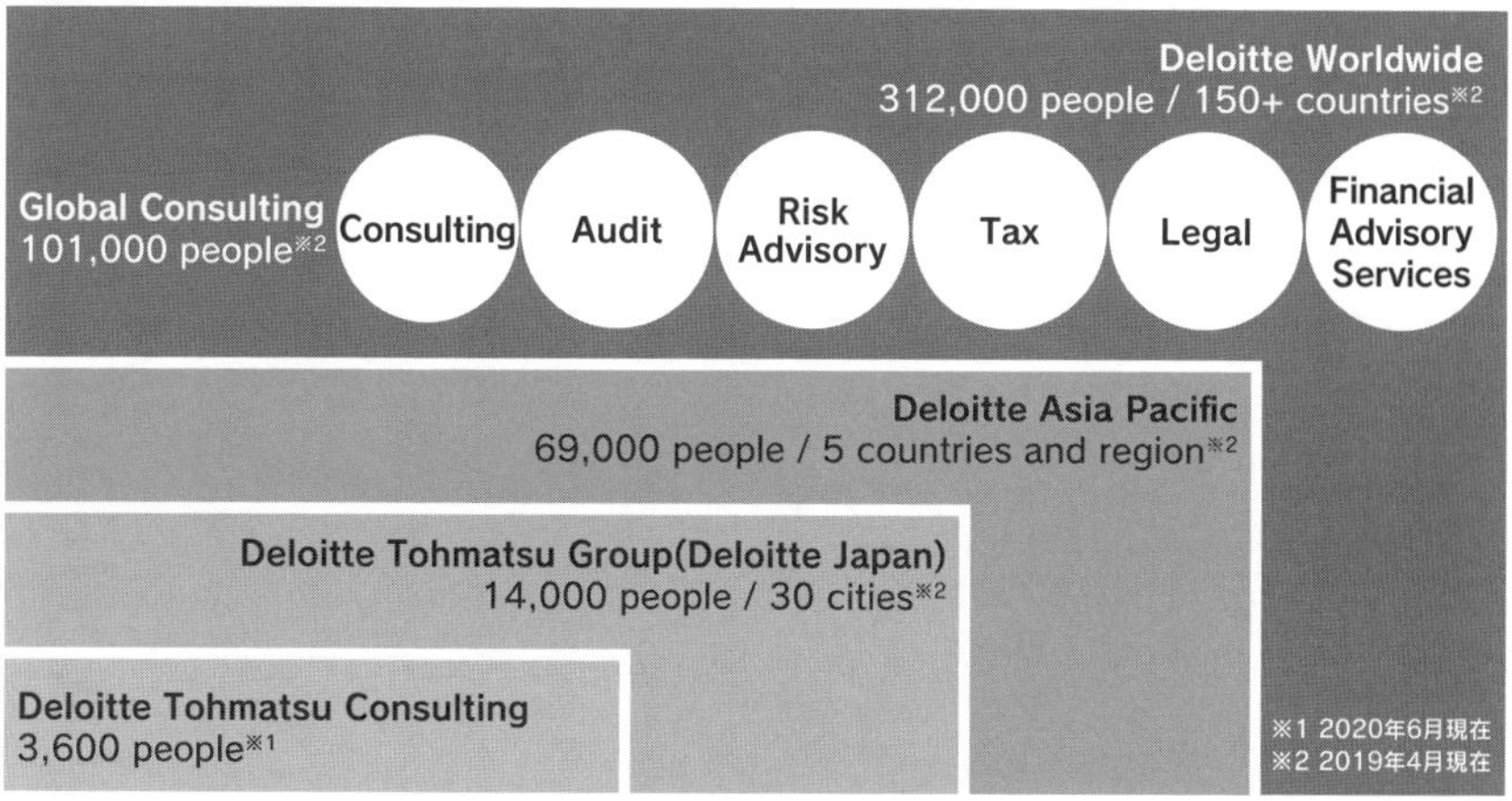

社会課題に関する注力テーマ分野、活動目標、主な取り組み

3つの注力テーマ分野を中心に、政策提言から、新市場創造やNPO・NGOなどの活動支援まで、多面的な活動を展開しています

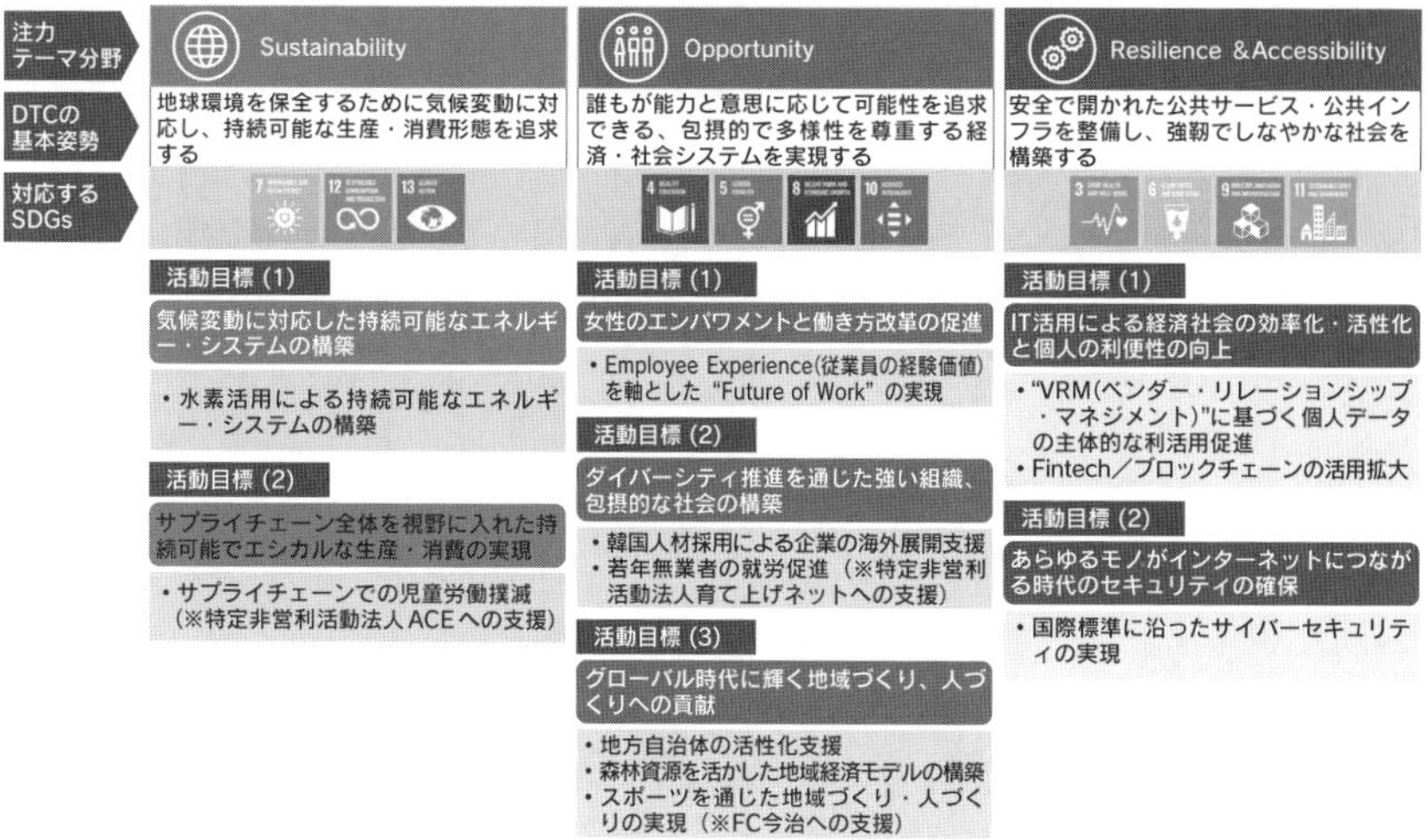

Profile 13

電通コンサルティング

電通グループとのシナジーで、革新的な成長戦略を実現する

「突破力×コンサルティング力」で革新的なソリューションを提供

電通コンサルティングは、２００６年に設立された、電通グループ１００％出資の戦略ファームだ。広告最大手の電通グループが従来得意とするマーケティング・コンサルティングとは一線を画し、経営課題全般をカバーする戦略ファームとしてあらゆる業界の企業に質の高いサービスを提供している。

同社は電通グループ各社と連携しながら、クライアントの経営課題を解決し、ビジネスを進化させる戦略の策定からはじまり、戦略から戦術への落とし込み、売上や企業価値の向上といった具体的な「結果を出す」ところまで、必要なすべてのステップを一貫してサポートする。電通のＤＮＡであるクリエイティビティや発想の豊かさから来る「突破力」と、経営戦略全般の専門的スキルセットを備えた「コンサルティング力」の掛け算こそ、電通コンサルティングの他のファームとの決定的な違い、ユニークな強みである。

例えば、クライアントの新規事業開発を支援する場合、同社は電通のマーケティングプランナーやクリエイターを最初からプロジェクトに巻き込み、クリエイティビティを活かした革新的な経営・事業アイデアを創出。同時に実現性や収益性の高い戦略・戦術を論理的に導き出す。

企業の成長戦略を実現させる「総合的なビジネスデザイン力」

同社は、企業の成長戦略に関する戦略コンサルティングを主に提供。クライアントの既存アセット（資産や強み）を活用した「既存事業の革新」から、

M&Aやアライアンスも視野に入れた「新規事業の創造」まで、あらゆる成長課題の解決をサポートしている。最近のトレンドとしては、クライアントの既存アセットを活用した新規事業や新商品の開発、新たな市場開拓を支援することが多い。

一例を挙げると「医薬品会社の新事業策定プロジェクト」がある。クライアントは市販薬製品の新規ジャンルとしてスポーツに注目。新製品群が将来的な収益の柱となり得る事業の開発をめざしていた。

クライアントは当初、調査会社のデータをもとに、事業コンセプトは人口比率が増える高齢者層へフォーカスすべきと考えていた。しかし、電通コンサルティングは、同調査の妥当性を検証し、幅広い生活者層がスポーツに親しむ時代が来るというインサイトをもとに、これまでにないジャンルの製品やサービスコンセプトを提案した。

生活者インサイトは、電通のマーケティングプランナーやクリエイターから得て、ロジカルなフレームワークに沿って整理。電通の人材やリソースを活用しながら、同業・異業種の動向も踏まえた事業規模を推定した。さらに、製品デザインなどのマーケティングから販売チャネルの選定に至る事業計画全体の設計という高精度のアウトプットを提供した。

このような、事業領域評価や戦略策定におけるブランド視点と事業視点の融合、電通の知見を活用した事業アイデアや事業戦略などの策定、そして実現に向けたプロセスをデザインする「総合的なビジネスデザイン力」が、電通コンサルティングならではのプロジェクトの成功要因と言える。

プロジェクトの総指揮者として、シナジーを最大化する

同社はプロジェクト遂行時に電通グループと協働することで、他のファームが真似できないユニークな戦略コンサルティングを提供しているが、その連携はクライアントへの営業段階からはじまっている。電通コンサルティングのクライアントの90%は、電通のクライアントでもある多様な業界の大企業。加えて、テレビ局などのメディア企業やスポーツ関連企業、芸能事務所やゲーム会社、テーマパークの運営会社といったエンターテイメント業界のクライア

ントが多いことも特徴だ。電通は大企業を中心に、あらゆる業界の企業と深い接点をもち、個々の業界動向はもちろん、クライアントのビジネスに精通する営業担当者やマーケティングプランナーが多数在籍する。電通やそのグループ企業との連携で、コンサルタントはクライアントや業界動向を深く理解したうえでプロジェクトを円滑に進めることができる。

では、どのようにコンサルタントたちは働いているのか。プロジェクト期間は基本的に3カ月程度。クライアント先への常駐はない。マネジャー以上は同時に複数のプロジェクトを、個々のコンサルタントは基本的に1つのプロジェクトを遂行している。1つのプロジェクトには、3～4名が参画することが多い。プロジェクトの初期段階から電通のクリエイターやマーケティングプランナーと協働する場合は、クライアントとの打ち合わせ時に、長テーブルに同社と電通のメンバーがズラリと並ぶことも少なくない。その際は、同社のコンサルタントには、戦略コンサルティングだけではなく、他の電通メンバー全体をディレクションしていくことが求められる。すなわち、電通との協働によるシナジーを最大化する総指揮者としての役割を担うのである。

アントレプレナー的な価値観、思考が活きる

同社には、机上で絵を描くだけのコンサルタントはいない。すべてのコンサルタントが具体的な結果である「ビジネスのリアリティ」を最重視する。この全社的な価値観が、クライアントから高く評価される同社のコンサルティングの根底にある。従って、戦略思考に長け、論理的に解決策を見出すことができたとしても、それだけで満足していては、同社のコンサルタントは勤まらない。クライアントのリアルな課題解決を志向し、実際に物事が動いていくようにプロジェクトを遂行できるアントレプレナー的な価値観、思考が求められる。

事業会社では一生に1度経験できるかどうかという、リアルな課題解決・ビジネス創出の現場に何度も立ち会えること。それが、同社のコンサルティングの醍醐味である。高い意欲を活かし、ビジネスのフィールドで結果を残すには最高のファームだ。

電通コンサルティングのサービスの特徴

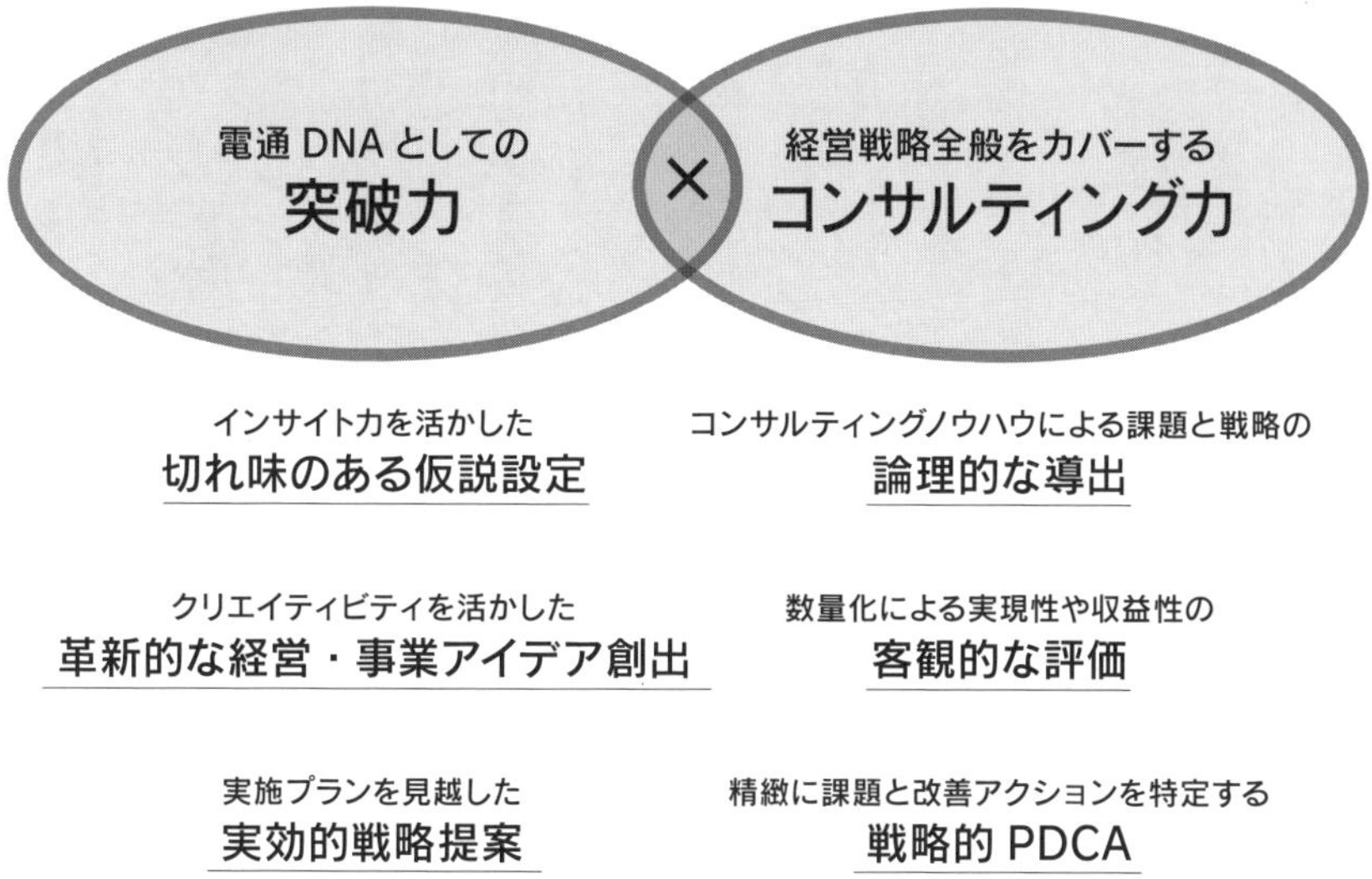
電通DNAとしての
突破力
×
経営戦略全般をカバーする
コンサルティング力
インサイト力を活かした
切れ味のある仮説設定
コンサルティングノウハウによる課題と戦略の
論理的な導出
クリエイティビティを活かした
革新的な経営・事業アイデア創出
数量化による実現性や収益性の
客観的な評価
実施プランを見越した
実効的戦略提案
精緻に課題と改善アクションを特定する
戦略的PDCA

「電通（グループ）との連動」によるシナジー創出

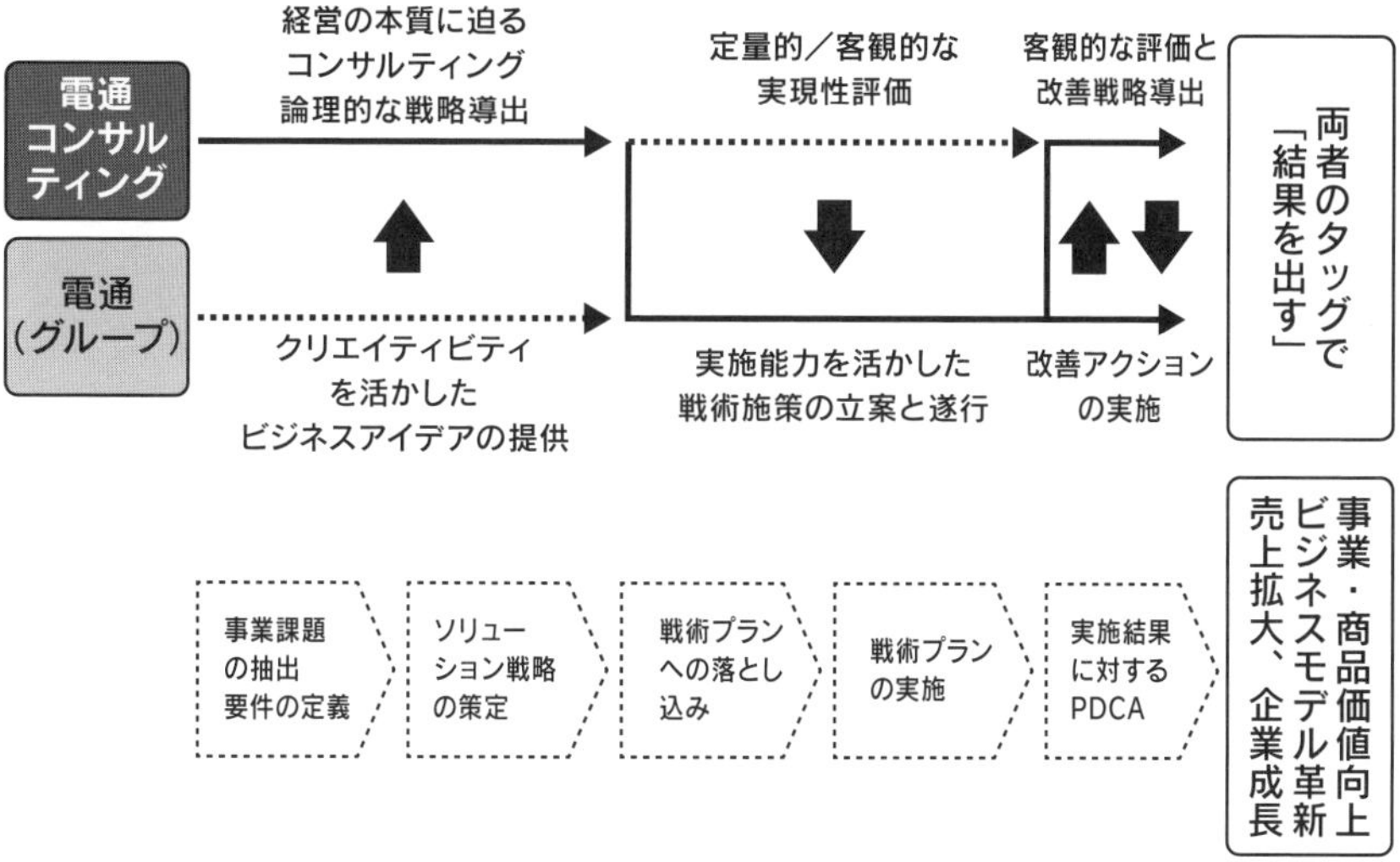
電通コンサルティング
電通（グループ）
経営の本質に迫る
コンサルティング
論理的な戦略導出
クリエイティビティ
を活かした
ビジネスアイデアの提供
定量的／客観的な
実現性評価
実施能力を活かした
戦術施策の立案と遂行
客観的な評価と
改善戦略導出
改善アクション
の実施
両者のタッグで「結果を出す」
事業課題
の抽出
要件の定義
ソリュー
ション戦略
の策定
戦術プラン
への落とし
込み
戦術プラン
の実施
実施結果
に対する
PDCA
事業・商品価値向上
ビジネスモデル革新
売上拡大、企業成長

Profile 14

ドリームインキュベータ

ビジネスプロデュースで、日本経済を元気にするリーディングカンパニー

「戦略コンサルティング」×「インキュベーション」で、社会変革を実現

次代を担う大きな事業創造で、日本経済を元気にする――。ドリームインキュベータ（以下、DI）は、戦略コンサルティングとインキュベーション[※1]を通じて、社会を変えるビジネスプロデュースに取り組む、コンサルティング業界のリーディングカンパニーだ。今や、「ビジネスプロデュース」は、DIの代名詞。あらゆる業界をリードする企業から事業創造や既存事業を大きく成長させる成長戦略の相談を受けている。

DIでは、創業以来、主に大企業向けに戦略コンサルティングサービスを提供している。プロジェクトのテーマは、短期的な業務改善ではなく、5年後、10年後の「柱」を創るような事業創造や成長戦略の案件が中心。業界自体を変える意志・問題意識をもつ業界トップ企業との案件が約8割を占める。また、大きな事業創造に携わるがゆえにグローバル市場での戦略検討と実行というケースも年々増加している。

数ある戦略ファームの中で、①「業界横断型アプローチ」と②「インキュベーション事業との連携・シナジー」の2点が同社の突出した特徴であり、強みとなっている。コンサルティング業界では、伝統的に、業界の知見を効率的に蓄積できるよう、コンサルタントの専門領域をある程度固定する。しかし、今やGoogleが自動車開発、Amazonが映画製作に乗り出す時代。業界という「たこ壺」にとどまっていては、社会を一変させるような大きな進化は実現できない。

こうした考えのもと、DIは社員の担当業界を限

定せず、幅広い業界でのコンサルティングを実践させている。またインキュベーション事業を通じて、多数のビジネスプロデューサー※2が投資先の現場で「経営力」を培っており、より効果的で実現性の高い提言ができる。さらに、投資事業を通じて形成されるグローバルかつ先鋭的な起業家・キャピタリストとのネットワークにより、次代のビジネスへのインサイトが得られるとともに、有力なプレイヤー・人材をクライアントとつなげられることも大きな強みとなっている。

数千億円規模のビジネスを創り出す、「ビジネスプロデュース」

DIが取り組むビジネスプロデュースは、これまでの戦略コンサルティングの発展形。創業以来、新規事業創出に注力する中で辿り着いたサービスだ。各産業が成熟していく昨今、自社製品やサービス、要素技術ばかりに目を向けていては、「第二の本業となる」規模のビジネスを創るのはむずかしい。そのような状況で試行錯誤を繰り返しながら、複数の主体（複数の国や大企業、ベンチャー、大学など）を巻き込み、つなぐことで大きなビジネスを創り出していくビジネスプロデュースという活動が生まれた。

大きな規模の事業を創るには技術、戦略、政策のすべてを深く理解し、融合させながら付加価値を生み出すことが必要になる。これらすべてを兼ね備えた組織はDIの他にはない。企業の枠を超えた大きな構想を描き、実現への道筋を示す。そして、国や企業などの関係者に対して仲間づくりとルールづくりを主導しながら実際に動かしていく――。戦略コンサルティングファームとして国や企業に意思決定を促す戦略立案力が必要なのはもちろん、ベンチャー支援や事業経営を通じてビジネスを動かす経験を積んできたDIだからこそできるサービスだ。ビジネスプロデュースを通して、数千億～兆円規模を狙えるビジネスを創り出している。

考え抜かれた経験学習で人材を育て、多様なキャリアの可能性を提供する

DIの働き方として、常駐型の支援はあまりない。プロジェクト期間は3カ月程度が基本だが、大きな事業創造を構想から実行まで支援するような場合は、

1年超の継続案件となるケースも多い。1つのプロジェクトには、マネジャー1名とビジネスプロデューサー3～4名が遂行メンバーとして参画。DIは戦略コンサルティングを「経験の仕事」と捉えている。現在に至るまでに、いかに濃密かつ多様な経験を積んできたかでコンサルタントが提供できる付加価値が決まる。従って、若手のビジネスプロデューサーには、業界もテーマもまったく異なるプロジェクトを担当させて、幅広い経験を短期間で蓄積して成長を加速できるよう工夫している。加えて、会社・社員が保有するナレッジ、スキル、ネットワークは、誰でも容易に相互アクセスできるようにしたうえで、「1人で解決しないこと」（プロデューサーであること）を奨励している。

ちなみに、DIに入社すると、数年間は戦略コンサルティング業務に従事することになる。そこでビジネスプロデューサーとしてのベースを築いた後、適性や希望に応じて多様なキャリアの可能性を拓いていくことになる。シニアコンサルタントになる人、ベンチャー支援に回る人、経営人材として出資先企業の経営に携わる人、海外拠点で活躍する人など、適材適所かつ本人の希望に応えることがDIの特徴であり、魅力だ。

「明日の日本を創ること」を本気で考えられること

DIで求められる資質は大きく3つ。「現象を俯瞰・洞察して構想や仮説を構築する力」、「社内外の多種多様なプレイヤーと連携・協働するためのネットワーク力や共感力」、そして「それらをまとめ上げ前進させるリーダーシップ、マネジメント力」だ。もちろん、すべての資質を完璧に兼ね備える必要はないが、同社で活躍するには一定の資質が必要となるのも事実だ。

グローバル規模の事業創造を通じて日本経済を元気にしたい。そんな熱い想いをもつ尊敬できる仲間とともに、次代を担う大きな事業創造を成し遂げられる舞台がある。大きな志を胸に、ぜひ門を叩いてみてほしい。

ドリームインキュベータのビジネスプロデュース

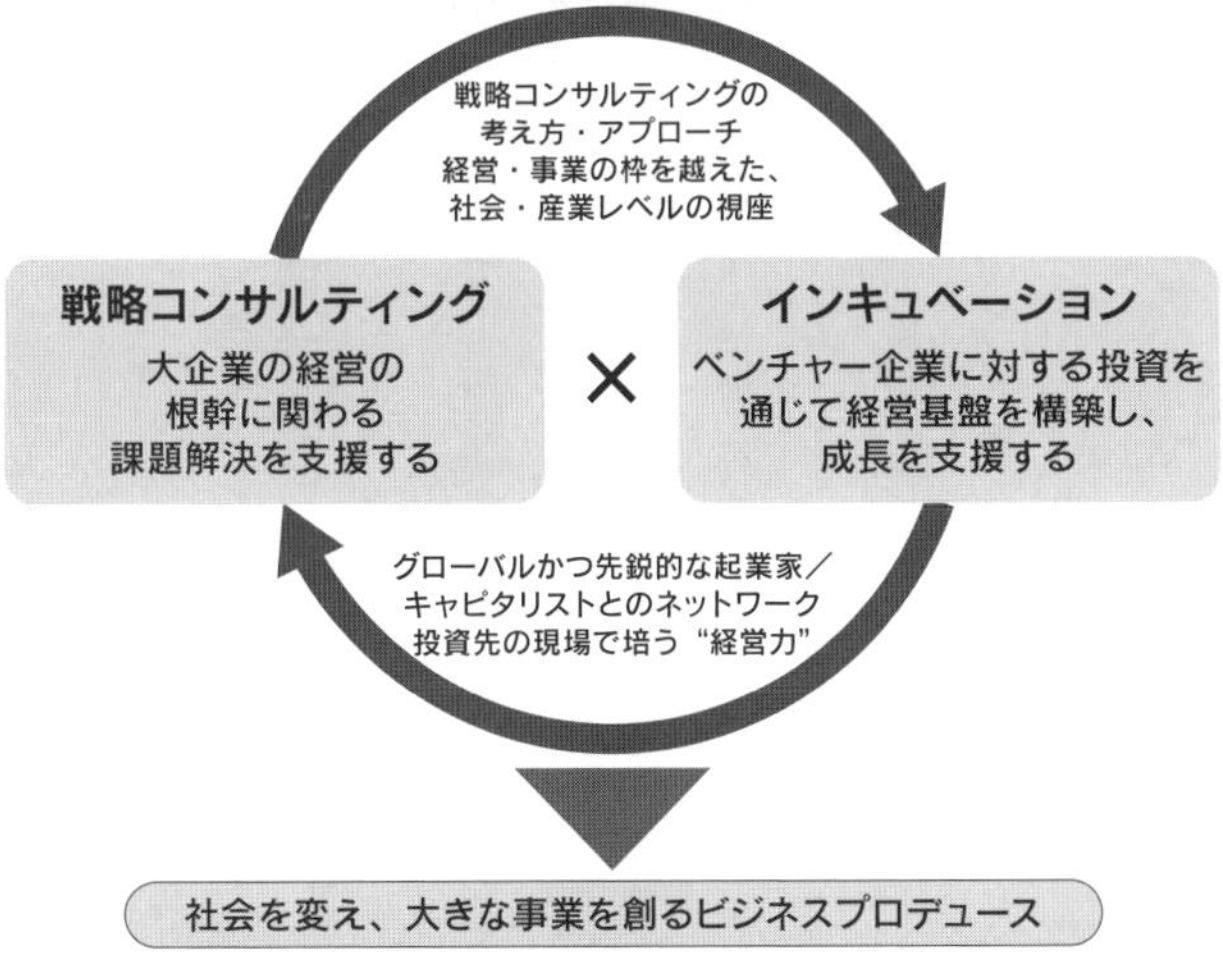
戦略コンサルティングの
考え方・アプローチ
経営・事業の枠を越えた、
社会・産業レベルの視座
戦略コンサルティング
大企業の経営の
根幹に関わる
課題解決を支援する
×
インキュベーション
ベンチャー企業に対する投資を
通じて経営基盤を構築し、
成長を支援する
グローバルかつ先鋭的な起業家／
キャピタリストとのネットワーク
投資先の現場で培う“経営力”
社会を変え、大きな事業を創るビジネスプロデュース

ドリームインキュベータのクライアントの規模と業種

規　模

経常利益	業界*1 順位（企業数*2）			
	1位	2位	3位	4位以下
5,000億円以上	5			
1,000～5,000億円	6	1		
500～1,000億円	2			
100～500億円	1	2	1	4
100億円未満				5
合計	14	3	1	9
売上高構成比（%）	70.4	13.0	1.2	15.4

業　種

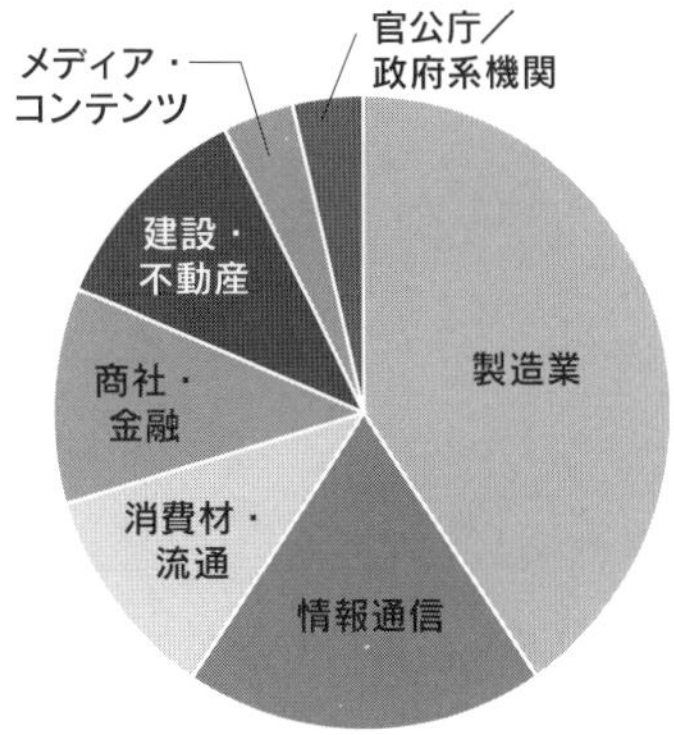
官公庁／
政府系機関
メディア・
コンテンツ
建設・
不動産
製造業
商社・
金融
消費材・
流通
情報通信

*1 ㈱ユーザベース「SPEEDA」の業界小分類に基づき、顧客業界を分類
*2 FA事業、教育事業を含む（ただし、非営利団体、ベンチャー、金額の小さいPJnなどを除く）

※1 DIでは、国内のみならず、海外の有力ベンチャーキャピタルと連携し、新たなイノベーションを創造する国内外のベンチャー企業に対して投資・育成を行っている。資金提供から、成長戦略策定、仲間づくり、大企業と連携したビジネスエコシステムの構築など、支援内容は多岐にわたる。また、成長企業にはマジョリティ投資を行い、グループ企業として事業経営も行う。
※2 ビジネスプロデューサー：DIでは、戦略コンサルタントを「ビジネスプロデューサー（BP）」と呼称する。

Profile

15

日本アイ・ビー・エム

デジタル時代のイノベーションを牽引する、唯一無二のコンサルティングファーム

圧倒的な研究開発力を基盤に、革新的なソリューションを提供する

日本アイ・ビー・エム（日本ＩＢＭ）は世界１７５カ国以上に事業を展開するＩＢＭの日本法人。ＩＢＭは１９１１年の創業以降、汎用コンピュータ、世界に大きな衝撃を与えたＡＩプラットフォーム「IBM Watson」、世界初の商用汎用量子コンピュータ「IBM Q System One」といったイノベーションを次々に起こし、世界有数のリーディング・カンパニーとしてＩＴ業界を牽引している。

経営戦略とデジタルが切り離せない現代において、日本ＩＢＭのコンサルティングへのニーズは急速に拡大している。同社のコンサルティングが他と一味違うのは、「研究開発×テクノロジー×コンサルティング」の三位一体で革新的なソリューションを提供できることだ。最先端の新技術を開発し、その技術を用いて新たなビジネスモデルやオペレーションモデルを構想し、それを実現するシステムを構築することで、クライアントの課題解決を強力に支援している。同社は新技術の研究開発を非常に重視しており、米国での特許取得件数は、１９９３年以来首位を継続。グローバルで開発・保有する最先端技術を武器に、クライアントの新しいニーズに常に対応し、さまざまな経営課題を解決へと導いている。

テクノロジーで実現する高度化された社会「デジタル・ソサエティー」

２０１０年以降、急速に進化するデジタルテクノロジーは、従来の業種や業態の枠を次々と「破壊」してきた。この破壊的テクノロジーを戦略的に活用して自社のビジネスモデルを変革することが、近年

の企業経営における最重要課題であり続けている[※1]。

そのような環境下において、2020年、新型コロナウイルス感染症をきっかけに、人びとの生活・企業活動・産業構造までもが、世界規模で大きく常識を塗り替えることとなり、全産業・全企業のデジタルトランスフォーメーションが急加速している。企業経営に地球規模でのサステナビリティも強く考慮することが求められ、SDGsやESGも踏まえ、IBMは企業の枠を超えた、テクノロジーで実現する高度化された社会「デジタル・ソサエティー」の構築への貢献をめざしている。

このような時代の中、IBM戦略コンサルティングは、最先端のテクノロジーと創造性をもって、企業の長期ビジョンを実現する「CEOアジェンダ」「DXアジェンダ」「ITアジェンダ」を設定する。すなわち、デジタル企業としてのビジネス戦略、組織変革力、デジタルテクノロジー基盤といった広範な青写真を描き、先進デジタル企業に向けたロードマップを策定する。そして、コンサルタントをはじめ、エンジニアやデータサイエンティスト、UI[※2]・UX[※3]のデザイナーといった戦略策定、テクノロジー、創造性の各分野におけるプロフェッショナルが一体となり、企業の長期ビジョンの実現に取り組む。個々の事業や企業が、問題解決のために業界・社会といったあらゆる既存の枠を超えて価値を創出することを通し、「デジタル・ソサエティー」を実現するのだ。

企業、そして業界全体のデジタル変革を実現する仕組み

世界が驚くようなイノベーションを実現してきたIBM。今日では、大企業からスタートアップまで、あらゆる企業のイノベーションを強力に支援している。

企業経営とITに大きな構造転換が求められる中、デジタル変革に向けてお客さまとともに取り組むための「デジタル変革パートナーシップ包括サービス」を発表し、さまざまな企業のデジタル変革の推進を支援している。また、スタートアップの事業開発をサポートする「IBM BlueHub」では、複数のスタートアップと有力企業各社が参加する、コンソーシアム形式でのオープン・イノベーションを推進し

たり、IBMが保有する先端テクノロジーや事業開発ノウハウの支援など多様なサポートを提供。これまで、スタートアップと大手企業の事業提携やVCからの資金調達を実現している。

IBMのコンサルタントは、これらのイノベーション創出支援の中で最先端の業界・技術動向を肌で感じることができる。そして、そこで得た知見やネットワークを活かし、通常のプロジェクト業務において高いパフォーマンスを発揮するという好循環が生まれている。

最高の成長機会と多様なキャリアパスが用意されている

IBMでは、自身の専門領域を超えて、他のプロフェッショナルたちと協働してプロジェクトを推進することが求められ、多様な職種、さらには国籍も異なるメンバーを巻き込み、同じゴールをめざしていく強いリーダーシップの発揮が期待される。

IBMのもつ事業会社の側面は、成長機会やキャリアにおいても、そのユニークさが表れている。半期に1度、開催される「IBM Way Day」では、終日の「学びの場」として、海外を含む社内外の第一人者による100を超えるさまざまな講演が用意され、自分の関心や必要に応じて選択して受講・討議ができる。新型コロナウイルス禍を機に完全遠隔受講へ進化している。

コンサルタントからまったく別のキャリアパスを選ぶことも可能だ。企業経営や事業推進に挑戦したいと考えるコンサルタントは少なくないが、同社ではコンサルタント出身でIBMの事業リーダーに就任したり、経営企画や人事、マーケティングなどの部門へ異動し、IBMの経営に携わるといったキャリアを歩むこともできる。コンサルタントとしてのキャリアに閉じず、自身の可能性を最大限に広げていきたい方にとっても最高のファームであろう。

こういったキャリア形成を重視するIBMの価値観が、ダイバーシティー&インクルージョンの推進も後押ししている。「女性が活躍する会社BEST100[※4]」では総合ランキング上位に名を連ね、2020年には再び1位を獲得。ライフステージの変化に応じた働き方[※5]やキャリアの選択ができるのだ。

IBMがめざすテクノロジー変革で実現する高度化された社会

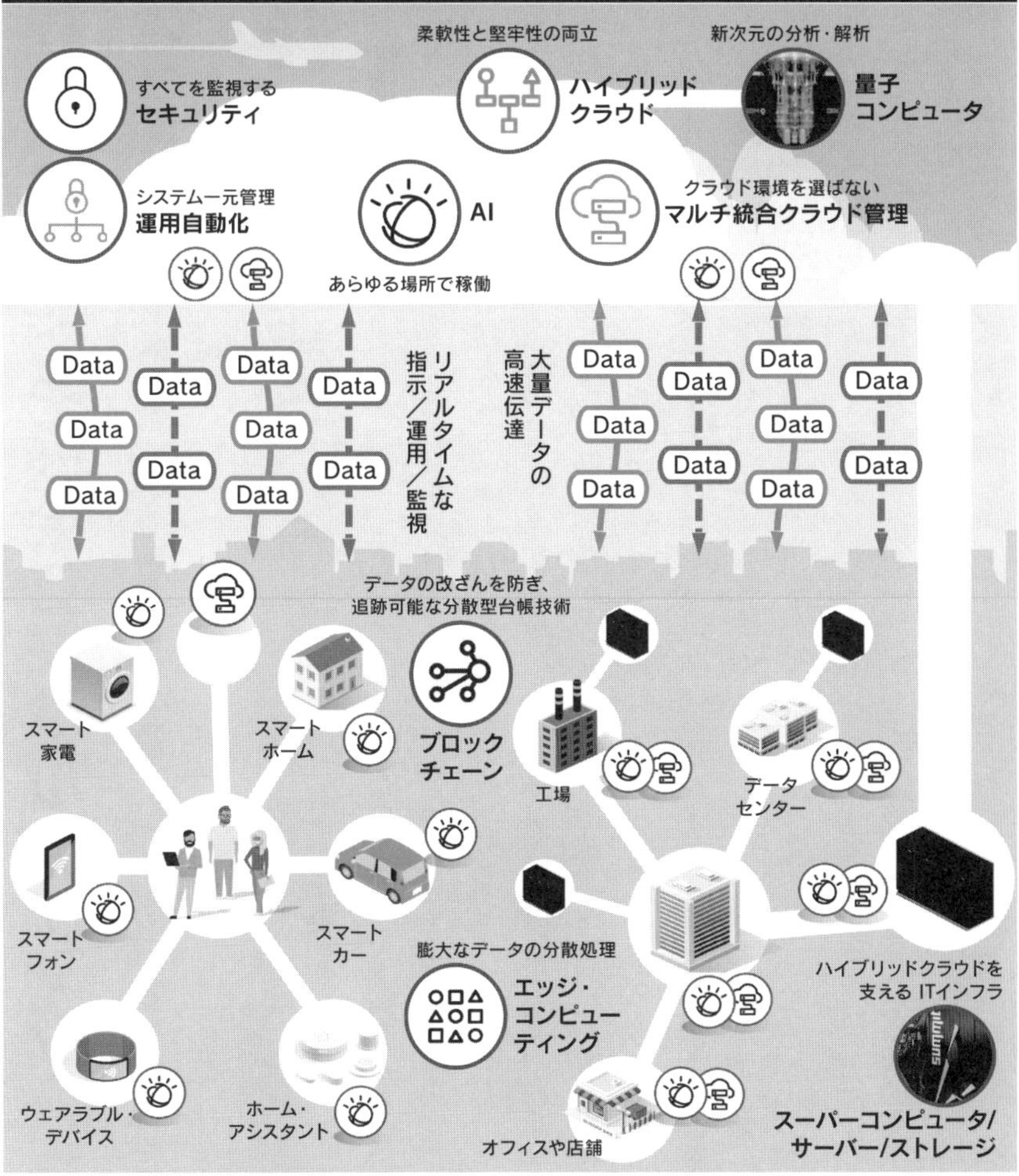

※1 IBMでは、「グローバル経営層スタディ」として、これまで全世界の経営層のべ4万人以上にインタビューを実施し洞察をまとめている。その中で、世界のＣＥＯは今後影響を与える外部要因として、顧客や市場の変化、そして、テクノロジーに注目していることがわかっている。

※2 UI：User Interfaceの略で、ユーザーと製品・サービスとの接点を指す。UIデザイナーは、ユーザーと製品・サービスとの接触がスムーズにいくような、「使いやすい」デザインを実現する。

※3 UX：User Experienceの略で、ユーザーが製品やサービスを使った際に得られる体験を指す。UXデザイナーは、このユーザー体験に焦点をあて、「使って楽しい、心地いい」と思われるデザインをつくる。

※4『日経WOMAN』（日経BP）、「日経ウーマノミクス・プロジェクト」（日本経済新聞社グループ）調べ

※5 ライフステージに応じた生活と仕事の両立を支援する制度として、1999年から在宅勤務制度を導入し社員のフレキシブルな働き方として定着。新型コロナウイルス禍でのテレワーク中心のワークスタイルにもスムーズに移行している。また、結婚や出産、あるいは介護など、ライフステージの変化によって、仕事と生活の配分を変更できる短時間勤務制度も充実。

Profile 16

日本能率協会コンサルティング

ものづくりから、世界と社会へ。長期的視野で日本初の100年ファームをめざす

顧客に寄り添い成果を出し切る総合コンサルティングファーム

日本能率協会コンサルティング（以下、ＪＭＡＣ）の設立は、１９４２年。欧米の先進技術を日本企業に取り入れるため、国の政策として誕生した社団法人日本能率協会が前身だ。当時、日本の産業界は欧米と比較して、科学的理論に基づく経営管理が大きく立ち遅れており、経験や勘に頼りがちだった。そのような時代において、同社はＩＥ（インダストリアル・エンジニアリング）と呼ばれる欧米の科学的経営管理の技術を日本企業に初めて導入し、日本の産業界の大企業から中堅企業まで経営革新に大きく貢献してきた。戦前から現在まで、80年近くにわたり数多くの企業の経営支援を通して築き上げてきた実績こそ、ＪＭＡＣの圧倒的な強みである。

かといってドメスティックな企業ではない、ＪＭＡＣはグローバルにコンサルティングを展開する。長い歴史の中で同社が蓄積してきたのは、文化や習慣の違いを超えて通用する経営管理技術、「ユニバーサルなノウハウ」だ。現在、同社のクライアントは国内外に広がり、約４００名のコンサルタントが活躍する。同社が取り組む経営課題は多岐にわたり、戦略策定から研究開発、生産・ＳＣＭ、組織人事、マーケティング、働き方改革など、クロスファンクショナルなコンサルティングサービスを提供している。

企業の戦略策定から実行までトータル・サポートクライアントとの長期的信頼関係で、成果を「出し切る」

ＪＭＡＣの最大の強みは、豊富なノウハウとリソースをもとに企業経営をトータル・サポートでき

る点にある。新事業・新商品戦略といった研究開発からはじまり、生産・製造現場支援、生産戦略、ＴＰＭ® 物流・サプライチェーン戦略、営業・マーケティングのコンサルティングまで企業のバリューチェーンの個別領域にとどまらず、一気通貫で支援している。とりわけ、歴史的な成り立ちもあり、製造業における研究開発や生産活動に対するコンサルティングに圧倒的な実績をもつ。

組織は、専門技術ごとの事業本部、センターという単位となっており、研究、開発、生産、ＳＣＭ、設備、戦略、マーケティング、営業、人材、組織などで編成され、年間１０００を超えるクライアントの課題解決プロジェクトにあたっている。また、ビジネスイノベーションやデジタルイノベーションなどの横断的な組織もあり、総合力を発揮できる体制を整えている。

どんな分野のプロジェクトであっても、ＪＭＡＣは戦略策定の際に「現場」を重視しており、実行力の高い計画を立案する。そして、クライアントとともに成果を「出し切る」まで支援するというコンサルティングスタイルを貫く。成果を出し切るまでクライアントと一緒に汗を流す中で、実際に自分たちの仕事がどのような成果をクライアントや世の中にもたらしたのかを体感できる。それが同社の仕事の醍醐味だ。

成果を「出し切る」まで支援するため、同社のプロジェクトは短くても3年程度継続するような長期の案件が多い。長いものでは10年、15年以上の付き合いがあるクライアントも少なくない。あらゆる業界を支援したノウハウを活かし、専門家集団として現場に深く入り込むことで、クライアントとの強固な信頼関係を築き、新たな関係を構築している。

社会の変化に対応し、新たな社会価値を創出する

ＪＭＡＣは、社団法人から独立した生い立ちから、社会価値を重視するスタンスをもち続けている。日本のものづくり技術を世界に広げ、さらに近年では、新たな社会価値創出に向けた取り組みを展開している。

例えば、アグリ。日本の農業を良くしたいという

想いをもつコンサルタント有志が自発的にアグリ研究会を発足し、製造業のノウハウを農業へ応用し、農家やJAなどとの試行錯誤の中から1つの事業分野を育ててきた。官公庁、農業法人など各方面から注目されており、デジタル技術を活用した新たな貢献をめざしている。

また、直近では新型コロナウイルス禍による社会の変化にいち早く対応。設立以来のリモートワークのノウハウを活かし、「第一線コンサルタントが実践しているテレワーク50のコツ」を執筆するなど、企業や官公庁のテレワークに役立つ情報を提供し、個別相談にも積極的に応じている。

大きな潮流であるデジタル化に対しても、JMACが得意とするものづくりでは「IoT7つ道具」「スマートファクトリー」などの事業推進を先行しながら、データ・AIを、イノベーションや人材・組織に活用する開発も進めている。

風通しが良く、人を大事に育てる社風が持続的成長の源泉

同社は長い歴史をもちながら、時代のニーズに合わせて自社のコンサルティングを進化させてきた。その持続的成長の背景には、「さん付け文化」に象徴される、フラットで自由闊達な社風がある。同社では、若手もベテランも関係なく、意見や考えを自由に発信し合える、気持ちの良いコミュニケーションができる風土がある。

また人材育成も手厚い。新卒の若手に対しては、入社後1年間トレーニングを実施し、現場で活躍するための基礎スキルを養う。具体的には、「アカデミー」と呼ばれる座学の研修に加え、半年単位で実際のプロジェクトに入り経験を積む。実践的な現場改善手法習得の機会や海外研修も実施している。

風通しが良く、人を大事に育てる風土が、同社の持続的な成長を支えている。クライアントの現場に深く入り、最終的な成果実現に向かってチームで動ける熱い人材を同社は求めている。

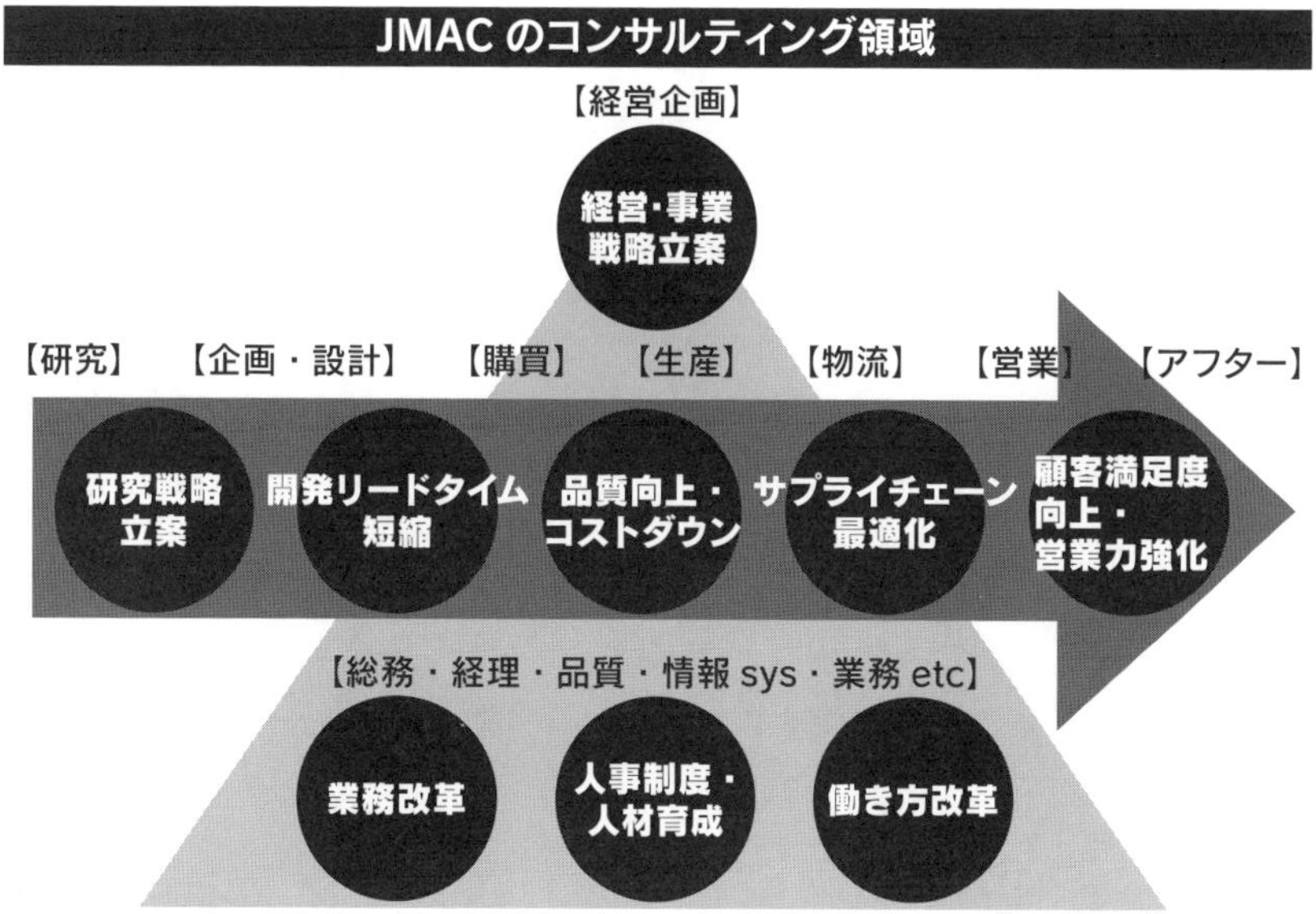

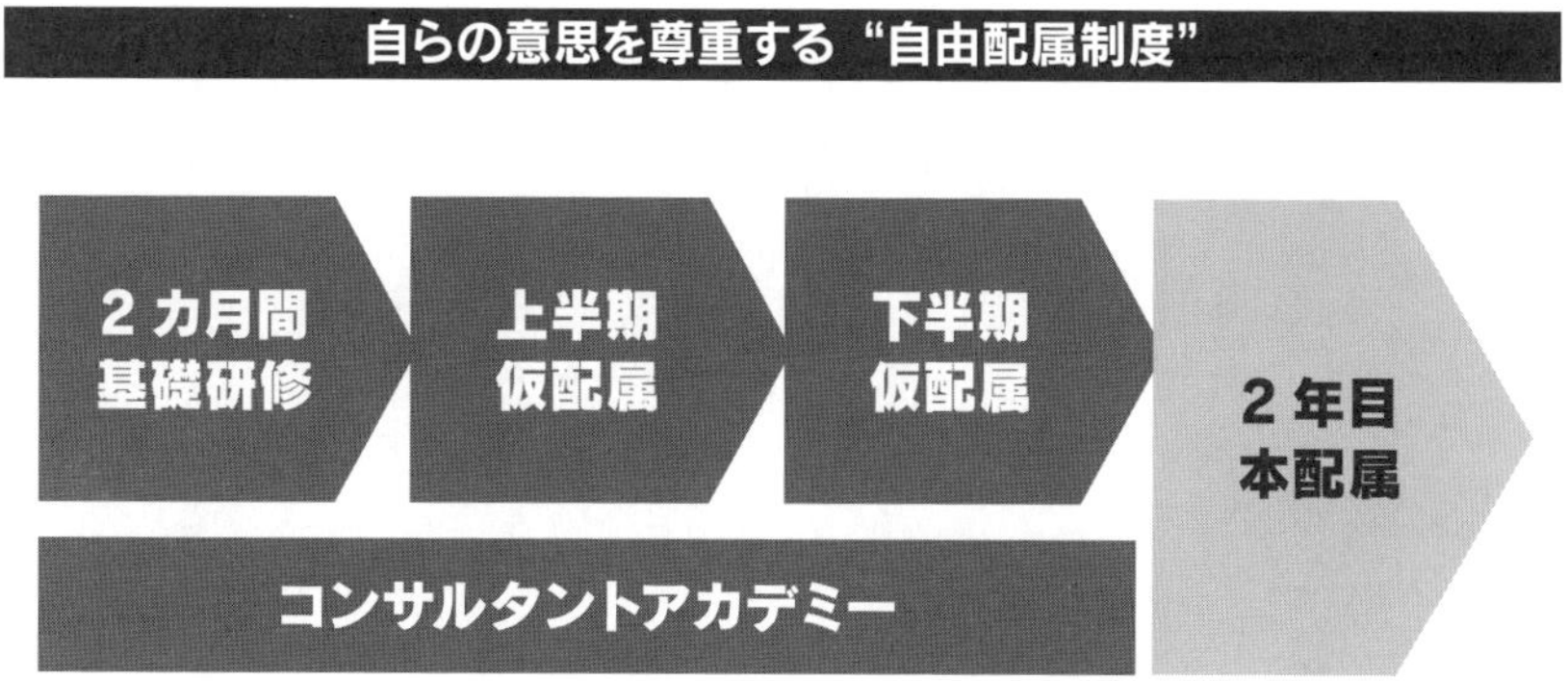

●1年目はJMACのコンサルタント育成プログラム「アカデミー」で活動
●2つの領域（部門）を仮配属で経験し、2年目に希望どおり本配属
●本配属後も自らの意思で異動できる自由な組織風土

Profile 17

野村総合研究所

高い変革実現力と構想力で未来社会を創造する日本発の経営戦略ファーム

シンクタンクとして発祥し、日本最高峰の経営戦略コンサルティングファームへ

野村総合研究所（以下、ＮＲＩ）は「未来社会創発企業」を謳う国内最高峰のコンサルティングファームだ。日本初のシンクタンクとしての創業から50年経った現在も成長を続けている。

同社のコンサルティング事業本部はクライアントの未来を見据えた経営戦略の立案から実行までを支援し、企業・産業・社会の発展に寄与してきた。その結果、コンサルティング事業本部は民間企業向けの売上が8割、シンクタンクとしての官公庁・自治体向けの売上が2割となっている。また、民間企業では東証一部上場企業の株式時価総額トップ50社中の約9割が同社のクライアントで、官公庁・自治体では売上の約8割が中央官庁となっており、社会を支える企業・機関の案件が大半を占めている。

顧客の変革に徹底的に向き合う「変革実現力」が強み

ＮＲＩのコンサルティング部門には、長い歴史の中で積み上げてきた独自の強みがある。それは、「変革実現力」だ。シンクタンク時代から培った社会予測・構想力を起点として、戦略から実行まで、民間企業から政府機関まで一気通貫で多面的に支援することで、1つの産業・業界レベルでの変革を先導することができる。

この「変革実現力」を支えているのは、ＮＲＩ流の「現地現物」を重視したテーラーメイド型のコンサルティングである。主に日本企業では、海外企業に比べてトップダウンが成り立ちにくく、変革の実効性を担保するためにはミドル層からも支持される

必要がある。そのためには、欧米流の確立された手法を用いるだけでなく、クライアントと徹底的に議論を交わし、ゼロから解を組み立てることが必要となる。その徹底的に顧客の変革に向き合う姿勢はクライアントから高く評価されている。

構想力・共創力を活かし、不確実な時代の「変革のリーダー」へ

ＮＲＩは創業以来、「未来創発」を企業理念として掲げている。これは、「未来はわからないものなので、お客さまと一緒に自分たちで創ってしまおう」という、未来社会に対する姿勢を表したものだ。時代の不確実性が高まり、社会課題が深刻化する中、クライアントの「向かうべき場所」を指し示すビジョナリー・リーダーとしての役割がＮＲＩに期待されることが増えている。その姿勢は結果にも現れており、例えば米国ペンシルベニア大学ウォートン校にあるローダー研究所の「Think Tanks and Civil Societies Program」が発表した「2019 Global Go To Think Tank Index Report」の「Best For-Profit Think Tanks」というカテゴリーランキングで、ＮＲＩはグローバル1位に選定されている（社会への影響、専門家の質、政策提言の質、経営のリーダーシップの質、社会貢献となるアイデアといったアウトプットの数、出版物の数などが主な評価軸）。

また、ＮＲＩはクライアントの成果のために「戦略プラス実行」を他社に先駆けて実践してきたが、クライアントの次世代の変革のため、さらなる強化をめざしている。その一例が、ＤＸの推進支援だ。これまで磨いてきた「戦略立案」と「実行支援」のノウハウに加え、ＮＲＩのＩＴソリューション部門と連携することで「デジタル」の知見も強化し、「戦略」×「現場」×「デジタル」の視点から真に意味のあるデジタル変革を推進する次世代型のコンサルティングにも取り組んでいる。そこから一歩進み、例えば日本航空やＫＤＤＩらとのジョイント・ベンチャーをつくるなど、経営人材を送り込みながらクライアントとともに事業経営する事例も増えている。

その他にも、ＮＲＩではグローバル案件が拡大しており、そのタイプは大きく3つあるという。1つ目は日本企業のグローバル戦略やクロスボーダーの

M&A戦略。日本企業に対する深い理解とNRIの海外ネットワークを活用し、課題解決に取り組んでいる。2つ目は、日本や海外の政府主導プロジェクトの支援。官民コンソーシアムの形成や現地政府との交渉、現地事業の伴走支援など、国を跨いだ支援を行う。最後は、海外企業の課題解決。日本・グローバルでもトップクラスの地位を確立したNRIだからこそ、依頼を受けるケースが増えてきている。

新卒から「自分の名前で勝負できる人財」を育成する土壌のある、稀有なコンサルティングファーム

NRIは人を〝財〟として扱い、「自分の名前で勝負できる」コンサルタントの育成に真剣に取り組んでいるという点で、他の多くのコンサルティングファームとは一線を画している。NRIでは、自分なりのビジョンや自発性をもつ人材を歓迎し、若手のうちから多くの機会付与を行う。例えば、同社ではマルチアサイン体制をとり、若手は複数のプロジェクトを並行して進めていくため、短期間で業界・テーマを問わない幅広い経験を積むことができる。

具体的なキャリアステップは図表の通りだ。新卒1年目からアナリスト業務だけではなく、「いちコンサルタント」として顧客の矢面に立たせるなど、責任感・使命感を早くも経験してもらう。また、1年目は半期ごとに2つの部署を経験し、適性や志望が考慮されたうえで2年目に正式配属となる。

その後も、若いうちから主体的に挑戦できる環境が用意されている。例えば、3～4年目から、プロジェクトリーダーや企画書作成・顧客開拓を任せてもらえるようになる。また、書籍執筆・講演・寄稿などの対外発表も積極的に推奨しており、早くから個性を磨きつつ、「自分の名前で勝負できる」コンサルタントに成長してもらうことを目標としている。

若いうちから、チャレンジングな仕事に挑戦したい。コンサルタントとして自らのビジョンを実現したい。日本発ファームのグローバル社員として自分の目で世界を見て回りたい。そんなプロの経営戦略コンサルタントとして世界での活躍をめざす人にとって、NRIは最高のステージとなるだろう。

NRI のコンサルティング領域

業界

自動車／エレクトロニクス／産業機械／化学・医薬品／電機・精密／情報通信・メディア／バイオ・医療／食品・日雑／流通・サービス／建設・不動産／エネルギー・環境／運輸・航空／金融・保険／中央省庁／地方自治体／公益法人

戦略コンサル	全社戦略・事業戦略
	新規事業立案
	グローバル戦略
	M&Aアライアンス戦略
	DX戦略
	マーケ・ブランド戦略
業務・実行支援コンサル	全社トランスフォーメーション
	伴走型実行支援
シンクタンク	政策立案・普及・評価
	官民連携

国内**600**名
グローバル**1,000**名以上の
専門性と知恵の融合

創業以来**25,000**件以上、
年間**1,800**本以上の
プロジェクト実績

案件売上比率

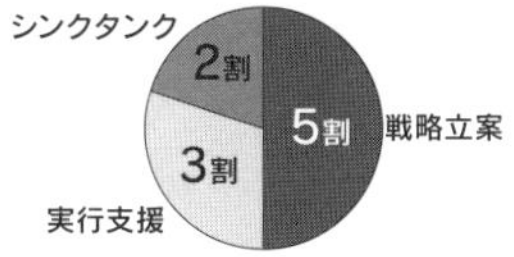

時価総額上位50社の顧客比率

NRI コンサルタントのキャリアパス

10年目〜 パートナー・プリンシパル
- 業界・日本を代表する一流のコンサルタント・ビジネスパーソン

5年目〜 問題解決のプロフェッショナル
- 自分なりの強みをもち、営業・案件開拓に主体的に関与
- 自身の名前で**対外発信**に積極的に取り組める

3年目〜 プロジェクトリーダー
- **プロジェクト全体に責任**を持ち、課題分析、仮説構築を主導

1年目〜 アナリストではなく“コンサルタント”
- **“顧客の矢面に立つ”**経験を積む
　＝調査・分析だけでなく、顧客との議論やプレゼンも担当

Profile 18

博報堂コンサルティング

「ブランド」をテコにトップラインを伸ばす生活者発想の戦略ファーム

ブランドをテコに事業を変革する

博報堂コンサルティング（以下、博報堂コンサル）は、2001年に博報堂から独立した、ブランディングとマーケティング領域に特化した戦略コンサルティングファームだ。同社のミッションは、「ブランドをテコにクライアントの持続的な事業成長を実現する」こと。広告会社が手がけるTVCMなどのプロモーションではなく、より上流のブランディングやマーケティングの全社・事業レベルの戦略立案と実行を支援している。博報堂が培ってきた生活者発想と、コンサルタントがもつ経営戦略のノウハウを融合させ、成長に向けた戦略から核となる事業活動まで、ブランディング、ビジネスモデル、マーケティングの仕組みを組み合わせて提供する独自性の高いコンサルティングスタイルが注目を集めている。

博報堂グループのフィロソフィーである「生活者発想」とは、「人は単なる『消費者』ではなく、多様化した社会の中で主体的に生きる『生活者』であり、彼らを深く洞察することが新しい価値を生み出す」という考え方である。博報堂コンサルはこの哲学のもと、顧客心理を動かし、既存の枠組みを超える新たな戦略をクライアントに提供する。

同社の特徴は、コストカット中心の「引き算型」の業務改善ではなく、トップラインを伸ばして企業成長を促す「足し算型」のプロジェクトに注力すること。経営戦略やマーケティング戦略を立案するだけにとどまらず、戦略を組織全体に浸透させ、具現化していくことで、クライアントの事業、マーケティング、イメージの変革を支援する。

博報堂グループを中心とした最適なチームでブランド価値を高める

博報堂コンサルの営業チャネルは、博報堂からの既存クライアントの紹介と独自チャネルの2つ。独自チャネルの場合も、各案件に最適な企業・チームを博報堂グループ内外から組成し、高度な実行支援が提供できる点は大きな特色である。

具体的な実績事例として、ある老舗ジュエリーメーカーのケースがある。この会社では商品の品質は高い評価を受けながらも市場の縮小とターゲット層の高齢化に伴い、業績不振に陥っていた。コストカットによる収益改善を進めたが行き詰まり、抜本的なブランド刷新の依頼が博報堂コンサルに来た。同社はトップラインを伸ばすため、メインターゲットの年齢層を引き下げ、それに伴うブランドの抜本的な改革を推進。商品自体の構成や販売方法、出店計画の変更はもちろん、ブランドイメージに関わるCIや店舗のデザインも刷新し、さらに新たなブランドイメージを体現した空間を仮設して、社員にそれを体感してもらうことで、組織内の意識改革をも行った。最後は新イメージの社会への定着のため、博報堂グループとさまざまな協業先を統括して多様なコミュニケーション施策を実施。その結果、クライアントの時価総額は業績不振に陥る前の数倍に達し、今では海外進出を果たすなど、強力なブランドへと成長している。

このように、博報堂コンサルでは上流の部分で理論的な裏付けのあるマーケティングの知見を活かす一方、実行支援の部分では博報堂グループ内外のパートナーとワンチームで実施することで、ブランドのポテンシャル向上に注力しつつ、ユニークかつ考え抜かれたソリューションを生み出していく。

DX、コーポレート・ブランディングの案件が増加中

最近のトレンドとしては、DXの相談案件が増えている。デジタルテクノロジーの進歩により、多くの業界・企業は既存のビジネスや仕組み自体を抜本的に見つめ直し、現代に適した新たな事業活動・価値提案をすることが求められている。博報堂コンサルはこうした課題に対し、生活者発想に基づいた

「生活者インサイトの抽出力」「イノベーションを産み出す設計力」で解決する。２つの力の融合によってユーザーの特色を明らかにし、企業の変革を支援している。

また、多くの海外拠点をもつグローバル企業のコーポレート・ブランディング案件も増えている。近年、国内企業はグローバル展開の足がかりとして海外企業のＭ＆Ａ（合併・買収）を実施することが多いが、企業間の文化や風土が大きく異なるため、グループ全体の目線合わせが必要とされる。博報堂コンサルでは、ブランドの構築からグローバル拠点全体へのブランド浸透までを強力に支援している。

高度な理性と感性をもつ「ハイブリッド人材」を求める

博報堂コンサルのコンサルタントは、戦略コンサルで必要とされる経営者的視点やロジカルな思考力をもつだけでは勤まらない。必要なのは、生活者的視点やクリエイティビティがわかる感性である。トップライン伸長をめざす経営戦略に定石はない。予測が困難な生活者の行動の背景にある感情や欲求、市場の潮流を嗅ぎとる感性が不可欠だ。戦略コンサルタントとしての理性と、プランナーやクリエイターのもつ感性を高次元に融合している「ハイブリッド人材」こそ、同社での活躍が期待される。

同社で働く最大の魅力は、ブランディングやマーケティングに特化してプロジェクト経験が積める点。自分たちの企業のあるべき姿を考え、事業を成長させていくための具体的なマーケティングの発想を身につけられる。実際、同社の出身者は、経営者・マネジャーとしてビジネスの第一線で活躍している。

また、戦略立案から戦略の実行フェーズまで、クライアントに寄り添いながら関与できる点も大きな魅力だ。クライアントとともに会社の未来を思い描き、それをともに実現させる瞬間を体感できることは、コンサルタント冥利に尽きる。コンサルティング分野として今後の成長が期待できるブランディングやマーケティング領域で自分のキャリアを築きたいという人にとって、最先端の戦略と実行の双方を学べる稀有で魅力的なファームだ。

博報堂コンサルティングの特徴

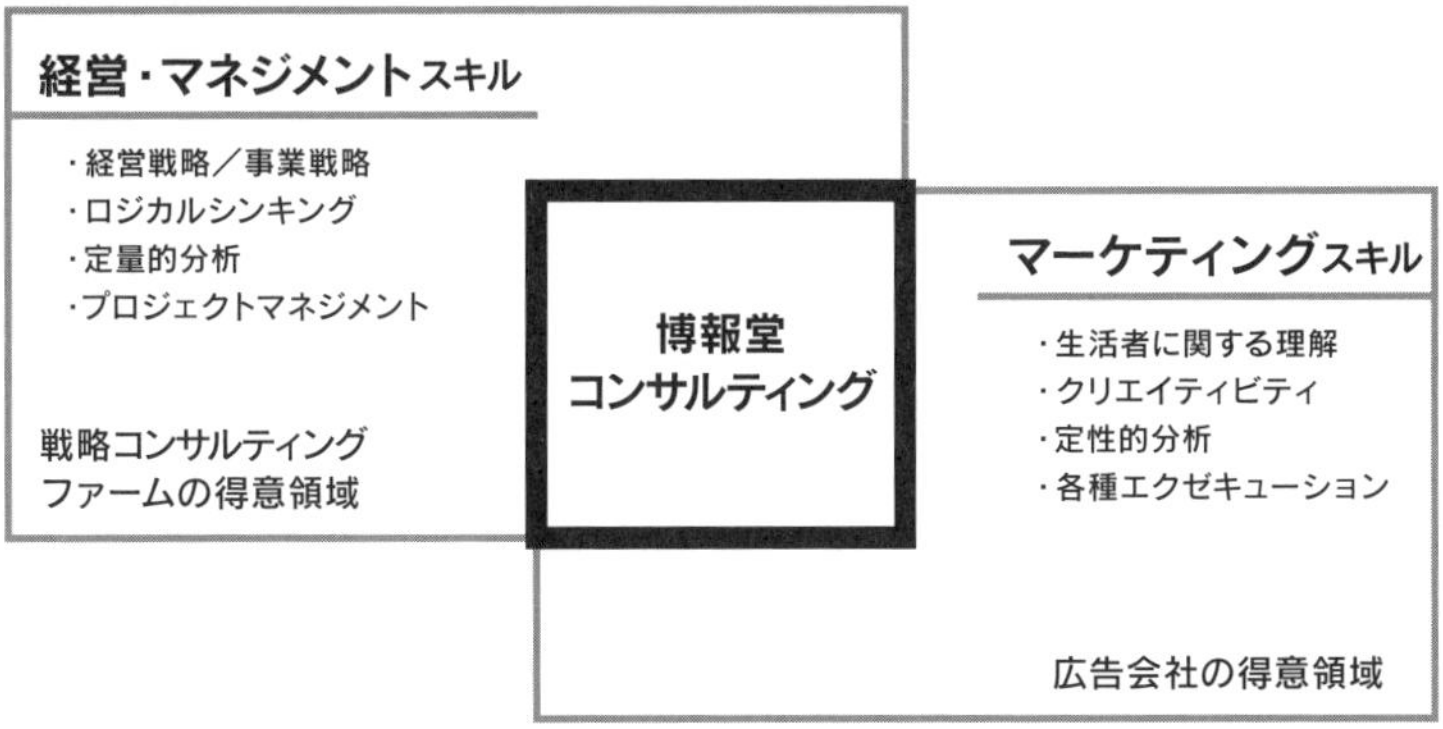

マネジメント に対する理解力と、
生活者インサイトに基づいた マーケティング ノウハウの双方を活用した
ハイブリッドな戦略構築

ハイブリッドな戦略構築

“論理に溺れない。感性に逃げない。”
企業や生活者の動きを冷静に捉える理性と、世に無いものを創り出す感性。
それらが博報堂コンサルティングの戦略構築を支えている。

経営者発想 × 生活者発想

組織（経営者）発想と顧客（生活者）発想を行き来することで、
より深い洞察にたどりつく

論理的思考 × 感性的思考

客観データ・事実に基づく論理的な検証に、
コンサルタント個人の感性や発想を掛け合わせて
強度の高い提案に練り込む

現実的思考 × 未来的思考

現実の課題を、未来・グローバルの視点から幅広いシナリオで捉え
事業や組織の変革を行う

Profile 19

PwCコンサルティング

圧倒的なグローバルネットワークをもつ総合コンサルティングファーム

グローバルネットワークが可能にする、総合的なサービス

ＰｗＣは、世界155カ国、28万人を超えるスタッフを有するプロフェッショナルサービスネットワークであり、「Brand Finance Index2020」では世界で最も強力なブランドの１つに選出されている。

PwC Japanグループは日本におけるビジネスを担っており、サービスごとにコンサルティング、ディールアドバイザリー※、監査、税務、法務を担当する法人がある。ＰｗＣコンサルティングは、日本におけるＰｗＣのコンサルティング部門として、公的機関、製造・流通サービス、金融、製薬・ヘルスケア、情報通信・メディアなど幅広い業種・業界を対象に、経営戦略の策定から実行まで総合的なコンサルティングサービスを提供している。

近年、ビジネスの複雑化に伴って、事業の局所よりも上流から下流までトータルにサポートすることを求められることが多い。そうした中、ＰｗＣコンサルティングは、あらゆる業界の、あらゆる経営課題に対応できる幅広いケイパビリティをもつことが強みだ。これを支えているのが「グローバルネットワーク」と「法人を越えた協力体制」である。

まず、全世界の主要拠点をカバーする「グローバルネットワーク」によって、リアルタイムで海外法人の最新の知見や情報をシェアしている。ＰｗＣが世界で手がける最新事例は、ファームの垣根を越えて情報共有される。例えば、ＰｗＣは世界20カ国以上に電力自由化に関するコンサルティングサービスを提供しているが、このような各国で同じテーマの案件を多く獲得できる背景には、グローバル全体で

の知見やノウハウの蓄積と共有の仕組みがある。

そして、「法人を越えた協力体制」を大きな強みとしている。例えば、会計基準のＩＦＲＳ導入は、監査や会計のアドバイスだけでなく、システムや業務プロセス再構築に関するコンサルティングも連携させていくことが不可欠。その点、PwC Japanグループに所属する各法人が緊密に連携することで、各分野の専門家がシームレスに連携し、ワンストップで総合的なサービスを提供できる。

サイバーセキュリティの強化で、国際イベントの安全な開催を支える

ＰｗＣコンサルティングでは、業種やクライアントごとに設定されたゴールに向けて、各ソリューションのエキスパートが高水準のサポートとパフォーマンスを提供している。

直近では、サイバーセキュリティ分野でのコンサルティング実績が特筆される。昨今、重要インフラをターゲットにしたサイバー攻撃が世界中で発生し、大きな被害が報告されているが、同社は早くからサイバーセキュリティ専門のコンサルティングチームを組成し、サイバー攻撃の動向に即したセキュリティ対策から、グローバルでビジネスを拡大する体制構築まで総合的なサービスを提供している。例えば、オリンピックやサミットのような国際イベントに向けて、電力や放送をはじめとする重要インフラ企業のサイバーセキュリティ対策を支援。模擬サイバー攻撃を行う「レッドチーム演習」や経営層向けのサイバー演習など、現場の技術者から経営者まで幅広い層のサイバー能力強化を請け負っている。

成長のためのM&A・ジョイントビジネスで、時代のニーズに対応

ＰｗＣはグローバルにおいて、時代の要請に持続的に応えていくために、自社を進化させる同業他社や異業種の買収・ジョイントビジネスを積極的に推進している。２０１３年にはＰｗＣ米国がデジタルクリエイティブエージェンシーのBGTを買収し、デジタルサービスに参入した。これに伴って、２０１５年にフロリダ州にプロトタイプやデザイン、その他のクリエイティブを制作する「エクスペリエンスセンター」を開設。すでに日本でもデジタル領域

のサービスが、PwCのグローバルネットワークと協働しながら始まっている。

2014年には、100年の歴史をもつ世界最古の戦略ファームであるブーズ・アンド・カンパニーを買収。これに伴い、同日本法人はPwC Japanグループに参加。PwC Strategy&にブランド名を刷新して、「100年にわたる戦略コンサルティングの経験」と、PwCのネットワークによる「深い専門性、幅広さ、実績」とを掛け合わせることで、戦略から実行までをワンストップで支援する体制をより一層強化している。

一方、PwCのPurpose（存在意義）である「社会における信頼を構築し、重要な課題を解決する」に基づき、コーポレートレスポンシビリティ活動にも注力している。持続可能な責任あるビジネス、コミュニティへの支援、環境への取り組みなどのテーマごとに精力的に取り組んでいる。2020年5月には一般財団法人PwC財団を設立。革新的なアイデアを駆使して社会課題に取り組む団体の活動を支援し、社会へのさらなるインパクト創出をめざしている。

グローバルネットワークを活かし、成長できる

「自分がどんなに優れたコンサルタントであっても、一人でできることは限られている。グローバルネットワークを存分に活かし、クライアントに最高品質のサービスを提供しよう」。PwCコンサルティングのパートナーが若手コンサルタントによく伝えている言葉だ。圧倒的なグローバルネットワーク、ナレッジやノウハウの蓄積を最大限に活用することで、同社は他社が追随できない高付加価値なコンサルティングを実現する。国内で活躍する選りすぐりのメンバー間、法人間の連携はもちろん、世界各国のメンバーといかに協働できるかが、PwCのコンサルタントとして活躍するための必要条件だ。

PwCは世界各国に広がるネットワークの広さ、そして擁するプロフェッショナルメンバーの専門性の高さで、世界トップレベルのコンサルティングファーム。そのインフラを活かしてクライアントのニーズに応え、成功体験をグローバルで共有しながらともに成長できる環境がある。

PwC Global―世界最大級のプロフェッショナルサービスネットワーク

PwC*は、社会における信頼を築き、重要な課題を解決することをPurpose（存在意義）とする。世界155カ国に及ぶグローバルネットワークに284,000人以上のスタッフを有し、高品質な監査、税務、アドバイザリーサービスを提供している。

* PwC とは、プライスウォーターハウスクーパース・インターナショナル・リミテッドのメンバーファームによって構成されたネットワークを意味し、各メンバーファームはそれぞれ独立した法人
** 2020 年 6 月 30 日 現在（サポートスタッフ含む）

PwC コンサルティングのサービス

PwCコンサルティングは、経営戦略の策定から実行まで総合的なコンサルティングサービスを提供している。PwCグローバルネットワークと連携しながら、クライアントが直面する複雑で困難な経営課題の解決に取り組み、グローバル市場で競争力を高めることを支援する。

PwCコンサルティング合同会社

■設立
1983年1月31日
（組織変更日 2016年2月29日）

■代表者
代表執行役 CEO　大竹 伸明

■人員
約 3,030 名
（2020 年 6 月 30 日現在）

■所在地
東京、名古屋、大阪

■ウェブサイト
www.pwc.com/jp/consulting

業　種

製造・流通・サービス	製薬・ヘルスケア	情報通信・メディア	金融	官公庁・公的機関
自動車／重工業・産業機械／化学 エネルギー・資源 建設／運輸・物流 航空／消費財・小売・流通／総合商社	ヘルスケア 医薬 ライフサイエンス	情報通信 エンタテイメント ＆メディア テクノロジー	銀行・証券 保険 金融サービス 資産運用	政府・行政・公的機関

サービスライン

コンサルティング

ストラテジーコンサルティング（Strategy&）／マネジメントコンサルティング／テクノロジーコンサルティング／リスクコンサルティング

※ディールアドバイザリー：M ＆ A や事業再編、事業再生などの戦略策定と実行を総合的に支援するサービス。

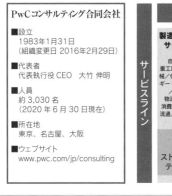

Profile 20

日立コンサルティング

厚い信頼とデジタル化の知見で新しい価値を社会に届ける

「ビジネスエコシステム」によるサステナビリティ・トランスフォーメーションの実現

日立コンサルティングは、顧客事業の戦略立案や業務改革、また新規事業の立ち上げから実行をも支援するファームだ。同社は、鉄道、通信、エネルギー、物流といった社会インフラ企業を中心に、製造、金融、官公庁・自治体など、多彩なクライアントを有する。

日立コンサルティングの主要テーマは、デジタル変革による社会課題の解決だ。特に世界的な感染症の拡大や自然災害の増加など、未来への不確実性が高まる中、同社はこれまでのビジネスやITの知見・ノウハウをベースに、企業の〝稼ぐ力〟と、社会や環境の〝サステナビリティへの貢献〟の両立をめざす「サステナビリティ・トランスフォーメーション」に取り組んでいる。デジタル変革の先にあるこの取り組みによって、Society5.0の推進やSDGsの達成といった課題に貢献していくことを考えている。

さらに同社は、既存の業界の枠が変化するこの時代に、多様なパートナーとの協創で「ビジネスエコシステム」を創出することが、持続的な社会課題解決に向けた理想の姿と捉えている。その具現化と定着化のために重視しているのが顧客やパートナーとの信頼関係であり、「基本と正道」を貫く〝Dignity〟あふれるチームこそが同社のめざす姿である。

日系企業や公共分野のデジタル変革を支援

同社では日本のプレゼンスを高めるべく、日系企業や公共分野のクライアントに対して、次の3つのアプローチにより社会課題の解決に貢献している。

1つ目は、グローバル・ビジネスコンサルティング。日系企業の業務改革や経営改革などの構想策定・実行・定着化を、デジタルおよびグローバルの視点で支援している。具体的には、日系企業の海外展開支援、ＩｏＴによるスマートファクトリー実現支援、脱炭素化をめざす企業を支援するCO_2削減プランの策定などである。例えば、グローバルで販売体制強化をめざすクライアントには、グローバル市場で展開する事業プロジェクトや営業プロセス再構築と営業ツール整備の支援を、また、多角化のため複数の海外企業を買収した化学工業メーカーには、グローバル組織構築やガバナンス検討、大規模なＩＴ統合などを支援した。

2つ目はデジタル・イノベーションコンサルティング。デジタル技術の活用による業務変革や新規事業立ち上げなど、企業のイノベーション創出を支援する。データの活用・分析によるラストワンマイル物流の最適化や新しいヘルスケアサービスの構築など、手がける案件は幅広い。また、協創を重視し、スタートアップ企業とも積極的に連携するのが特徴だ。例えば、チャットボットなどのデジタル技術を活用した働き方改革や、ＡＩを活用した計画最適化支援は、代表的なサービスとなっている。

3つ目は、スマート社会基盤コンサルティング。金融や官公庁、自治体などに対して、Society5.0を見据えた新たな社会基盤サービスを展開する。その一例がＡＩを活用した政策提言だ。同社は政策提言におけるＡＩ活用の共同研究を、京都大学と日立京大ラボとの連携によって推進している。技術革新が国土にもたらす影響をシミュレーションし、最適な国土形成計画に貢献するなど、すでに実用化が進んでいる。他にもＩｏＴを活用した新しい金融サービスやキャッシュレスサービス創出、行政デジタル化などさまざまな支援を提供している。

日立グループの一翼として社会イノベーションに貢献

日立グループの一翼を担う同社には、特徴が3つある。1つ目は「実現にこだわるコンサルティング」だ。実現性のある提案を最後までやり抜くことに徹底的にこだわったコンサルティングによって、目に見える成果を実現する。2つ目は「日立グループの経験知を活用」できる点だ。同社は、日立グループの経営改革や、新サービスの企画立案から事業展開の支援も行っている。そこでの経験が顧客のコンサルティングに活かされている。3つ目は「社会イノベーションによる新事業の創出」だ。日立グループは日本の社会インフラを支えてきた。個人データ活用の新しい仕組みの実証実験や鉄道会社のＭａａＳ事業化支援など、同社の抱える案件が社会に与えるインパクトは大きい。このように同社は、これまでの知見を活かし、机上の戦略にとどまらない実務支援によって、クライアントとともに社会課題を解決するための技術とビジネスモデルを創出している。

当事者意識をもち、社会課題を自ら解決すること

同社では、個々人が一流のプロフェッショナルとなるための研修制度や専門講座が充実している他、社内の現役コンサルタントによる実践知を学びながら、次第に難易度の高い仕事に挑戦できる。さらに大学・専門研究機関とのワークショップや研究会を通じて、ナレッジと人脈の拡がりも充実している。

また、自社の働き方改革にも積極的で、場所や時間にとらわれない「タイム&ロケーションフリーワーク」を導入し、首都圏主要駅をはじめ全国にサテライトスペースを設置している。リモートツール配布率は100％、リモートワーク率は8割以上に及ぶ。

日立コンサルティングが求める人物像は、「ビジネスの最前線で社会を一歩進める駆動力となる」人財だ。周囲を巻き込みながらゴールに向かって歩む推進力を重視する。「物事の仕組みを明らかにし深く掘り下げる思考力をもつとともに、新しいことを知り、トライすることに喜びを感じる好奇心とチャレンジ意欲がある人」、なおかつ「堅実な実行と実現にこだわる人」が望ましい。

同社の仕事は、社会課題の解決に大きく関わることになるため、社会課題に対して当事者意識をもち、自ら解決する姿勢が求められる。社会的な責任感、使命感の高い人にとっては、大きなやりがいを感じられるファームだ。

日立コンサルティングのサステナビリティ・トランスフォーメーションに向けた取り組み

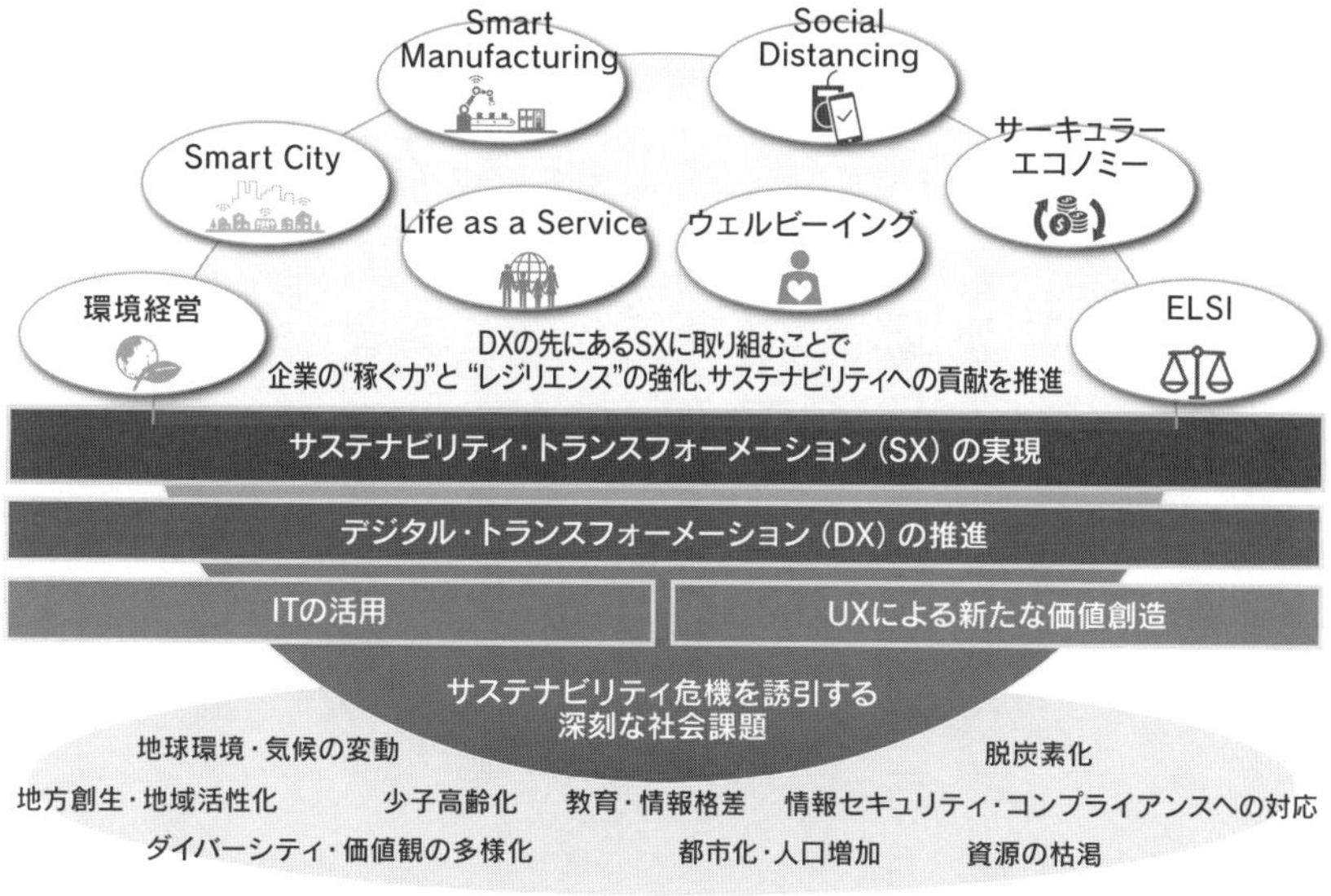

ELSI：Ethical, Legal and Social Issues

日立コンサルティングのめざす姿

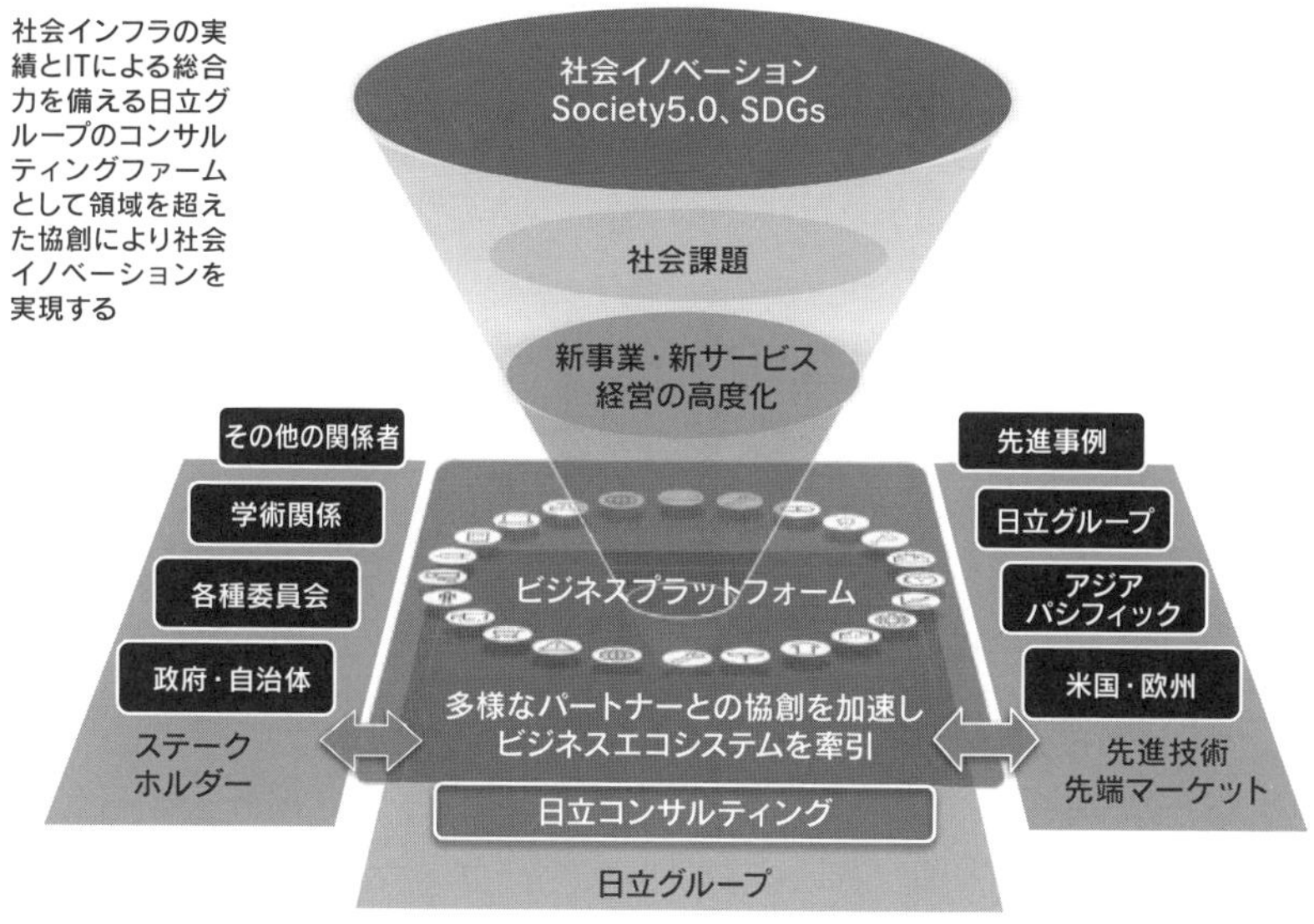

Profile 21

プロレド・パートナーズ

完全成果報酬型コンサルティングのパイオニア

「成果」にコミットした完全成果報酬型の経営コンサルティング

プロレド・パートナーズの最大の特徴は、国内で唯一、完全成果報酬型コンサルティングを提供している点だ。同社のプロジェクトでは「成果」が出ない限りコンサルティング報酬を受け取らない。つまり、提供する各種経営コンサルティングを通して、クライアントの売上アップやコスト削減を成し遂げ、利益が生まれたときに初めて報酬を得るのだ。この報酬体系は、プロレド側がリスクをとることで、成果にこだわった質の高いサービスを展開することができ、クライアント側にとってはリスクなしでコンサルタントとプロジェクトを進めることができる、いわばwin-winのビジネスモデルと言える。

同社はアクセンチュアやブーズ&カンパニー（現

PwC Strategy&）など外資系戦略ファーム出身者らが創業し、経営に関する専門的な知識と手法を組み合わせて最大の成果を出している。

コンサルティングを完全成果報酬型で提供する背景には「価値＝対価」の世の中を実現したいという同社のビジョンがある。外資系の経営コンサルティングファームは非常に高額な固定報酬でサービスを提供していることから、これまで、中小・中堅企業（売上規模：1000億円未満の企業）は高いクオリティのコンサルティングを依頼することが難しいという課題があった。この課題を解決し、自社サービスにおいても「価値＝対価」を追求したいという想いから、成果報酬型の経営コンサルティングを根づかせるべく、日々新たなサービス開発に取り組んでいる。

現場に深く入り、現場を動かし、成果を分かち合う

クライアントは、ＰＥファンド※1やメーカー、自治体や銀行などさまざまな業種にわたり、上場企業や大手企業から中堅中小企業まで幅広くクライアントをもつ。ＰＥファンドの投資先企業に対しては中長期的な企業価値向上を実現するポストＭ＆Ａ（100日プラン）、マーケティング・コストマネジメントのトータルコンサルティングを、メーカーや商社にはセールス・マネジメント（売上アップ）を、流通やサービス企業にはコストマネジメントを提供することが多い。最近では、ＩｏＴやビッグデータによって、従来難しかった「コンサルティングの成果の定量化」が可能となってきていることから、同社が提供する成果報酬型コンサルティングに対するニーズは増え続けている。

1つのプロジェクトには2～7名のコンサルタントが参画し、早くて3カ月、基本的には6カ月～3年程度の期間で成果を出す。またコンサルタントは、2～4つのプロジェクトに並行して携わることが多く、新規案件の遂行と既存案件のフォローを両立している。

経営層と現場の双方に深く入り込み、提案から実行まで一貫して手がけるのが同社のコンサルティングの特徴だ。一般的な経営コンサルティング会社では調査・分析、提案までを主な領域とするのに対し、プロレドでは実行の結果を最後まで見届けることができる。プロジェクトの成果をクライアントと分かち合えるのは同社の仕事の醍醐味だ。

ＰＥファンドビジネスなど新たな事業創造に取り組む

2009年12月の創業から飛躍的な成長を遂げているプロレド・パートナーズ。2018年7月には東証マザーズ上場、2020年4月には東証一部への市場変更を果たした。8年強で上場まで実現する成長力は、成果報酬という世の中のニーズにマッチしたビジネスモデルと成果にこだわる品質の結果と言える。

会社の成長に伴い、コンサルティングの多様化やＩＴ領域などのサービスラインの拡張を進めている。

2020年8月には、100億円規模の投資をする運用会社「ブルパス・キャピタル」を設立した。

また同社はCSRの一環として、2017年より自治体向けサービス「SIB（ソーシャルインパクトボンド）」を開始※2。コンサルティング業界初の試みとして、成果報酬型の行政サービスに挑戦している。2019年、日本で初めての成果報酬型のコンサルティングの実施を鎌倉市にて実施し、現状も複数のプロジェクトに取り組んでいる。

さらに、知識経営研究所の子会社化により、官公庁・地方自治体を対象としたシンクタンク事業、環境・食品安全衛生領域のコンサルティングが加わることで、グループとしてのサービス範囲を広げ続けている。

加えて、同社はコンサルティングのDX化も並行して推し進めている。労働集約からの脱却を目的として、アナリスト作業などの低付加価値業務をDX化するなど、最先端のテクノロジーも活用し、さらなるコンサルティングサービスの拡充をめざしている。

現場を動かす人間力をもち「スター」として活躍してほしい

プロレド・パートナーズではチームワークを重視している。縦横の関係も非常にフラットで、新卒のコンサルタントがパートナー（役員）に臆することなく意見できる雰囲気がある。採用においても、クライアントやチームメンバーを敬い、思いやりをもって行動できるパーソナリティを能力以上に重視している。これは、会社を代表するコンサルタントとして「この人だったら一緒に改革に取り組める」と現場をやる気にさせるような、プロジェクトを動かすうえでも極めて重要な人間力を評価しているためである。

また同社は専門誌での連載や書籍の執筆、セミナーでの講師など、コンサルタント個人の付加価値を高める機会を新卒1年目から積極的に設けている。同社は、経営陣の力量だけで経営がうまくいく会社ではなく、メンバー1人ひとりがスターとして活躍し、他社が模倣できないクオリティのコンサルティングを提供し続ける「スター集団」をめざしている。

プロレド・パートナーズの成長性

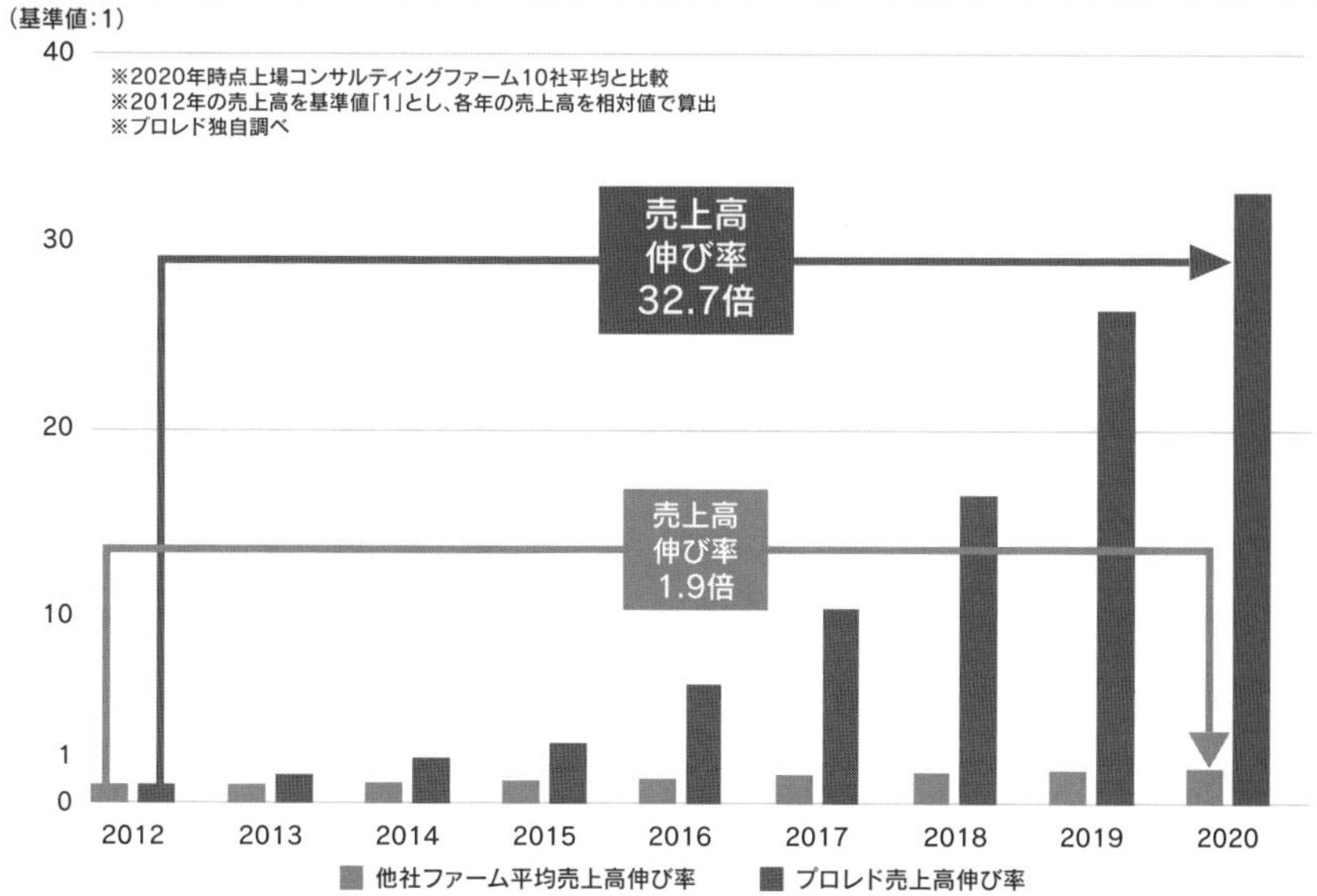

プロレド・パートナーズのポジショニングマップ

各ファームは高額な固定報酬型であるため、サービスを受けられる企業が制限されているのに対し、
プロレドは成果報酬型のため、**売上50億円前後～数千億円と幅広い規模の企業へサービス提供が可能**

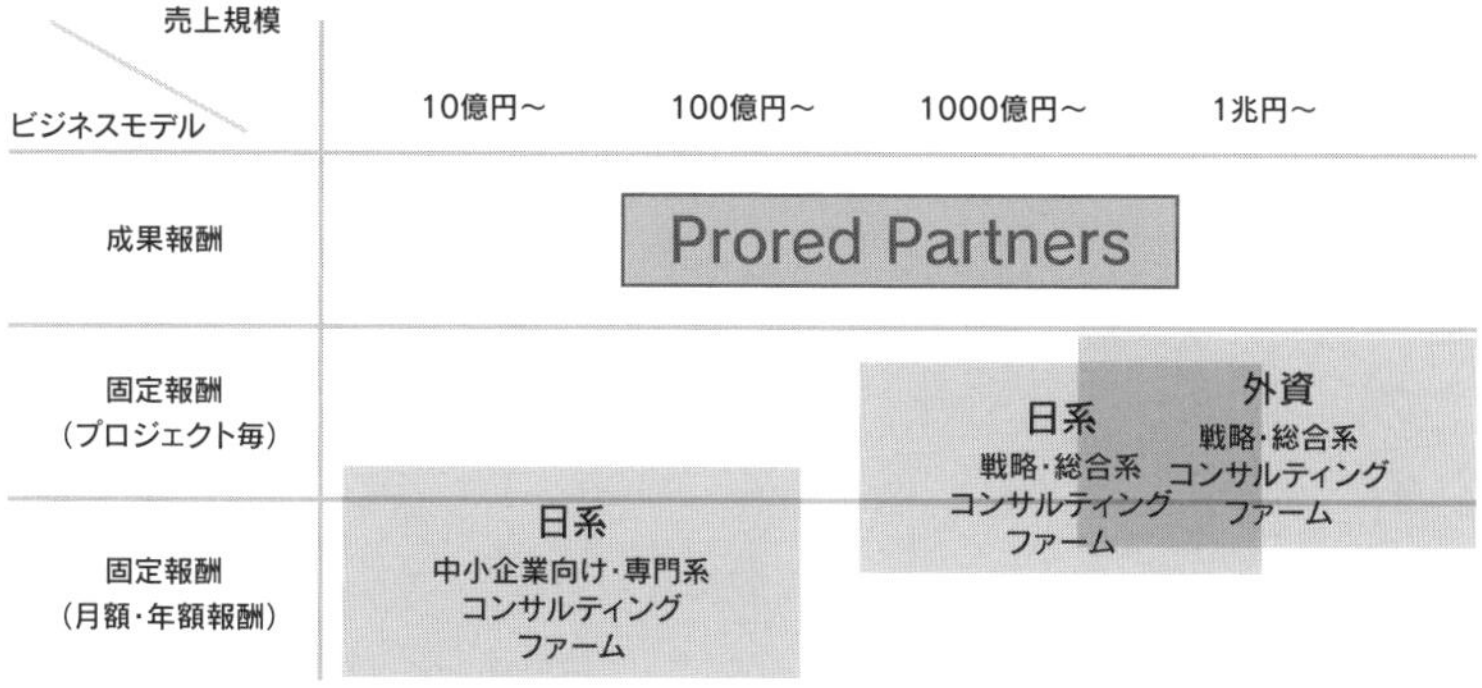

※1 PE ファンド：プライベート・エクイティ・ファンド。機関投資家や年金基金、事業会社、個人投資家らから資金を集め、投資先を発掘し、事業支援を行うことで投資先の企業価値を高め、IPO（新規公開株）や M&A により売却益を得ることなどを目的とする。

※2 SIB（ソーシャルインパクトボンド）：2010年にイギリスで始まった民間資金を活用した官民連携による社会課題解決の仕組み。投資家から資金を調達したサプライヤーが行政サービスを提供し、当該サービスの成果に応じて行政がサプライヤーに対価を支払うという成果報酬型のスキームである。税金の透明化および社会的な利益（社会課題解決など）を第一の目的とし、経済的な利益も同時にめざすものとして注目を集めている。

Profile 22

ベイカレント・コンサルティング

DXと経営戦略の立案・実行に強みをもつ日系最大級の総合コンサルティングファーム

柔軟な対応力と質の高い人材育成基盤を武器に海外展開にも注力

ベイカレント・コンサルティング（以下、ベイカレント）は、戦略・オペレーション・デジタル／テクノロジー領域のすべてを手がける日系最大級の総合コンサルティングファームだ。大手グローバルファームと同じフィールドでビジネスを展開しながら、同等かそれ以上の存在感を放つ、日本発のコンサルティングファームとしては稀有な存在である。また、クライアント企業の海外展開支援を通じ、同社も着実に海外マーケットでの足場を固めつつあり、今後の世界展開が注目される企業でもある。

ベイカレントの特徴は大きく2点ある。1点目は「複雑な事業環境への柔軟な対応力」だ。業界・領域を横断した戦略策定・実行支援、テクノロジー領域の知見を活かしたデジタル関連のプロジェクト、日本企業の海外進出におけるグローバルプロジェクトの実績や日本特有のビジネスカルチャーへの理解・対応力などが、各業界を代表する内資・外資企業の経営層から高く評価されている。また、デジタル関連においては、デジタルイノベーションラボを設置し、最先端テクノロジー、ビジネスを調査・研究している。2点目は、「〝市場価値が高い人材〟を輩出する人材育成基盤」だ。多様なプロジェクトに対応できる人材育成やさらなる高付加価値化を掲げ、戦略領域のさらなる拡大に向けた人材の育成基盤を整備している。以下、特徴の詳細を述べる。

複雑な事業環境への柔軟な対応力

同社は業界・領域を横断し、戦略から実行まで総合的なサービスを提供している。事業環境が急速に変化する中、計画・実行の両方にコミットすることでスピード感をもった事業推進を可能にするという点で、クライアントからの評価が高い。例えば異業種参入に向けた新規事業立上げプロジェクトの場合、戦略策定、アライアンスの推進、オペレーション設計、ＩＴ戦略の構築までをスピーディに実現できるよう、クライアントに寄り添いつつ経営から現場まで一貫して支援する。業界の慣習や固定観念にとらわれない広い視野から生み出される提案力に加え、その実行までサポートできることがベイカレントの強みである。

近年ますます経営層の関心が高まるテクノロジー領域においても数多くの実績をもっており、ＩｏＴやＡＩ活用など社会的に注目されている分野についての実証実験の推進なども行っている。

また、日系ファームの強みを活かし、日本企業特有の組織課題や慣習など日本のビジネスカルチャーに即し、クライアントに寄り添った提案を行えることは、日系ファームだからこそ提供できる価値と言えるだろう。

その結果、同社は業界・領域を横断した国内外の実績を積み上げた。上場に伴うＩＲ活動の一環として、これまでに蓄積されたナレッジをもとに書籍の出版などの情報発信も積極的に行っている。

“多様なキャリア形成”を可能とする育成基盤

ベイカレントの組織・社員に対する考え方は、「欧米と日本のハイブリッド」とも言えるものだ。社員個々人の評価は実力主義であり、給与・プロモーションはそれぞれのパフォーマンスに応じた絶対評価で決定される。年次や年齢などによる調整はなく、早期にマネジャーの役割を任されることもある。

一方で、本人の適性・希望に準じた適材適所での人材活用を行っており、社員1人ひとりにあったキャリア設計を行う社風でもある。キャリアに関して助言が欲しいときは、「キャリアカウンセリング制度」を活用して先輩社員へ相談ができるなど、キャリア形成の支援体制は充実している。

事業環境がますます複雑になる中で、戦略・テクノロジー双方の知見を有するコンサルタントは業界内でもまだまだ少ない。だからこそ、ベイカレントは「マーケットの求める人材」の育成に注力しており、その一環として「ワンプール制」を採用している。

これは一般的なコンサルティングファームで行われる部門別配属とは違い、業界・業種に関係なく戦略策定から実行支援までのプロジェクトにアサインされる方式だ。コンサルタントに対し多様なプロジェクト経験を与え、幅広い業界の知見を備えた人材を育成することを目的としている。

付加価値の高い仕事に取り組み、市場価値の高いコンサルタントになる

事業方針としては、近年「高付加価値化」をテーマに、特に戦略領域のさらなる拡大に注力している。これらは育成方針にも引き継がれ、具体的な取り組みとしてSCEP（Strategy Consultant Entry Program）とグローバルプロジェクトへのアサインの2つがある。

SCEPは戦略プロジェクトに携わる人材を選抜するプログラムで、実際の事例を体感し、ワークの中で好成績を残した人はより難易度の高いプロジェクトに抜擢されるというものだ。この研修は四半期に1度開催されている。

グローバル化への対応も積極的に行っている。「英語力を活かしたい」という人材をグローバルプロジェクトへ優先的にアサインするなど、英語に長け、意欲のある人材が活躍できるフィールドがある。グローバル人材の採用・育成もますます強化しており、外国人の採用や、ビジネス英語力テスト、社内外での英語研修も積極的に行われている。

このように、ベイカレントには常に自分のキャリアについて考え、自らが設定した目標にチャレンジできる環境がある。同社で得られる経験や人脈、知見は間違いなくその人材の人生を大きく変えるほどの価値があり、こうした環境の中での成長を経てベイカレントを巣立ったOBたちも各界で活躍している。次の時代の社会を担い、各分野のリーダーとして活躍できる人材の育成にも価値を置いている同社であるからこそその成長が可能と言えよう。

数字で見るベイカレントコンサルティング

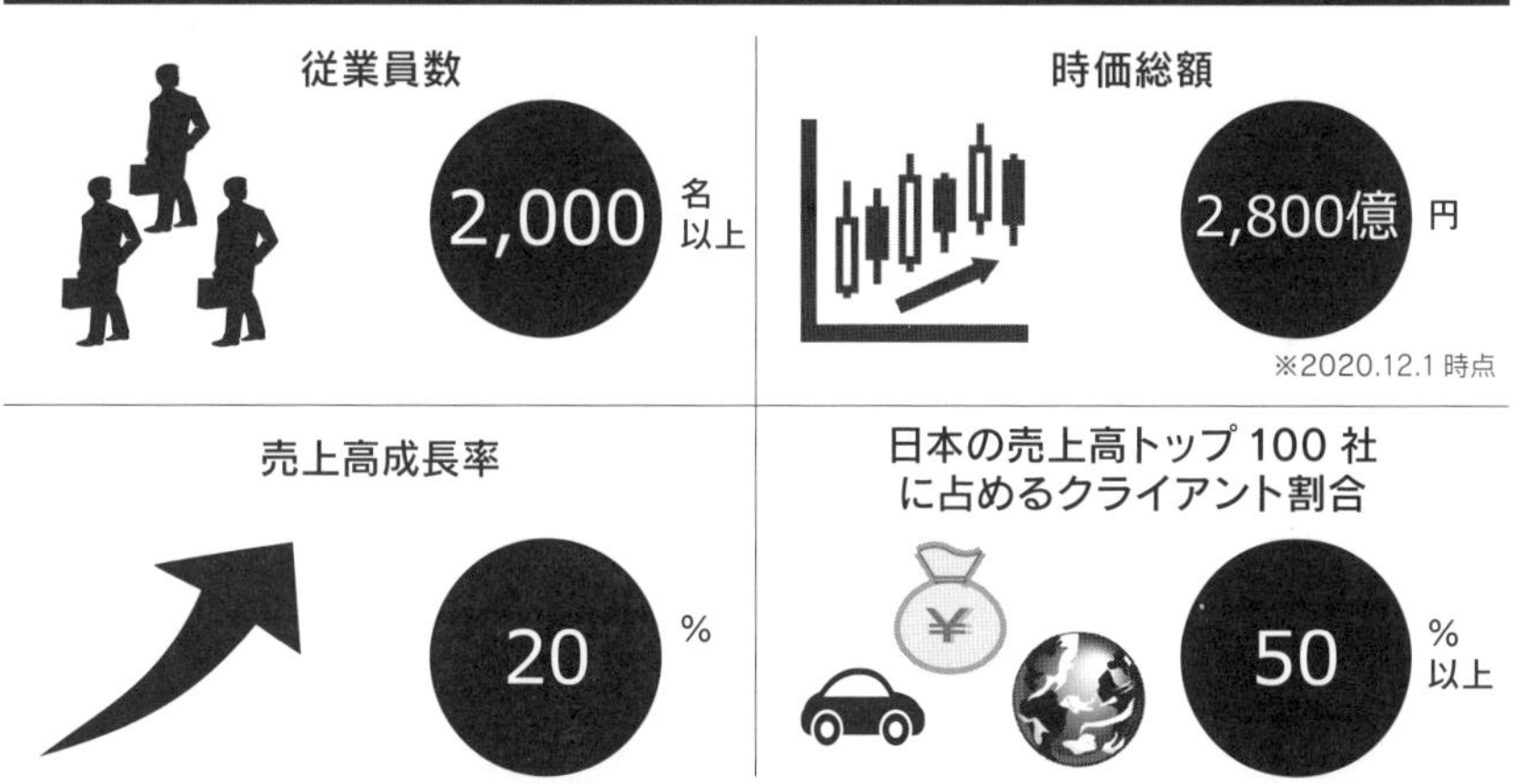

ベイカレント・コンサルティングのトレーニング体系

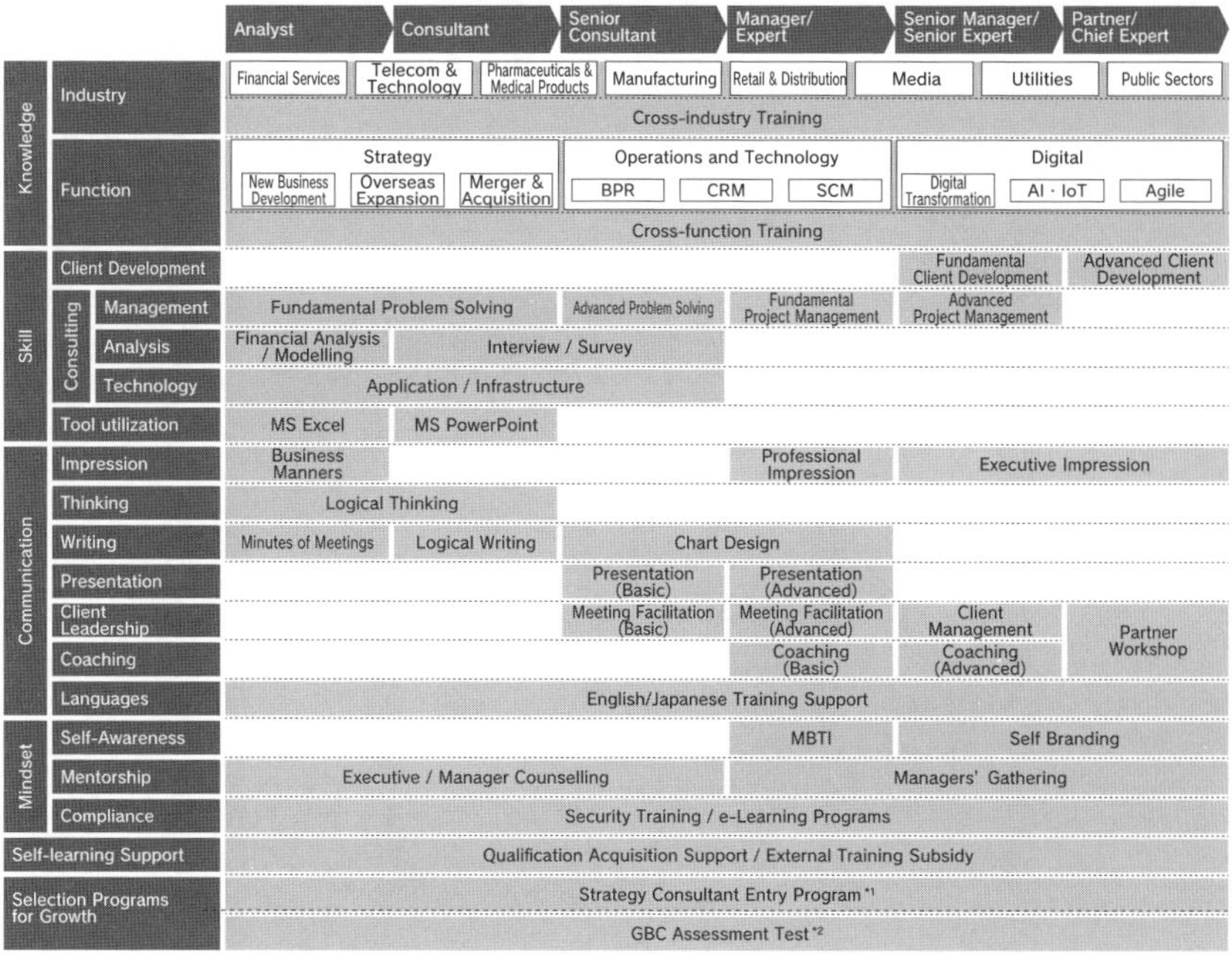

*1 Strategy Consultant Entry Program（SCEP）：アサインメンバー選定の目的で、戦略系の案件希望者を対象に実施するベイカレント独自の選抜プログラム。

*2 GBC Assessment Test：全般的な英語力・英語でのコミュニケーション能力を評価するテスト。文法・語彙・ストーリー・ボディーランゲージ・発音・ロジックなどを含む。

4 主要ファーム

Profile 23

ベイン・アンド・カンパニー

真の結果を追求し、確かな成果を実現する約1万2000人のグローバルワンチーム

フル・ポテンシャル実現に向け「結果」を出すことが使命

ベイン・アンド・カンパニー（以下、ベイン）は1973年に米国ボストンで創設され、現在では世界38カ国61拠点のネットワークをもつ世界有数の戦略ファーム。ベイン東京オフィスは1982年の設立以来、国内外の大手企業のコンサルティングパートナーとして、確実かつ長期的な結果をもたらす革新的・実践的なソリューションを提供してきた。

最大の特徴は、徹底した「結果」へのこだわり。クライアントから受け取るコンサルティング収入（コンサルフィー）を大幅に上回るリターンを生み出すことを1つの規律としている。決して安価ではないコンサルフィーを大幅に上回るリターンを実現するようなテーマは、局所的な業務改善やコスト削減などではなく、企業を抜本的に変革していくようなトランスフォーメーションや全社戦略が中心。その実現には、クライアントの強い意志が不可欠だ。従って、ベインのクライアントは自社を変革する強い意志や情熱を有するクライアントで占められている。また、結果を追求するベインは、時にクライアントの依頼とは異なる提案をすることがある。あらゆる業界の企業の戦略立案と実行を支援し続けているベインのコンサルタントは、クライアントが見えていない本質的な経営課題を瞬時に見つけ出すことが多々ある。そして、その課題解決策が、依頼内容とは異なるケースもある。そのような状況に対峙したとき、ベインのコンサルタントは「経営のプロ」として忖度することなく正しいソリューションを提言する。真に進むべき道を追求し、提言する姿勢を

ベインでは「True North（真北）」と呼ぶ。このTrue Northは会社のロゴマークにも使われており、社員の行動指針となっている。経営のプロとして、愚直なまでに結果にこだわるコンサルティングスタイルは、多くのクライアントから高く評価され、強固な信頼関係を構築している。

トランスフォーメーションなど全社戦略を中心に社会貢献プロジェクトにも取り組める

ベインが支援するプロジェクトのテーマは、トランスフォーメーションのような全社戦略立案が圧倒的に多い。全社戦略案件は、周辺事業への進出を含む成長戦略、あるいは業績不振からのターンアラウンド（企業再生）など全社的な経営戦略の立案と実行支援が中心だ。全社戦略プロジェクトから個別事業や機能別の戦略立案およびM&Aの支援に展開することも多く、昨今ではESG関連のケースも増えている。

また、通常のコンサルティングとは別に、ベインが長年取り組むのがプロボノ※・コンサルティングだ。結果主義というベインのDNAとそのコンサルティング手法を活かした社会貢献活動として、各種非営利団体への無償コンサルティングを実施している。日本には人身売買や小児がん、学童保育問題など、広く知られていないが深刻な社会問題が多くある。そういった問題の解決に向けた活動をしている団体を支援する中で、ベインのコンサルタントは自身のスキル・ノウハウを異分野で活かす貴重な社会貢献の経験が得られ、価値観や学びの幅を広げられる。

圧倒的な成果を実現する、グローバル1万2000人を超える協力体制

徹底した結果主義のもと、同社は世界中の多くの業界・企業の飛躍的な成長に貢献してきた。この成果実現の背景には、「グローバルワンチーム（Global One Team）」による強固な協力体制がある。

外資系ファームは、世界中に拠点があるとはいえ、各拠点が独立しているケースが多い。しかし、ベインは真のグローバルファームとして、世界各国の総勢1万2000名を超えるコンサルタントがオフィスの垣根を越えてワンチームでプロジェクトを遂行する。

同社はコンサルタントの採用・評価の基準、トレーニング方法、評価方法などをすべてグローバルで統一している。一度も会ったことがない海外オフィスのコンサルタントと東京オフィスのコンサルタントが明日から一緒に仕事をすることになったとしても、このグローバル共通のキャリア形成システムが円滑にチームを編成することを可能にしている。複数の海外拠点に在籍するコンサルタントが1つの場所に集結してプロジェクトを遂行することも珍しくない。世界中のコンサルタントがもつ高度な専門性や知見・ノウハウを総動員することで、クライアントの価値創造を実現するのだ。このような経験を通し、ベインのコンサルタントはグローバルな経営のプロとしての視座を高めることができる。

個人の結果の追究を助け合う

ベインのコンサルタントはグローバルワンチームのメンバーとして、世界各国の仲間たちと互いを高め合い、協力し合い、クライアントの課題解決に全力を注ぐことが期待される。そんなベインが求める人材は、統合型思考をもち、IQとEQを兼ね備え、クライアントの共感を引き出すことができ、チームワークに長けている人だ。

戦略コンサルの中で、ベインは人材育成に力を入れていることで有名だ。世界を代表する企業の経営幹部から頼られるアドバイザーに育成するために、ファームは多くの時間と労力を個々人の育成に投資している。そして、このような充実した研修制度だけでなく、仲間の成長を気にかける風土に根差した日々のきめ細かなフィードバックが、1人ひとりのコンサルタントに気づきを与え、成長を加速させている。戦略コンサルとしてあくまで結果を追求するベインの仕事は容易ではなく、個々人に求められる成果の質も高いが、「A Bainie never lets another Bainie fail」という、仲間が困っているときには必ず手を差し伸べ、皆で助け合って成長していく文化も兼ね備えた、「厳しくも温かい」環境がそこにはある。また、ベインはグラスドアの従業員が選ぶ「働きやすい企業」で、コンサルティング会社で唯一13年連続5位以内にランクインしている。

市場平均に対して4倍を超えるベインのクライアントの株価パフォーマンス

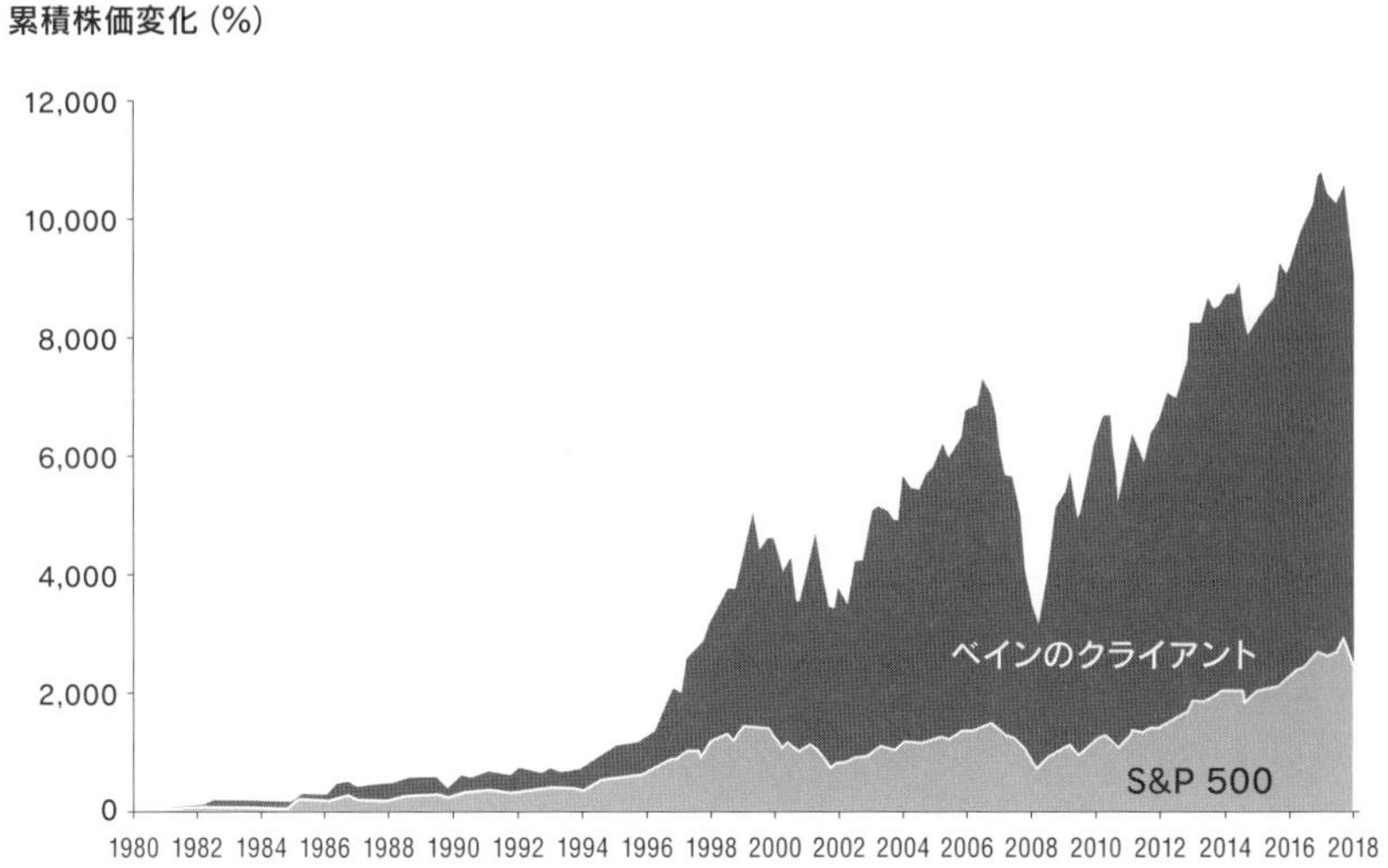

※　本グラフのデータ収集と方法論は、PwCが検証

ベインがクライアントから選ばれる主な理由

●ベインのクライアントは市場に対して4倍の株価パフォーマンス
●顧客の問題解決を支援することで、同時にベインも継続的に成長
●困難な問題に直面する顧客の声に真剣に向き合う

●社会貢献活動の先駆けとなる存在
●2008年から20以上のNPO法人へのプロボノ活動（東京オフィス）
●ベインの支援により、多くの団体が活動規模の拡大や各々の目標を達成

●グローバルトレーニング
●フラットなフィードバックを互いに共有できる文化
●多岐にわたる卒業後の活躍の場
●海外オフィスで就業する機会

●多様な働き方を支える仕組み
●Work hard, play hard
●最高な職場環境の実現

※プロボノ：各分野の専門家が、職業上もっている知識・スキル・経験を活かして社会貢献するボランティア活動全般、公益事業を指す。

Profile 24

ボストン コンサルティング グループ

日本に深く根をはる外資系戦略コンサルファームの雄

BCGの世界的な成功の理由とは

ボストン コンサルティング グループ（以下、BCG）東京オフィスは、BCGの日本拠点。1966年にボストンに次いで2番目に設立されたBCGの日本拠点。1966年にボストンで設立されたBCGの日本拠点で、

ボストン コンサルティング グループ（以下、BCG）東京オフィスは、1966年にボストンで設立されたBCGの日本拠点。ボストンに次いで2番目に設立されたオフィスで、日本に初めて経営戦略コンサルティングという概念をもち込んだファームでもある。現在、東京と名古屋に加えて、京都・大阪にオフィスを構え、日本経済への貢献度は高く、今後も成長が期待されている。

BCGの世界的な成功の理由は、大きく3つある。「現地への高い順応性」「人材のダイバーシティ」「戦略立案の高い実現性」だ。

BCGの「順応性」は、現在、アフリカ、アジア、欧州、中東、北米・中南米など世界50カ国に90以上の拠点をもち、事業を拡大していることからも伺える。現地企業特有の文化を理解し、適応していく取り組みを熱心に行うことで、現地での長期的で根が深い絆を築いている。

次に「ダイバーシティ」はさまざまなバックグラウンドをもった人材によってつくられる。銀行や商社の出身者、IT・メーカーの元エンジニア、さらにはベンチャー企業出身者、医師や弁護士など、枚挙に暇がないほどの多様な人材がBCGで活躍しており、この多様性が比類なき優位性を築いている。

そして、BCGが提案する戦略は、「高い実現性」を重視する。ダイバーシティに富む人材が議論を戦わせながら創造される戦略は、緻密でリアリスティックであり、新しい価値を提案する。BCGの戦略はクライアントの時間的制約や人的リソースな

どの実情をしっかりと考慮しており、クライアントの高い信頼を得ている。

日本企業の研究成果を世界へ

ＢＣＧは日本で長くまた数多くの戦略コンサルティングの実績を誇り、取り扱う業界、テーマは多岐にわたる。近年では、ビッグデータ、新興国のグローバリゼーション、トランスフォーメーションなど、社会動向を踏まえたテーマに積極的に取り組み、クライアントのニーズに常に対応している。

東京オフィスはＢＣＧの最初の海外拠点として成功を収める傍ら、日本企業の研究でも功績をあげている。１９６０年代から日本企業の売上シェア重視の経営戦略を深く研究し、潜在していたノウハウや理論を次々と導き出した。例えば、１９８０年代に発表された「タイムベース競争戦略」。日本の製造業の生産プロセスに内在していたノウハウを顕在化させ一般化した理論だ。時間を競争力の源泉とし時間短縮に焦点を当てる、という現在では一般的な考え方は、当時の米国企業を合理化させ、自由化や規制緩和を追い風に競争力を回復させる契機となった。

時代に対応した高付加価値の新しいサービス

近年、企業の大きな課題の1つがデジタル化対応である。同社は「テクノロジー・アドバンテージ」や「Digital BCG」という組織を新たにつくり、これまで培ってきた戦略立案能力とＩＴ技術を融合し、サービスの価値を高めている。ＡＩやビッグデータ、ＩｏＴなどを既存の業務にどう利用するかをクライアントに提案するためだ。

また、まったく新しい価値を生むデジタル製品やサービスの開発も企業における課題である。小売業、銀行業、自動車製造業など、多種多様な業種でデジタル技術の利用はチャンスをつくり出す。このような中でイニシアチブをとるべく、２０１４年（東京センターは２０１６年）に立ち上げたのが「BCG Digital Ventures」だ。クライアントとともにデジタル時代の戦略を構築するだけでなく、ゼロから一緒に新製品や新サービスを生み出すといったことを手がけている。

一方で、上記のようなデジタル領域以外の「CEOイシュー」にも応え続けている。コンサルティングファームの中には、事業部別の課題やテーマが多いところもあるが、BCGではトップ企業のCEOおよびCxOをクライアントとしており、〝経営者のパートナー〟として真の変革を推進している。具体的には、「全社トランスフォーメーション（構造改革）」や「新規事業領域への参入」「グローバルM&A」など多岐にわたる。多くの日本企業のCEOや経営陣と絆をもつBCGには、これらの課題の解決が期待されている。BCGはこれにより多方面から対応するため、2015年に「PURPOSE（＝企業や組織の存在意義・目的）」に基づいた戦略立案に長けているコンサルティングファーム、ブライトハウス社を買収した。同社は、デルタ航空、P&Gなど多くの有名企業のコンサルティングを行ってきた実績と経験をもつ。このファームのノウハウを取り入れることで、組織のトランスフォーメーションに関する専門性をより深め、さらなる付加価値の提供をめざしている。

グローバル基準のキャリアパス

BCGは「人気企業」というイメージで志望してはいけない。日々成長を続ける意欲とバイタリティが必要なタフな仕事は、生半可な気持ちでは務まらないからだ。志望者には「骨太の思考力」「コミュニケーション力」、そして難題に挑み続ける「成長力」が求められる。

晴れて新入社員となったら、まずアソシエイトとして経験を積む。コンサルタントのキャリアパスは世界中のグループで共通であり、各ポジションで期待される役割も世界共通である。

また、キャリア形成には豊富なバックアップがある。研修プログラムや海外での業務が充実しており、その他にも働き方最適化プログラム、女性リーダーの育成、社会貢献活動への取り組み、卒業生ネットワークなど、さまざまな機会が与えられている。米フォーチュン誌の「働きがいのある会社 ベスト100」2019にも11年連続でトップ10にランクインしており、働きがいは折り紙付きだ。

数字で見るボストン コンサルティング グループ

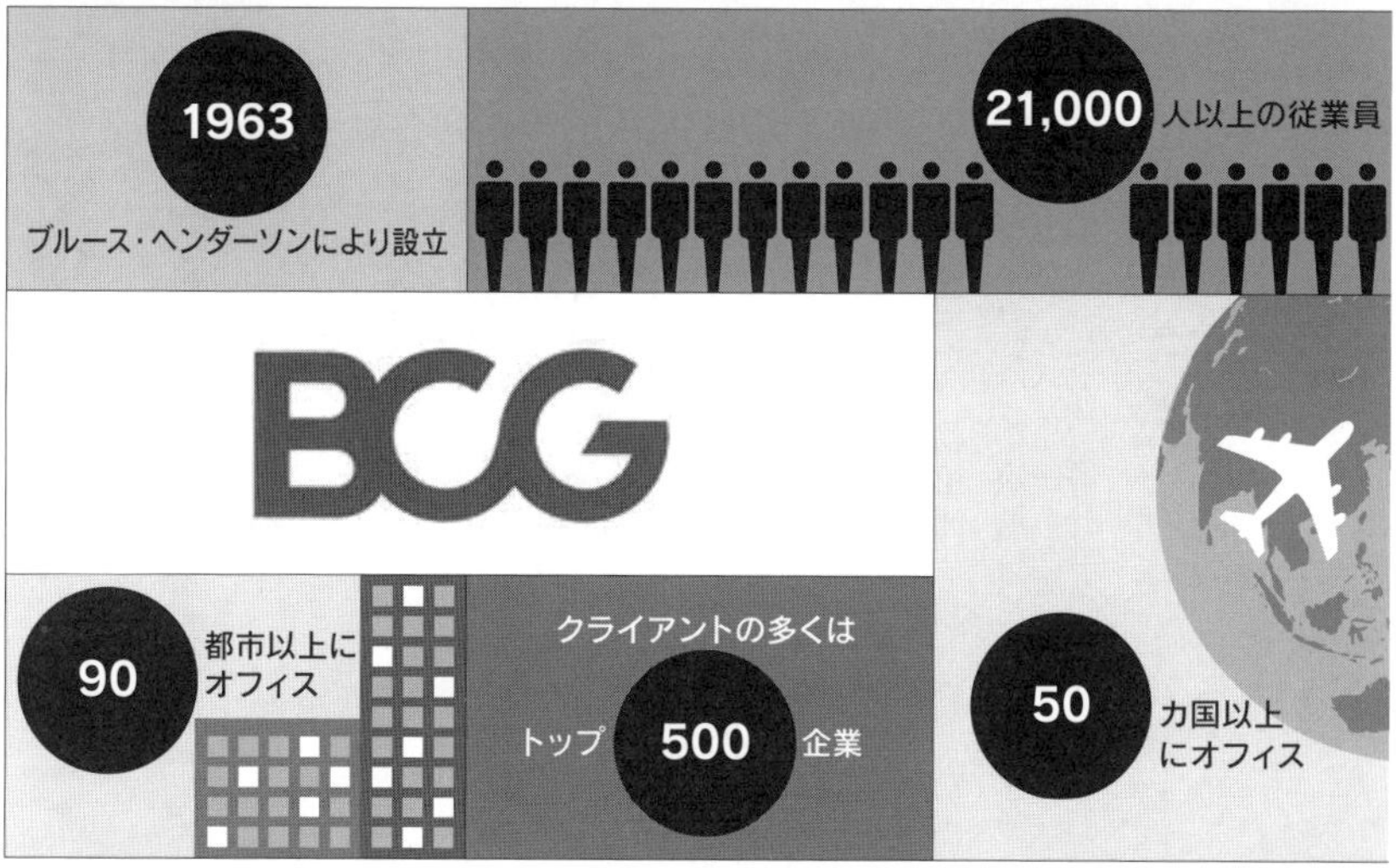

BCG デジタルトランスフォーメーション支援体制

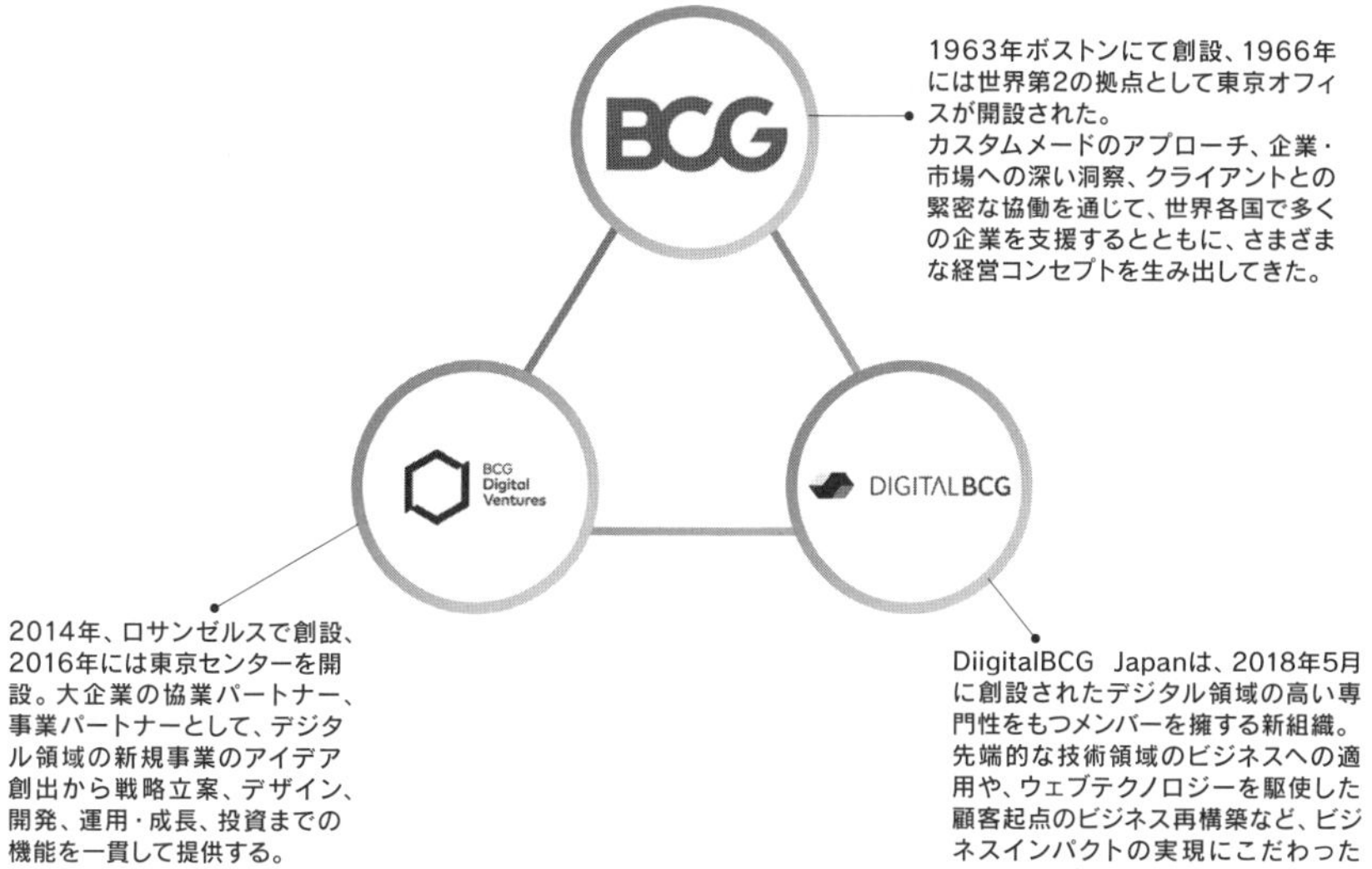

Profile 25

マッキンゼー・アンド・カンパニー

コンサルティング業界で常時人気のトップ企業

コンサルティング業界の巨人

世界65カ国以上に約130ものオフィスを構える一大外資系経営コンサルティングファーム、それがマッキンゼー・アンド・カンパニー（以下、マッキンゼー）だ。世界トップの社員数を誇り、業界内で強い存在感を放つ。日本支社は1971年に設立されており、2021年で50周年を迎えた。グローバルレベルの専門知識とローカルレベルの深い知見を組み合わせ、〝グローカル〟を意識したコンサルティングを実践している。現在、各分野のトップ企業の支援をはじめ、直近ではコロナ関連における官民の取り組みやNPO法人スペシャルオリンピックス日本のサポートなど、幅広い展開を見せている。

2018年には大阪市内に日本支社関西オフィスを開設。グローバル経営の観点から日本を最重要地域の1つと位置づけ、活動を強化している。関西以西の西日本全域を活動領域として、関西経済・関西企業の発展に貢献することを狙う。

同社の強みは、巨大なグローバル体制だ。世界中にある各オフィスの間に緊密な連携が実現されており、膨大な情報を迅速に共有するシステムなどが充実している。いかなるプロジェクトにおいてもグローバルな知見・人材を最大限に活かせる。

さらに、当社には、コミュニケーション及びビジュアルデザインのプロフェッショナルエキスパートチームや、McKinsey Global Instituteと呼ばれる専門の研究機関などが存在し、高品質なコンサルティングに大きく貢献している。

また、同社は人材輩出企業としてもその名を高く知られている。実際に、政財界の著名人を多数輩出しており、国内外多くの有名企業や組織のトップにマッキンゼーの卒業生たちが名を連ねている。

クライアントにとっての真のパートナーとして、採るべき戦略を提案

マッキンゼーが扱う案件の多くは、クライアントのトップに直接アクセスするプロジェクトであり、全社的な経営戦略などを支援している。同社のクライアントは上場企業から政府機関まで多岐にわたり、いずれもがトップレベルの企業・組織だ。また、近年ではマッキンゼーサステナビリティという新プラットフォームも立ち上げ、エネルギー・資源・農業・気候・ESGなどさまざまな方面において社会的価値の創出に取り組んでいる。

同社の実績事例として、海外製薬会社による日本市場への新医薬品投入に関するマーケティング戦略がある。世界トップクラスの大手製薬会社が、日本での共同販促とライセンス提供を行うため、提携企業の選択をマッキンゼーに依頼。マッキンゼーチームは、クライアントに対するインタビューやクライアントがもつ大量のデータを活用することで、売上予測を精緻化し、提携候補となる各社の能力・適性を評価した。この結果、マッキンゼーはクライアントに、「ライセンス提供はせず、自社のみで販売する」という想定外の提案を行った。クライアントの製品は多大な潜在力を有するとして、製品を自社のみで販売するほうが、共同販促やライセンス提供よりもメリットがあると結論づけた。クライアントはこの提案を採用。発売された製品は、当初の最大予測すら大幅に上回る販売ペースを記録するなど、大きな成功を収めた。

現状に満足せず、M&Aによる事業展開を加速

2015年は、マッキンゼーによるM&Aが加速した。この1年間だけで、米国のデザイン・コンサルティング会社のルナー、ロンドンに拠点を置くデータ技術コンサルティング会社のクァンタムブラック、航空宇宙および軍事分析企業のヴィジュアルDoD、小売分析企業の4トゥリーといった4社を買収している。

２０１９年10月には、買収したクァンタムブラック社と共同で「IoT Center Japan」を開設。クァンタムブラック社が強みとするデータ分析と、戦略立案や組織変革といったマッキンゼーの知見を合わせて、顧客企業を支援している。「IoT Center Japan」は顧客企業の経営者がデジタル変革を体感できる場とする方針で、先端技術を活用したソリューションの展示やデモの他、トレーニング機会も提供されている。未来の戦略コンサルのあり方を常に模索し、M&Aを通して新たな提供価値を創造しているのだ。

トップランクのコンサルティングファームで働くとは

マッキンゼーで働くコンサルタントは、企業や地域社会に対して価値ある変化をもたらすことのできる人材だ。課題設定力や問題解決力をもち、チームワークやリーダーシップを発揮することが求められる。

同社には〝Make Your Own McKinsey〟という社内で共有する言葉がある。同社社員のキャリアは、誰かに指示されて形成されるものではなく、自ら設計し組み立てていくものであるという思想だ。そのため、コンサルタントは入社当初から自分のキャリアパスを明確にイメージしているが、組織として１人ひとりのユニークなキャリアを支援する仕組みや風土もある。クライアントへの価値提供とコンサルタントの育成はファームの持続的成長の両輪であり、パートナー陣をはじめ、周囲のコンサルタントの成長やキャリア形成に責任をもって取り組んでおり、人を何よりも大切にする顔が当社にはあるのだ。

さらに、同社ではインクルーシブな環境の醸成にコミットし、性別・国籍・バックグラウンドを問わず、すべての社員が能力を最大限に発展させ成長できる環境を整えている。柔軟な働き方、男女問わず取得可能な育児休暇制度、多様なバックグラウンドをもつリーダーの育成、アンコンシャスバイアス（無意識な偏見）を排除するためのトレーニングの実施など、さまざまな活動に取り組んでいる。

その他にも、海外のプロジェクトへの参加やトランスファーの機会が当たり前に存在し、世界中の多様な仲間たちと仕事ができる。グローバルに活躍したい優秀な人材には最高のステージとなるだろう。

マッキンゼー・アンド・カンパニーのパーパスとミッション

Our Purpose

To help create positive, enduring change in the world

世界に持続的な良い変化をもたらすこと

Our Mission

Help our **clients** make distinctive, lasting,
and substantial improvements in their performance

顧客企業が強い競争力を備え、それが業績向上という目に見える
成果を生み出し、更には継続的な成長を具現化できるよう貢献する

Build a great firm that attracts, develops,
excites, and retains exceptional **people**

マッキンゼー自体が優秀な人材を惹きつけその人材の持つ才能を、
最大限に引き出しながら、彼らを夢中にさせる組織であり続ける

マッキンゼーの広がり

30,000人 以上の社員

65ヵ国 以上の拠点

130 以上の都市

180 もの専門領域

37,000人 以上の卒業生が125ヵ国に

6億ドル 以上を毎年、知見・能力構築に投資

90% フォーブス2,000の上位100社における弊社顧客

Profile 26

三菱総合研究所

未来を問い続け、変革を先駆ける

シンクタンク機能との連携でトップ企業の未来を描く

三菱総合研究所（以下、ＭＲＩ）は、三菱創業１００周年の記念事業としてグループ各社の共同出資により１９７０年に設立された総合シンクタンク・コンサルティングファームだ。創業来続くシンクタンク事業に加え、全社・事業戦略立案、業務改革、組織・人材戦略など幅広い経営コンサルティングや産官学支援のシステム開発をグループ企業連携で展開する。

ＭＲＩの特長は高い専門性と未来志向のコンサルティング、そして社会に与える影響力の大きさだ。日本最大級のシンクタンクとして知られるＭＲＩでは、各業界に精通した専門家たちが、シンクタンクの高度な専門知識をビジネスに転換することで高い付加価値を提供する。

手がけるプロジェクトの特長は先端性と社会性。5年後や10年後に向けて企業自らが社会変化を生み出すためのビジョン策定や、技術や政策など変化の先取りが必要な新規事業開発といった中長期目線のプロジェクトが多い。専門家しか知らない先端技術の動向や各国の政策動向を把握するシンクタンク機能と連携し、リアリティのある中長期の成長戦略を支援する。

ＭＲＩの影響力の大きさは、顧客に由来する。主な顧客は製造業や通信業、金融業などいずれも業界におけるトップクラスの大企業であり、新しい産業創出に関わる案件では官公庁を巻き込んだプロジェクト運営を指揮する。日本経済を支える大企業の未来や新たな事業の柱をともに検討し、実行まで支援する。

豊かで持続可能な未来を共創する社会課題解決企業

ＭＲＩは２０２０年の創業50周年を機に、ミッションやビジョンを見直した。事業ミッションは「社会課題を解決し、豊かで持続可能な未来を共創する」。事業活動を通じて顧客の課題を解決し、さらに顧客の背後に存在する社会課題の解決に貢献することで、豊かで持続可能な未来共創をめざす。財務価値だけでなく、非財務価値、社会価値の総和の最大化が目標だ。

一例として２０２１年にリニューアルした会員組織「未来共創イニシアティブ（ＩＣＦ）～プラチナ社会※を実現～」がある。国内外の重要な社会課題に対し、会員であるベンチャー、企業、大学、自治体の５３６団体が連携し、オープンイノベーションで共創・社会実装し、コレクティブインパクトを創出することをめざしている。「ウェルネス」「水・食料」「エネルギー・環境」「モビリティ」「防災・インフラ」「教育・人財育成」といった分野を中心に、１００億人が豊かに暮らせる持続可能社会の構築に向けて、社会課題の抽出から、社会実装に向けた検討・取り組みを推進する（２０２１年4月1日現在）。

ロングスパンの産業創出と機動的なサービス開発

社会課題と事業課題が交差する領域にアプローチし、産官学連携によるオープンイノベーションに取り組むのもＭＲＩの特長だ。例えば、現在、自動車メーカーにより自動運転技術の開発や実証実験が進んでいるが、実用化には社会制度や法規制、各地域の課題などの社会課題をクリアしなければならない。このような課題は複数省庁が関わるうえ、実際に動き始めるまでに2～3年と長い時間を要するため、一般的なファームでは支援が難しい。しかし、ＭＲＩはあらゆる省庁と強固な信頼関係を構築し時間を要する国家戦略を支援してきた実績から、関係省庁を巻き込みながら新しい産業の創出の具現化まで支援できる。

また、ＭＲＩはシンクタンクで培った知見とノウハウをもとに、グループ各社やパートナー企業と連携し、戦略から実装まで伴走してＤＸ実現をめざす。

ビッグデータの解析やAI活用の豊富な実績に裏付けられた技術力、そこから真に役立つ提案を練り上げ、効果を実感できるまで顧客の革新と成長を支援。また、社会のデジタル変革が求められる中、DXの推進課題とそれを解決する道のりを「DXジャーニー」と位置づけ、政策、地域、業界、技術の深い理解に基づき、DXを通して社会課題解決に取り組む。

先端技術の専門家も多く、開発や実装も積極的に行っている。ブロックチェーンを用いた独自のデジタル地域通貨プラットフォーム（特許取得）を開発し、地域課題解決につながる行動変容を促すサービス「Region Ring™」の提供も開始した。本サービスは東京駅周辺のSDGsポイントによる行動変容の社会実験にも活用されている。このように具体的なソリューションをクライアントとともに機動的に開発できるのも特長だ。

さまざまな分野の専門家と「よりよい未来社会」を共創する

MRIのコンサルタントの働き方の特長は早い段階から自分で仕事を定義できる点だ。顧客や周囲を説得できることが前提だが、コンサルタント自らが仕事を定義し、個性を発揮しつつ、顧客も満足するような利益を創出・還元できる企業はそう多くない。

MRIが求めるのは顧客の関心事の察知に長けた人間だ。意図をくみ取り、その背景にあるステークホルダーの本質に対する鋭い洞察力と高いコミュニケーション能力、加えて課題を解決する実行力と完遂力が要求される。

また、高度な専門性をもつ他の社員に対し、自分の考えを相対化できる力が求められる。周囲の専門家に意見を求め、そのネットワークを最大限活用できるかどうかが仕事の成否を左右する。

働きやすさには定評がある。組織に壁がなく人間関係もフラット。多様な専門家が気さくに議論しお互いを高め合う文化がある。また、未来社会のあるべき姿を提言する案件が多いため、世代を問わず社会貢献意欲の高い社員が多い。「よりよい未来社会」をクライアントとの長期的な付き合いの中で創りたい、そんな使命感をもって働きたい志望者には最適な環境だ。

三菱総合研究所のミッション

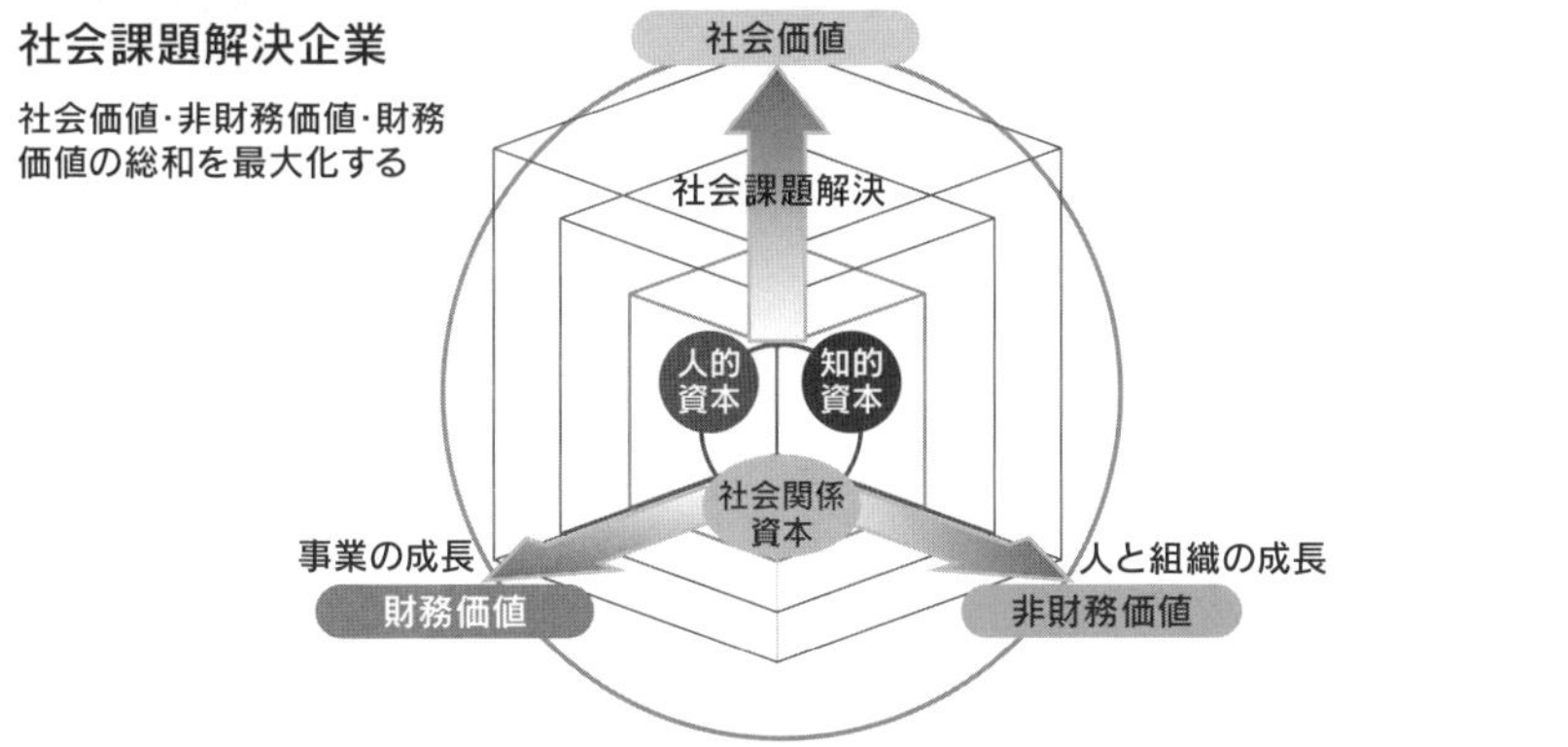

三菱総合研究所のコンサルタント

836人
の高度なプロフェッショナル人財

当社研究員（836人）の
4分の3が自然科学系、約8割が修士以上

研究員の専攻分野

（三菱総合研究所単体/2020年9月30日現在）
単位：人

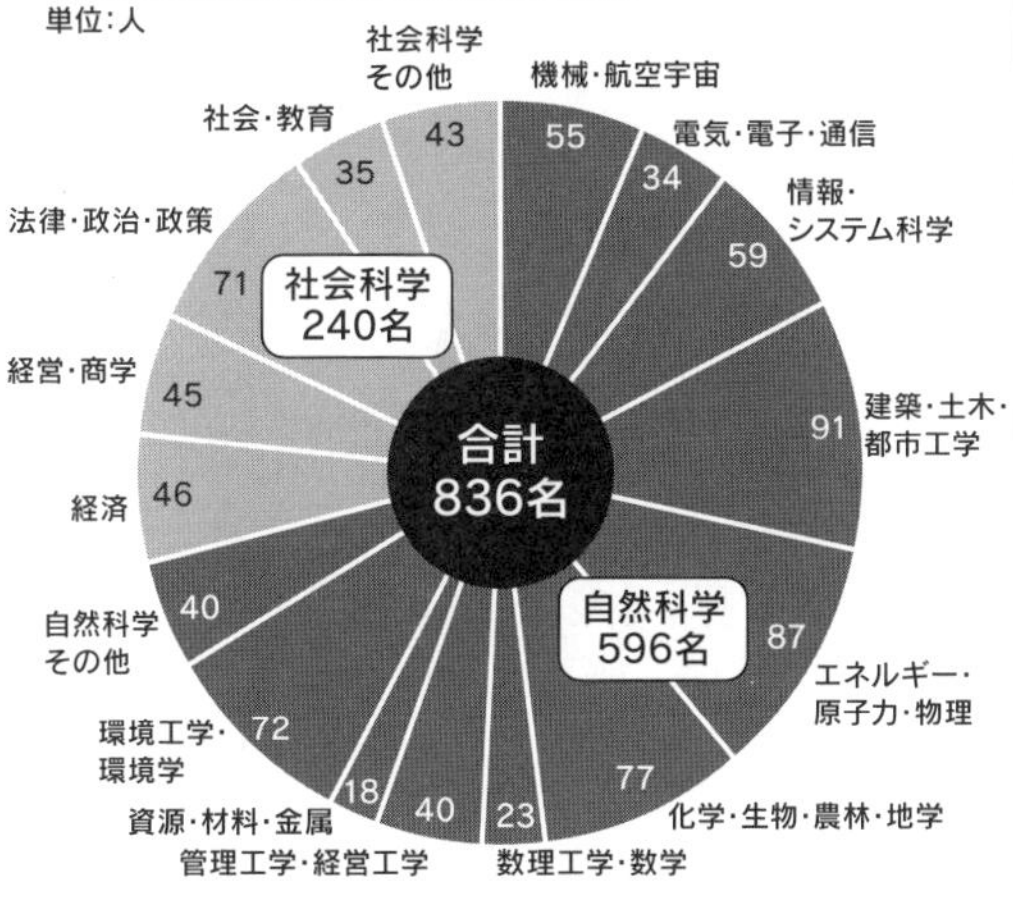

1,203人
の経験豊かな
プロフェッショナル人財

情報システム・
プロジェクトマネジメントにおける
経験豊かなプロフェッショナル人財

情報処理技術者試験等合格者数

（三菱総研DCS単体/2020年10月現在）
単位：人

ITストラテジスト	24
システムアーキテクト	70
プロジェクトマネジャー	58
ネットワークスペシャリスト	63
データベーススペシャリスト	65
エンベデットシステムスペシャリスト	1
ITサービスマネジャー	19
情報セキュリティスペシャリスト	114
システム監査技術者	17
応用情報技術者	568
情報処理安全確保支援士	13
電気通信主任技術者	8
ITコーディネータ	17
PMP	166

合計1,203人

※プラチナ社会：MRI が実現をめざす「21世紀の持続可能な社会モデル」。環境問題や高齢化など現代社会が抱える根本的な問題を解決した、モノも心も豊かで持続可能な社会

Profile 27

三菱ＵＦＪリサーチ＆コンサルティング

コンサルティング×シンクタンク「ハイブリッド型」の支援で企業・社会へ貢献

ＭＵＦＧのシンクタンク・コンサルティング機能として進化を続けるファーム

三菱ＵＦＪリサーチ＆コンサルティング（以下、ＭＵＲＣ）は、三菱ＵＦＪフィナンシャル・グループ（以下、ＭＵＦＧ）の総合シンクタンク・コンサルティングファームだ。設立から30年以上の歴史をもち、三菱総研・野村総研などとともに日本を代表するシンクタンク・コンサルファームの１つである。

同社は大企業から中堅・中小企業、国内外の政府関係機関、金融機関に至るまで、幅広いクライアントに対し、経営戦略・組織人事戦略・デジタル化戦略・サステナビリティ経営支援・海外ビジネス展開支援など、多彩な経営コンサルティングサービスを提供している。歴史に裏打ちされた専門性に加え、近年では未来社会予測やＥＳＧ・デジタル・スマートシティへの取り組みなど、社会の課題に直結する分野への取り組みを強化している。

ＭＵＲＣは、日本最大の金融グループであるＭＵＦＧの中において、民間企業に対するマネジメントコンサルティング機能を専門的に担う存在として位置付けられている。ＭＵＦＧは、全世界で約２７０社以上のグループ会社、約18万人の従業員が働く日本最大、そして世界有数の総合金融グループだ。国内では１３０万社を超える法人の取引先をもつ。

長引く金融緩和の中、巨大金融グループであるＭＵＦＧはグループを挙げて非金融分野の強化を急ぐ。その先鋒がＭＵＲＣだ。「ＭＵＦＧの充実した顧客・経営リソース」「先端領域を含む、経営コンサルティング力」「シンクタンクの基盤」この３つをあわせもつＭＵＲＣのコンサルティングサービスには大きな可能性がある。

加えて、近年はデジタルやグローバルの分野などで外部機関との提携にも力を入れており、同社のコンサルティング領域の進化と拡大は続いている。

さまざまな領域で専門家がコラボレーション「知のハイブリッド」でクライアントに貢献

ＭＵＲＣの強みの１つは、コンサルティング部門とシンクタンク部門が連携して、クライアントの経営課題を解決できること。両部門はそれぞれ独立した組織だが、社内に経営・機能の視点と、政策・産業の視点の２つをもつことで知見の深まりや、アプローチの多様性が生まれている。

例えば、スマートシティに関するプロジェクトでは、諸外国を含めた国レベルの政策や地方自治体の実情理解などを行ったうえで、民間企業や地方自治体を戦略策定から実現支援まで伴走して支える取り組みを行う。こうした動きは同社ならではのユニークなものだ。

また、近年拡大中のデジタル分野のコンサルティングでもコラボレーションの事例は多い。ＩＴ改革の専門家に加えて社内の人事・経営管理などの専門家、セクターの専門家とチームアップを行い、企業のデジタル化に貢献するといった例も増えている。

海外ビジネス展開支援では、ＭＵＦＧの約６００の国内拠点、世界約50カ国以上、約１２００の海外拠点のネットワークを活かし、「国境を越えたマッチング」を強力に支援することができる。日本の地方の良いモノを世界に発信し、販路拡大を支援するプロジェクトはその一例だ。内需が縮小する中で、ＭＵＦＧの強固なネットワークを活かした海外ビジネス展開支援は日本企業のプレゼンス拡大に貢献している。

同社の基盤である専門性の高いコンサルティングサービスに、同社内外の専門力を組み合わせてハイブリッドに提供する、新しいシンクタンク・コンサルティングファーム像を志向している。

柔軟で自由度の高い働き方成長できる環境

日本最大の金融グループの一員であるＭＵＲＣのクライアントの業種や規模は多岐にわたっている。

日本を代表するような超大手企業の案件からスタートアップ企業への支援までさまざまだ。中堅企業を相手に経営者の悩みに直接応じるような案件も若手コンサルタントのやりがいになっている。多様なファイナンスソリューションを提供するMUFG各社の営業や企画、調査、開発メンバーとの協働案件も非常にユニークで刺激的だ。

プロジェクトには、3〜4名のコンサルタントがアサインされ、3カ月〜1年間程度で遂行することが多い。現時点では、クライアント先への常駐は少なく、多くのコンサルタントはいくつかの案件を並行して担当する。複数の業界の知見を同時に得ながら、自身の専門性を高めていく例が多い同社では、新卒採用、キャリア採用の双方を行っており、毎年数十名程度のコンサルタントが入社している。コンサルタントが生産性高く活躍できるよう、リモートワーク環境の整備や各種のオンラインリソース、ナレッジシェアの仕組みが整備されている。金融機関系としては少し意外に思われるが、フリーアドレス、服装原則自由などの働き方を従来から採用している。

コンサルタントには「しっかりとした実力を身につけ、長く活躍してほしい」というスタンスの同社だが、コンサルタントとしての経験を積んだのちに、企業の経営幹部職、スタートアップ企業やベンチャーキャピタル、大学教員、起業、NPOなどで活躍する人材も多いという。

社会全体を考える高い視座から日本経済に貢献する

日本をマザーマーケット（基盤市場）とする総合金融グループの一員として、MURCは日本企業の繁栄と社会の発展に強い責任感とプライドをもつ。同社では経営幹部から若手まで「日本企業の強み・良さを真に活かすために何が必要か」を常に問い、実行に移している。これは、プロジェクト単位の短期的な成果にとどまらず、クライアントとの強固で永続的な信頼関係を構築していく総合金融グループとしてのDNA、使命と言える。日本企業の成長が、日本社会の発展につながる。大きな責任と、それを実現していく高い志をもつ有力ファームだ。

MURC コンサルティングサービスの特徴

特徴1

「コンサルティング部門」×「シンクタンク部門」による課題解決

－経営・機能視点と政策・産業視点の掛け合わせによる知見とアプローチの多様性

－政府や自治体とのリレーションを活用した産業創出・民間企業支援を実現

特徴2

先端領域に強い経営コンサルティング

－未来社会予測、ESG、スマートシティなどの社会課題解決分野への取り組み

－デジタルイノベーションに代表される先端テクノロジーの知見をベースとする経営支援

特徴 3

日本最大の金融グループ MUFG の充実した顧客・経営リソース

－MUFG は、従業員 18 万人、国内で 130 万社以上の取引先をもつ日本最大の総合金融グループ

－MUFG が擁する約 1,200 の海外拠点と約 600 の国内拠点を活かした海外ビジネス展開支援

（事例）日本のデジタル・スマートシティを推進する社団法人を産・学・官の協力により設立

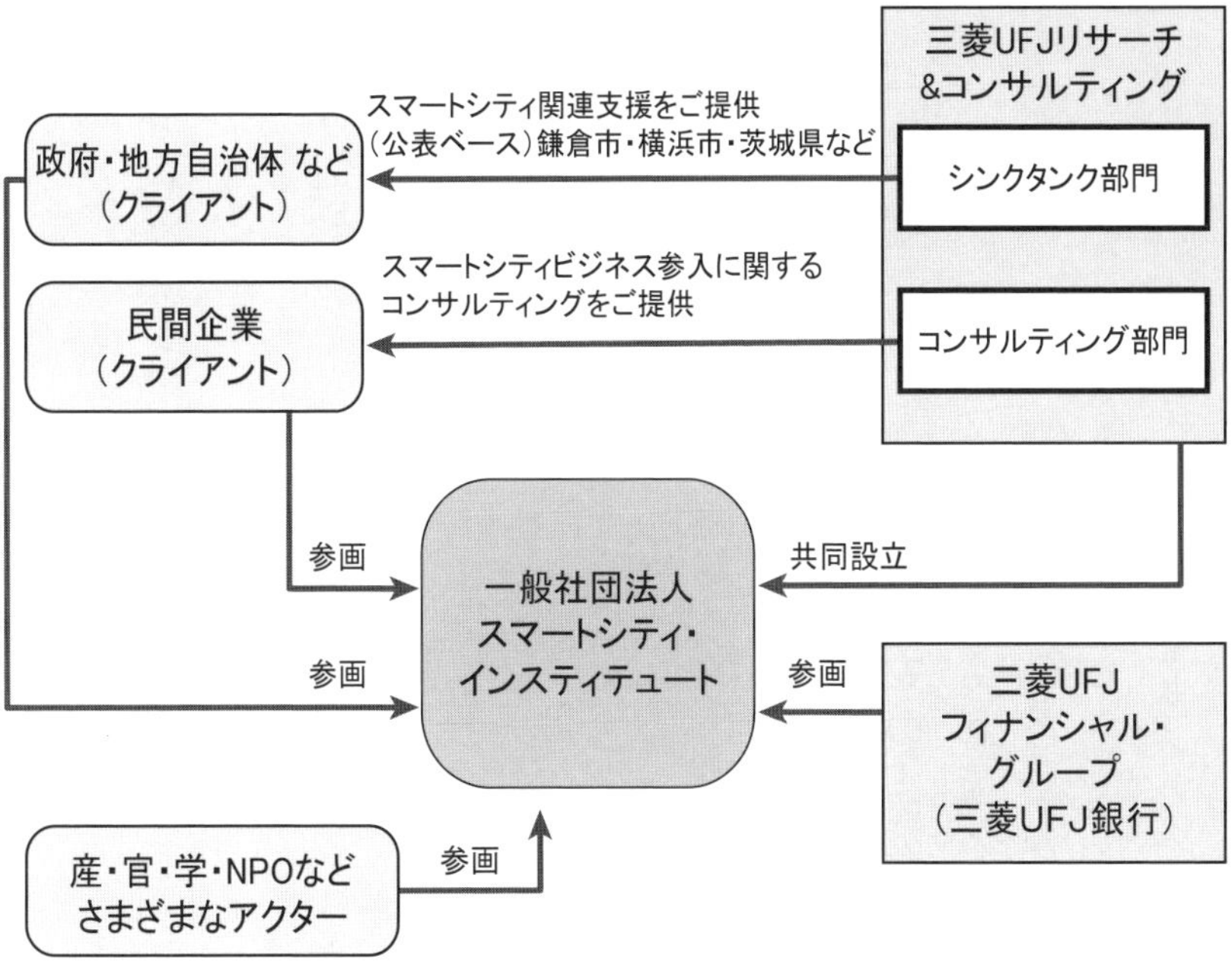

Profile 28

リヴァンプ

真の経営人材を創出する、徹底した現場主義を貫く独創的な企業

事業会社出身者が創業、企業理念は「企業を芯から元気にする」

リヴァンプは自らをコンサルティング会社ではなく「経営支援会社」と名乗る独創的な企業だ。2005年に事業会社出身者が創業、徹底的な現場主義・顧客志向を貫くことを第一とし、企業理念は「企業を芯から元気にする」という一文のみ。この言葉を体現するため、200名以上のプロフェッショナルたちが、売上高数千億円規模の企業再生案件や基幹システムの開発・刷新、コスト削減や業務改革、ファンド投資先のバリューアップ支援、一流クリエイターとのマーケティング支援やITコンサルティング、投資など多岐にわたる内容でさまざまな企業の経営を支援している。

2021年に創業16年目を迎え、経営支援の形を時代の流れとともに変化させている同社。驚くべきことに営業組織は置いておらず、リヴァンプする事例が信頼を生み、既存クライアントの支援スコープが広がったり、新規のクライアントからの依頼が増えたりと、信頼の積み重ねで多くの引き合いが存在している。社員に売上ノルマなどはなく、クライアントの価値向上のためだけを考えて仕事に取り組むことができる環境だ。

自社都合は一切なし。判断軸は「クライアントの企業価値向上になるかどうか」その1点のみ

リヴァンプでは「クライアントの利益改善、企業価値の向上のために何をすべきか」を判断軸に経営改革を実行する。さまざまなスキルセットをもった社員がプロジェクトチームを組成し、経営の根幹に入り込む。

クライアントの立場に立って同社の経営技術を提供するために、数カ月単位の短期契約ではなく長期契約でコミットする。業務内容を理解し、クライアントにコンサルタントとしてではなく同志・仲間と思ってもらい、一緒に課題に立ち向かうためには、最低でも1年以上の契約が必要と考えており、5年以上関係を続けているクライアントもいる。既存クライアントへの支援スコープは広がり続け、結果として企業の根幹に入り込んでいるのが実情だ。施策の提案・実行、そして定着までを真摯に行い、たとえ同社がクライアント先を卒業し離れたとしても、社内で実行した施策が定着する「内製化支援」をめざし、クライアントの企業価値が向上し続けることをゴールとしている。

真のDXとは何か。企業の根幹にいるからこそわかる本当に必要なDXを推し進める

昨今、DXという言葉を耳にする機会が増え、各コンサルティングファームにおいてもデジタルに関するチームや部署ができるなど、DXに対する世間の期待は大きい。当社では、現場主義をベースとする経営支援の経験から、業務構造改革中心のDXを推進する。現場業務と乖離したIT機能が過剰に付随され、システムが複雑化・ブラックボックス化し、その結果コスト過剰になっているクライアントを何度も目にしているからだ。クライアントの業務を深く理解したうえで、それぞれの規模やフェーズに合わせた改革を行い、並行してITによる変革を行うことが真の企業価値向上につながるDXと考えている。

DXは経営支援の中の一部であると考え、今後も時代の流れを鑑み企業の状況に合わせた経営支援業務を行っていく。

「ここまでやるのか」。泥臭い業務を真剣に取り組みながら数字の結果も出し続ける

同社のコンサルタントは基本的に常駐し、クライアントと席を隣にして仕事に取り組むことがほとんどだ（コロナ禍では、クライアントの要望に合わせて対面・リモートを使い分けている）。パッケージ化されたメニューがないため、クライアントのために何をすべきか、常に自分なりのジャッジが求めら

れる。20代のうちから企業の根幹に入り込んでいる若手社員も存在する。同業他社から中途入社した社員からは「ここまでやるのか」と驚かれることもあるほどで、仕事は決して生やさしいものではない。課題の要件を整理し絵を描いて終わりにすることなく、描いた戦略をハンズオンで実行し、泥臭い業務をどれだけ愚直に取り組めるか。そして数字としても結果を出し続けられるかどうか、そんな器量が社員には求められる。

期待を超えると人は成長する。挑戦心のある人材を積極採用

同社では、コンサルティングファーム、投資銀行、総合商社、広告代理店、ＳＩｅｒ、事業会社など、多様なバックグラウンドをもつメンバーが活躍している。自身の強みを活かす機会もあり得るが、これまで挑戦したことのない分野に取り組むことも多いため、採用活動では「今までの経験の枠からはみ出したい」という意欲を重視している。

4年ほど前から本格的にスタートした新卒採用では、挑戦心に加え論理的思考力やコミュニケーション能力などの人間力を重視。新卒社員の割合はまだ全体の1割程度であり、自らが会社の前例になり活躍できる環境だ。新卒社員には「今まで自分たちが5年かかったことを3年でできるようになってほしい」というスキル面、また社風醸成の担い手となることが期待されている。やりたいことが明確に決まっていなくとも、入社後複数のプロジェクトを経験しながらキャリアを築いていくことができるという。研修や教育制度は年々充実してきており、社員の声を柔軟に取り入れた新しい研修制度も始まっている。スキル面だけではなく、リヴァンプの代表事例を共有しながら「リヴァンプらしい経営支援とは何か」というマインドを伝えることも重要視している。

働く社員が同社の価値であり財産と定義しているリヴァンプ。同社は与えられた場で自身の経営技術を磨き続け、周りの期待を超えることで、人材は成長すると考えている。経営を若いうちから自分ごととして捉えて挑戦し、現場を動かし事業を推進する力を身につけたい人にとっては、最高の企業だろう。

リヴァンプの企業理念

「企業を芯から元気にする」

・企業の現場で働く人達の心に火をつけ、企業を芯から元気にしていく事
（リヴァンプする事例の創出）

・企業を芯から元気にするための『技術』を研磨し続ける事で、
結果として人材が成長する事　（リヴァンプする人材の創出）

・この2つの達成を通じ社会に貢献する事

リヴァンプの事業モデルとキャリアパス

■経営、マーケティング、ITのサービスをチーム間で連携しながらワンストップで提供。中堅中小企業案件をベースに今後は大企業案件へ突入し、並行して投資機能を強化する。

■リヴァンプのキャリアパスは人によってさまざま。若手コンサルタント時代は、将来につながる本質的な力を蓄える期間と考えており、さまざまなプロジェクトに挑戦する。

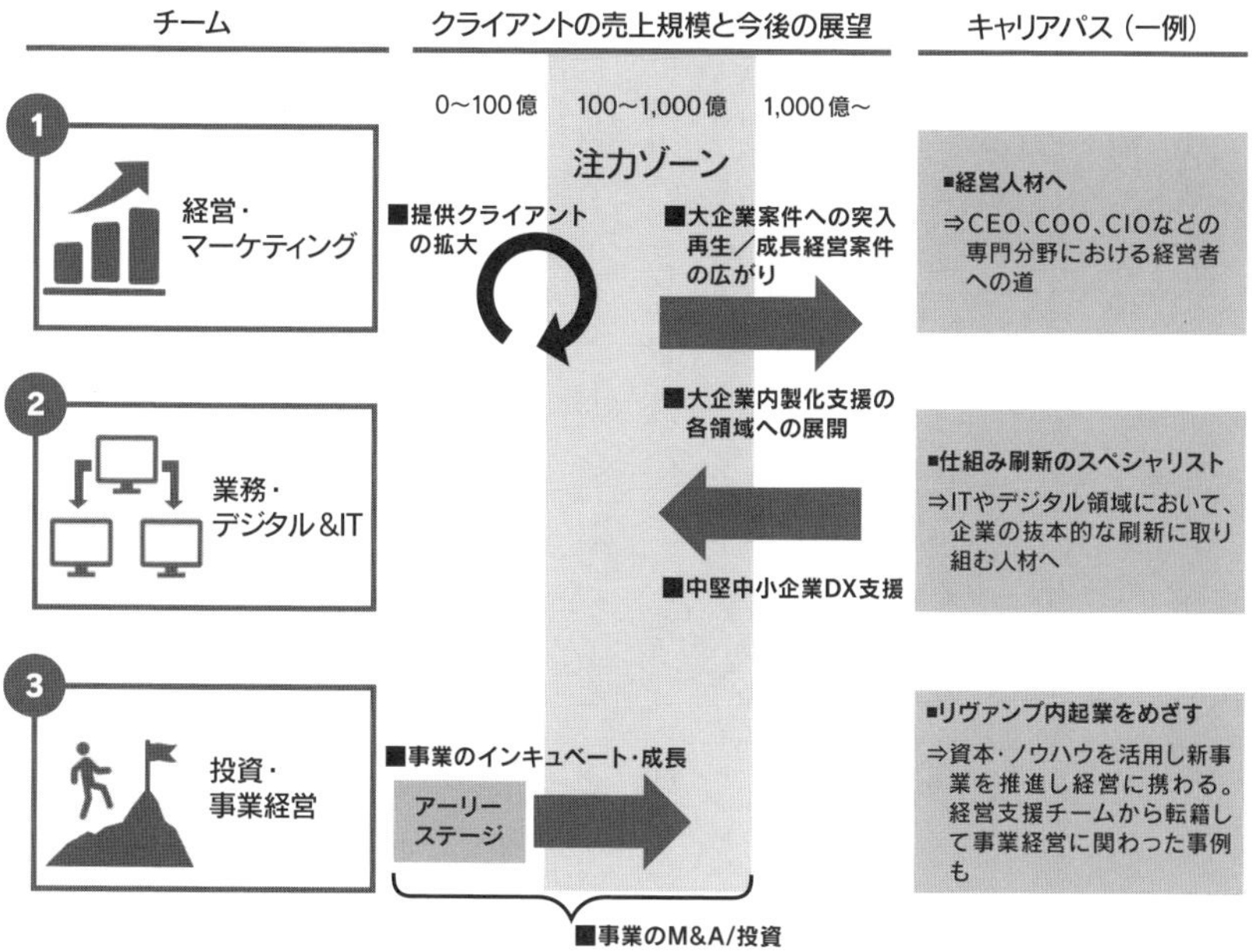

Profile

29

リブ・コンサルティング

企業をグロースさせるコンサルティングで100年後の世界を良くする会社を増やす

中堅・ベンチャー企業をインパクトカンパニーへ

リブ・コンサルティングは2012年に設立され、わずか9年間で190名超の組織に拡大した急成長中のファームだ。同社が掲げるテーマは、〝100年後の世界を良くする会社〟を増やすこと。同社ではそれを「インパクトカンパニーづくり」と呼ぶ。

「インパクトカンパニー」とは、同社オリジナルの言葉で、展開する事業やサービスによって社会に〝Before〟〝After〟が生まれるようなインパクトを生む企業を指しており、世の中の変化スピードにアグレッシブに呼応していく、中堅・ベンチャー企業群にこそインパクトカンパニーは多いと考えている。実際に、中堅・ベンチャー企業群には世の中を変えていく気概と明確なビジョンをもった経営者が多いが、経営リソースや経営状況が原因で、思い描くスピードで成長できていないことがよくある。同社は、そういった企業こそ、本質的にコンサルティングを求めている企業であると考える。

中堅・ベンチャー企業が抱える課題は多く、また世の中の急速な変化に伴って〝過去に正解だと言われた方法〟が通じない現実が起きている。そのような状況下では、従来の〝分厚い報告書を納品するだけのコンサルティング〟や〝戦略の実行は企業任せのコンサルティング〟は通じなくなっており、経営者が本質的に求めているのは〝成果〟であり、企業のグロース＝成長である。同社では、企業が継続的に発展し世の中にインパクトを与えるために追求するべき成果を「5つの成果」と定義づけている。「業績」「仕組み」「人財育成」「CIS（顧客感動満足）」

「ＥＩＳ（社員感動満足）」の５つである。同社はこれらをバランスよく高めていくことこそが、インパクトカンパニーづくりに直結すると考えている。

経営者と対峙しながら企業をグロースへと導くコンサルティング

同社のコンサルティングスタイルの特徴は「カンパニーベース」であり、同じコンサルタントがクライアントのあらゆる経営課題を一貫して支援する。そのため、戦略構築、マーケティング、ファイナンス、人事組織、Ｍ＆Ａといった経営機能全般に常に高いレベルが求められる。大手企業向けコンサルティングに多い、経営機能ごとに異なるコンサルタントが短期間のプロジェクト形式でクライアントを支援する「プロジェクトベース」とは異なり、同社のコンサルタントは、特定の機能に偏らないスキルを習得することができる。

同社では、企業をグロースさせていくためには「経営の一貫性」と「トップライン（売上高）を上げること」の２つが重要論点になると考えている。経営の一貫性とは、企業の経営理念に従い市場環境の変化に対応した事業戦略、組織設計、人財育成が一貫していることを指し、この一貫性こそが「５つの成果」の追求であり、企業が継続的に発展する土台となると考えている。そのため、企業経営を俯瞰してリードできる「カンパニーベース」を取り入れている。また、トップラインを上げるためには経営の一貫性は前提条件であり、そのうえで描いた戦略にマーケティング＆セールスの機能によって付加価値をどれだけ乗せられるかが鍵となる。また同社では、自社でＣＶＣ機能を有しており、本当にコンサルティングが必要なインパクトカンパニーに対しては、投資を行いそのフィーでグロースをブーストさせて、バリューアップする支援も行っている。

「カンパニーベース」で経営をリードすること、継続的な発展を見据えた「５つの成果」を追求することで、企業をグロースへと導くことが実現できる。実際に、同社の若手コンサルタントは配属直後から現場で経営者と対峙する機会をもち、同社特有の「集合天才マインド」によって醸成された教え合う文化と社内に蓄積された企業グロースのナレッジ活用によって、早期の段階から経営者・企業をリードするコンサルタントになることができる。

〝100年後の世界を良くする会社を増やす〟ために、まずは自社がインパクトカンパニーとなる

先述のように、環境変化の激しい現代において、なぜリブ・コンサルティングは企業をグロースさせるコンサルティングが実現できるのか。同社では、クライアントを支援する立場であるコンサルティング会社が「教えたことが自社ではできていない」状態では本質的に経営をリードできないと考え、自社もベンチャー企業であることから「自分たちがショーケースとなってベストプラクティスを出していく」ことを重視している。

そのため、コンサルティング業界では度外視されやすい「コンサルタントの働き方」にも同社では注力をしており、継続的な活動によって「Great Place to Work」が選ぶ〝働きがいのある会社ランキング〟では7年連続でベストカンパニーに、また「リンクアンドモチベーション」が主催する〝ベストモチベーションカンパニーアワード〟では、3年連続でベストカンパニーに選出されている。その取り組みの一部として、全社員が経営層に対して社内の環境や働き方、クライアントへの提供価値強化について開発や改善の提案をできる機会などがある。

同社のコンサルタントが強い働きがいをもっている最大の理由は、1人ひとりが本気でインパクトカンパニーづくりに誇りをもって働いていることにある。採用活動においても同社は〝人財投下〟を惜しまない。新卒採用では一定の選考を通過した学生に対してトップコンサルタントが1人ずつメンターとして付き、就職活動を通じて学生が最適な道を選べるようサポートするリクルーター活動をしている。採用活動にこれだけの〝人財〟とコストを投下するファームは稀である。

このように、自らもベンチャー企業として事業づくり、組織づくり、人づくりに社員1人ひとりがコミットしてインパクトカンパニーになろうとする組織であることが、コンサルティング難易度の高い中堅・ベンチャー企業に対して高い支援満足度と成果を創出できている最大の理由である。

トップライン向上を実現させるコンサルティングが強み

■「カンパニーベース」のコンサルティング

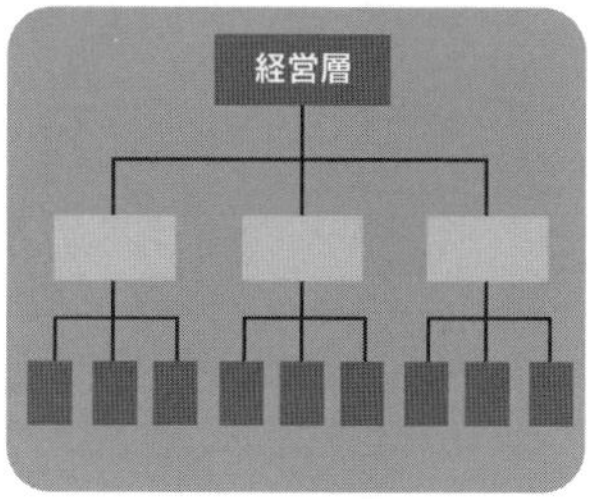
経営層

■「プロジェクトベース」のコンサルティング

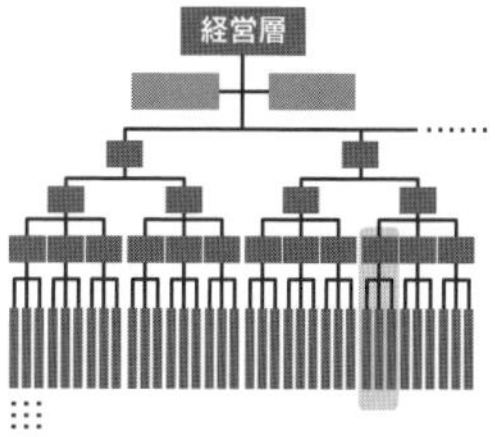
経営層

■リブ・コンサルティングの支援テーマ構成

No.	サービス内容	構成
1	グロース・コンサルティング（マーケティング＆セールス）	40%
2	総合経営コンサルティング	25%
3	新規事業立上げ＆新商品開発コンサルティング	15%
4	組織・人事コンサルティング	15%
5	M&A（ビジネス・デュー・デリジェンス PMI）	5%

ベンチャー・スタートアップ企業をグロースできる理由

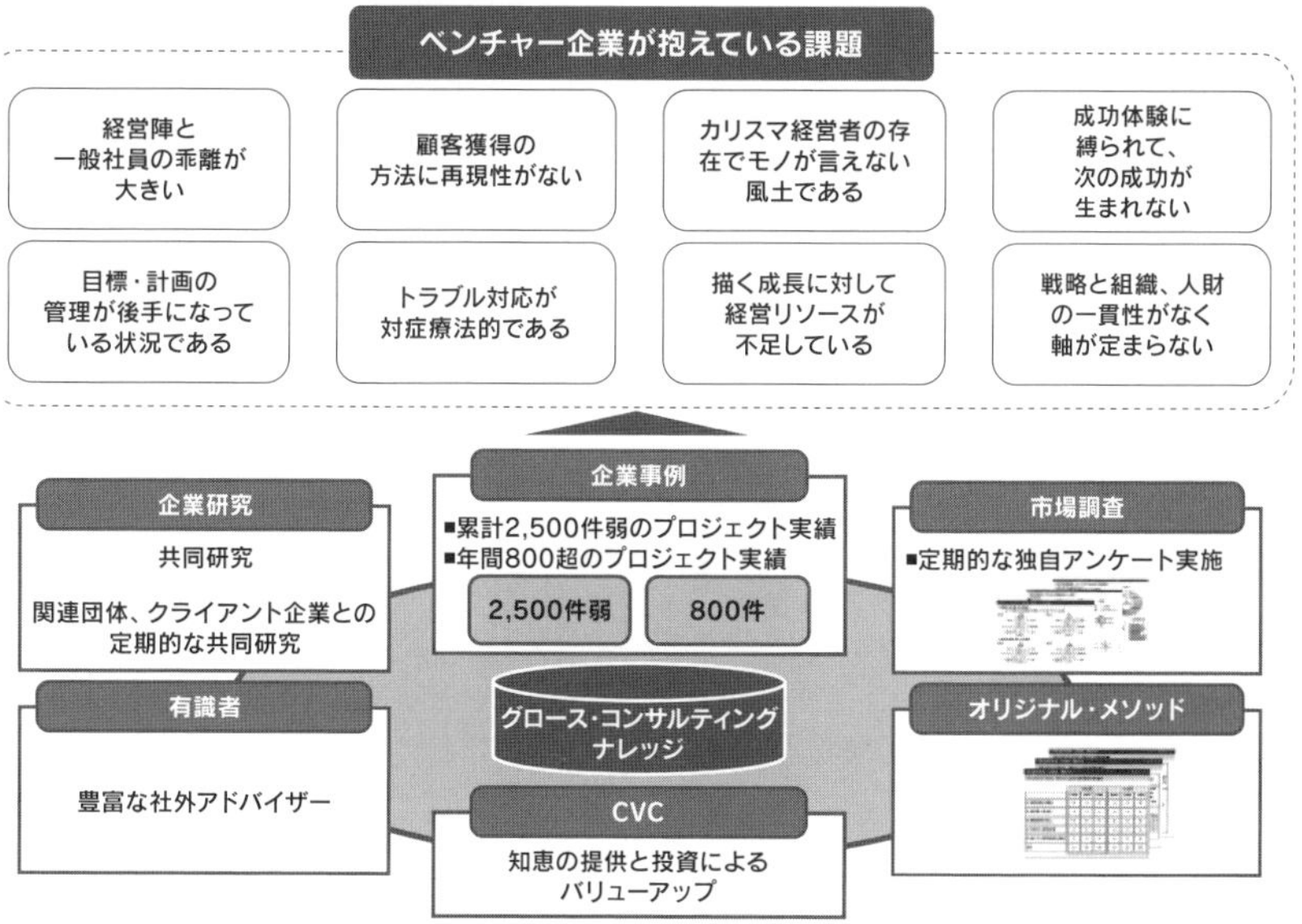
ベンチャー企業が抱えている課題
経営陣と一般社員の乖離が大きい
顧客獲得の方法に再現性がない
カリスマ経営者の存在でモノが言えない風土である
成功体験に縛られて、次の成功が生まれない
目標・計画の管理が後手になっている状況である
トラブル対応が対症療法的である
描く成長に対して経営リソースが不足している
戦略と組織、人財の一貫性がなく軸が定まらない
企業研究
共同研究
関連団体、クライアント企業との定期的な共同研究
企業事例
■累計2,500件弱のプロジェクト実績
■年間800超のプロジェクト実績
2,500件弱
800件
市場調査
■定期的な独自アンケート実施
有識者
豊富な社外アドバイザー
グロース・コンサルティングナレッジ
CVC
知恵の提供と投資によるバリューアップ
オリジナル・メソッド

Profile 30

ローランド・ベルガー

欧州の知見をベースに、日本企業・業界の革新を導く未来のナビゲーター

製造業やBtoC、デジタル領域に強み。企業と社会のサステナブルな成長戦略を支援する

ローランド・ベルガーは、ドイツ・ミュンヘンを本拠とする、欧州最大の戦略ファーム。現名誉会長のローランド・ベルガー氏が1967年に設立し、2021年現在、世界34カ国に50のオフィスを構え、2400名超の従業員を擁する。欧州最先端の工業国であるとともに、Adidas、PUMA、Henkelなど身近な製品の出自でもあるドイツで誕生したこともあり、産業財・消費財問わず幅広い知見を備え、またBtoC領域にも独自の強みを有する。とりわけ、IoT活用などのデジタル領域でグローバル全体の豊富な知見・ノウハウをもち、2011年にドイツ政府が提唱した「インダストリー4・0[※1]」の策定にも関わっている。

短期的成果を追求しがちな米系ファームとは異なり、同社は長期的なリレーションシップ構築を重視。株主だけでなく従業員や地域社会など多様なステークホルダーを重視し、欧州企業の持続的成長を支援し続けてきた経験をもとに、中長期の変化を踏まえたサステナブルな成長戦略を追求する。この姿勢は日本企業からも高く評価され、多くの信頼を勝ち取っている。

日本企業・業界の革新をめざす。「動く戦略」と「プロデュースする力」

同社は、クライアントの持続的成長への道筋を示すだけでなく、経営から現場までクライアントがその道筋を自ら進んでいける「動く戦略」の策定に定評がある。「クライアントが自ら実行できない戦略提案は不適当」という創設者の信念が深く浸透して

おり、すべてのコンサルタントが「動く戦略」に徹底的なこだわりをもつ。そのため、プロジェクトの初期段階でクライアントに深く入り込み、実情を正確に把握することを重視。経営から現場までが納得する生きた戦略にこだわり、分析と議論を繰り返しながら戦略を組み上げていく。

複雑性が増し、将来の見通しがきかない世の中のナビゲーターとして、同社は業界全体の変革をも視野に入れたクライアントの持続的成長をサポートしている。戦略の立案だけにとどまらず、さまざまな能力を有している企業を発掘し、つなぐなど、全体をプロデュースすることで新しい価値を創出することに注力している。

同社東京オフィスは、グローバルオフィスの中でも高い自立性を認められており、グローバルに先駆けて新しい取り組みを率先していることから、注目度も高い中核オフィスである。近年では、スタートアップ企業との業務提携を積極化※2。２０２１年現在、アスタミューゼ、ＡＢＥＪＡ、エクサウィザーズ、カブクなどといった有力スタートアップ企業とのアライアンス「価値共創ネットワーク」を構築し、オープンイノベーションや新商品開発、ＡＩを用いたソリューション提供などの領域で自らのコンサルティングを進化させている。

海外メンバーとの混成も。少数精鋭のチーム

多くの企業は、成熟した市場環境で、構造変化を迫られている。そうした中、ローランド・ベルガーは中長期的な競争優位を築くために「デジタルトランスフォーメーション」「クロスボーダーM＆A」「バリューチェーン変革」「事業ポートフォリオ最適化」の４つを重点テーマと捉え、日本企業の変革を支援している。

また、海外案件の増加に伴い、同社では東京・海外オフィスの混成チームを組むケースも多い※3。例えば、ドイツ進出を考えている日本企業があった場合、日・独から各2名ずつをアサインし、日本のマネジャーがチームを指揮する。こうした混成チームを組むことで、クライアントとの意思疎通と現場での実行力を両立する。プロジェクト期間は2カ月間

程度、人数は4、5人と少数精鋭で実行するのが一般的だ。

若手から裁量権をもち、クライアントとともに成長戦略を描く

コンサルタントにとって、ローランド・ベルガーの最大の魅力は、「裁量権の大きさ」にある。若手でも、自身でプロジェクトを提案し、リーダーとして遂行する機会を与え、挑戦を応援する風土がある。ある20代の若手コンサルタントは、総合商社のエネルギー関連の新規事業開発の案件にアサインされ、3カ月で新規事業戦略を策定後、1人でクライアント先に1年間常駐。クライアントとともに戦略の実行を担い、世間でよく知られるビッグビジネスの実現を主導した。また、ある若手コンサルタントは自ら手を挙げて価値共創ネットワークの1社のスタートアップ企業に1年間出向して、同社の成長をハンズオンで支援するという機会を勝ち得た。その中で資金調達や大企業との提携など、有力スタートアップ企業の中にいないとできない貴重な経験を積んだ。このように若手が裁量の大きな仕事や貴重な機会を任され、ハイパフォーマンスを出して新たな成功事例を生む、というエピソードが同社では山のようにある。

同社のコアバリューの1つに「アントレプレナーシップ（起業家精神）」がある。自らがクライアント企業の経営者であるという当事者意識を強くもち、ビジネスの特性を踏まえたうえで、創造的で革新的なアイデアをもとに成果を生むソリューションを提供しようというものだ。この考えは、コンサルタントのキャリア構築の考え方にも通じており、業界軸や機能軸で組織を分けず、コンサルタント自身が自分の専門領域を決定し、自分がなりたいコンサルタント像をめざすことができる。また、同社のブランドで仕事をするのではなく、個々人がブランドになることを奨励し、成長のための環境整備に力を入れている。実際、スタートアップ企業への出向、海外エクスチェンジや留学支援制度など、充実したプログラムを主体的に享受し自らの成長を志向することができる。まさにクライアントとともに成長し、常に挑戦を続けていくことができるファームだ。

ローランド・ベルガーが業務提携している企業

デザイン・DX・AIから要素技術・ものづくりの匠まで
尖った価値をもつネットワークを、共創の礎として構築・拡大している

ローランド・ベルガーのコアバリュー

アントレプレナーシップ、エクセレンス、エンパシーの3つをコアバリューとした組織文化を築き成功を遂げてきた

Entrepreneurship　　Excellence　　Empathy

Entrepreneurship
自律的に考え行動し、リスクを取り、**新しい道を切り拓く**ことに挑戦する。クライアントの変革を支援するため、**革新的**でありながら**持続可能**なソリューションを実現する

Excellence
持続可能かつ**目に見える成果**を実現するため、**最高の結果**と世界トップレベルのベストプラクティスを追求する

Empathy
寛容と尊重の精神を大切にし、クライアントのパートナーとして知性あふれる情熱をもってともに働く。**多様性**を強みとし、能力を最大限に発揮し、クライアントを成功に導く

※1　インダストリー4.0：ドイツ政府が推進する製造業の高度化をめざす戦略的プロジェクト。生産工程のデジタル化・自動化・バーチャル化のレベルを現在よりも大幅に高めることにより、コストの極小化と付加価値向上をめざす。

※2　スタートアップ企業との業務提携において、ローランド・ベルガーのパートナーやプリンシパルが各社のアドバイザー・顧問に就任。各社との連携を加速・深化し、日本企業の革新を支援している。

※3　2021年現在、同社の海外案件は全体の3割強を占める。大企業を中心に、クロスボーダーM&Aや海外進出における展開戦略から実行支援など、幅広いテーマに取り組んでいる。

CONSULTING FIRM

Chapter5

コンサルティングファームに入るには

1 どうなっている？ 新卒採用プロセス

新卒か中途か

コンサルティングファームは、一部を除いて新卒と中途両方の採用形態をとっているところがほとんどである。新卒と中途では採用プロセスや採用の観点に多少の違いがあるが、求められる基本的な能力や資質は変わらない。ただし、中途採用はそれに加えてコンサルタントの専門知識やスキル、業界経験なども あわせて重視される。そのため、中途採用の選考内容は各ファームによってバラつきが大きい。そこで本書では、新卒者（いわゆる「第二新卒」を含む）を中心に各採用プロセスの流れに沿って解説し、中途採用についても必要と思われるポイントを中心に説明を加えている。

なお、採用のプロセスや時期などに関しては、新卒・中途ともに各社のＷｅｂサイトに掲載しているので参照していただきたい。

新卒採用のスケジュール

コンサルティングファームの新卒採用は、他業界と比較すると早い時期に行われる。特に早いのは戦略系ファームで、大学3年の8月から9月におけるサマージョブ（ジョブの説明は後述）の後に内定が出る人もいる。採用試験のピークは10～11月頃で、11月末から12月頭に内定が出始め、遅くとも2月にはほとんどの内定が出てしまう。サマージョブやウインタージョブが主な採用で、補助的にスプリングジョブが行われている。戦略系に限らず、コンサルティングファームの選考は早いため、ファームへの就職をめざす学生は遅くとも大学3年や大学院修士

1年の夏までには選考対策や自己分析を開始するとよいだろう。

なお、通年採用を実施しているファームもある。最も遅い例では、4年生の1月に入社試験を受けて3月に内定をもらい、翌月の4月から働き出したという学生もいる。ただし、通年採用があるといっても、実際には新卒の学生の多くが動き出す春先に内定は集中するため、よほど優秀かつ特殊な事情をもつ人に限ると考えたほうがよさそうだ。

コンサルティングファームの採用プロセスは、一般的な企業と比較するといくつか異なる点がある。筆記試験である程度人数を絞り、数回の面接やグループディスカッションなどを経て内定が出るという全体的な流れは同じだが、コンサルタントとしての適性を測るためのケース面接やジョブなど、業界特有のプロセスも存在する。筆記試験やグループディスカッション、通常の面接についても、難易度や採用の観点が他業界とは異なっている点には注意が必要だ。

「ジョブ採用」にチャレンジする

コンサルティングファームの中には通常の採用ルートとは別に「ジョブ採用」の形態をとっているところが多い。ジョブ採用はスプリングジョブやサマージョブ、オータムジョブなど、季節ごとに呼び名が異なる。一般企業ではインターンシップとも呼ばれるが、コンサルティング業界ではジョブという呼び方が一般的だ。

学生数人によるチームまたは個人に一定のテーマが与えられ、リサーチを行い、最終的には報告書にまとめてプレゼンテーションを行うというのが基本的な流れである。期間は数日～2週間ぐらいで相応の金銭的な手当が出る場合が多い。

ジョブの内容は各社によってさまざまだ。あるファームでは、「大手飲料メーカーの利益を2倍にするにはどうしたらよいか」というテーマが与えられた。1チーム5人で、学生は自らの発案でコンビニへヒアリングに行ったり、自動販売機の横で客を待ち受けて購入動機をインタビューしたりするなどの活動を行い、それらの情報をもとにメンバー全員でディスカッションをして具体的なアクションプランを練る。そして、最終日にファームのパートナーたちの前でプレゼンテーションを行うといった内容である。

こうしたジョブは、実際のコンサルティング業務に近い仕事を体験できる絶好の機会だ。しかも、ジョブで高いパフォーマンスを出すことができれば、通常の採用プロセスとは別に内定にアプローチできることも多い。特に採用人数が少ない戦略系ファームでは、このジョブに参加しないと内定をもらえないというファームが大半であり、確実に参加したいところである。

しかし、このジョブは誰もが参加できるわけではない。入社試験同様、数十から数百倍という難関の筆記試験や数回の面接を突破しなければならない。そのうえで、ジョブのプロセスでさらにキラリと光る存在にならなければ内定には至らない。なお、ジョブ採用と通常の新卒採用の両方を設けているファームでは、それぞれを別個のものとして考えていることが多く、ジョブ採用の途中で不合格となった場合でも通常の新卒採用ルートで再度のエントリーが許されている場合がほとんどだ。ジョブで落ちても、通常のルートで内定を勝ち取る学生も少なくないので、あきらめずに挑戦してほしい。

このように、主要ファームのジョブ採用に参加するのはそれ自体が容易ではないが、明確な志望動機をもってエントリーすれば、たとえ選考に受からなかったとしても、その経験は必ず後の就職活動に役立つ。コンサルタントをめざす学生は、ぜひジョブ採用にチャレンジするべきだろう。

超難題!? 筆記試験

コンサルティング業界でも、ほとんどの企業が一次試験として筆記試験を設けている。一般の事業会社では四字熟語の読み方や時事問題などの「知識」が問われたりするが、コンサルティング業界では知識そのものではなく、「知恵」を測る難解な問題が出題される。例えばこのようなものである。

例題

問題1

A、B、C、D、Eの5人が時間をずらして山を登り始めた。

A：誰も追い抜けなかったが、2人に抜かされた。

B：最初にEを抜いた後、さらに2人を抜いた。誰にも抜かれなかった。

C：1人を抜いた。誰にも抜かれなかった。

D：1人を抜いたが、1人に抜かれた。

この4つの証言があったときに確実に言えることは次のどれか。

①最初に着いたのはBである。
②2番目に着いたのはCである。
③3番目に着いたのはDである。
④4番目に着いたのはAである。
⑤最後に着いたのはEである。

問題2

以下の4つの条件が与えられている。

- 雨が降ればAは海に行かない。
- 風が強ければBは山に行かない。
- Bが山に行かなければ雨は降らない。
- 気温が低ければAは海に行かない。またはBは山に行く。

このとき、確実に言えることは次のどれか。

①Bが山に行けば、Aは海に行かない。
②Bが山に行けば雨が降る。また気温が低い。
③風が強ければ気温は低い。
④雨が降れば風は強くない。

論理的に筋道を考えて答えを導き出すことは、大学の成績の良さと必ずしも比例するものではない。機転が効く、要領が良いなど、大学受験とは違う頭の良さが必要となってくる。

しかし、いくら論理的思考能力の高い人であっても、いきなりこのような筆記試験にチャレンジするよりは、入念に対策したほうが有利なことは言うまでもない。コンサルティングファームの筆記試験は玉手箱やTG-WEB、SPI、公務員試験（判断推理・数的推理）の対策本などに類似した問題が多い。傾向をつかむためにもある程度の訓練をすることは有効だ。

また英文読解問題や前述のような問題が英語で出題されるなど、英語力を問う問題もよく見られる。グローバルな業務の比率が急速に高まっている現在、英語力はコンサルタントにとって必須の要件となっており、高い能力が求められる。もちろん、入社時点で英語力を絶対条件とはしていないファームもあるが、「英語力の低い人は最初から選考対象外」という一種の「足切り」に使うファームが増えており、対策をしておくことが望ましい。

グループディスカッションは「聴く力」が鍵

コンサルティング業界の選考過程では、筆記試験の次にグループディスカッション（GD）を実施するファームが多い。5～8人程度で形成されるグループで1つのテーブルを囲み、ある決められたテーマに関して1時間ほど議論を行う。3対3などに分かれて、ディベート形式で行われるGDもファームによっては存在する。例えば、過去の選考では以下のような議題が出されている。

「東京の地下鉄を24時間運営に切り替えるべきか」
「不況から脱却する方法を提案してください」
「新しい祝日を作るなら、いつの何の日がよいか」
「未来の大学のあるべき姿を構想しよう」

ディスカッションで重要なことは、「話す力」よりもむしろ「聴く力」である。コンサルタントの仕事は、クライアントの話を聞くところから始まる。自分の意見を雄弁に語るスキルも必要であるが、それ以上に相手の意見をしっかり聞いて理解する能力が求められる。グループ全員の意見に耳を傾け、この議論のポイントはどこにあるのかを的確に把握することが非常に重要だ。

応募者はとかく自分の発言のみに注意を払いがちだが、議論の進行状況や個々人の発言内容をしっかり理解する必要がある。ヒアリングによる情報のインプットがない限り、創造的なアウトプットは生まれない。周囲の意見に十分耳を傾けたうえで、さらにそれを発展させるような発言が評価される。

チームワークができる人か

グループディスカッションの目的は、多数の知恵を出し合うことで、1人で考えるよりもバランスのとれた発展性のある結論を導き出すことにある。集団で話し合うのだから意見の衝突もあるだろう。しかし、そこで自らの意見に過度に固執せず、他人の意見の良いところを取り入れながらチーム全体の建設的な議論に貢献することが重要だ。

リーダー的立場で議論を進めれば面接官の注目を集めることができるという発想で、躍起になって集団を仕切ろうとする学生を見かけるが、集団をまとめる能力は評価項目の1つにすぎない。目立てば良いというわけではなく、周囲への気配りや協調性なども評価される。なかば強引に場を仕切ることを「リーダーシップ」とは言えないことを肝に銘じるとよいだろう。

コンサルティングは、常にチームを組んで行う仕事である。グループディスカッションでの評価の観点を端的に表現するなら、「チームワークができる人間かどうか」を見ていると言えるだろう。これがコンサルティングファームで働くうえで必須の能力であることは言うまでもない。

フェルミ推定・ケース面接で「思考の過程」を見る

フェルミ推定やケース面接は、コンサルティング業界独特の採用試験の形態である。採用試験のプロセスの中で、最も難関と考えてよいだろう。多くのコンサルティングファーム、特に戦略系では、必ずと言ってよいほど出題される。

フェルミ推定とは、「山手線には1日何名が乗車しているか?」や「あるコンビニの1日の売上は?」

といった、実際に調査するのが難しく、捉えどころのない値を、いくつかの手がかりを用いて論理的に推論し、短時間で概算させる問題だ。フェルミ推定には、論理的思考力や仮説思考、数的処理能力、説明能力などの総合的な「地頭力」が求められる。

また、ケース面接とは、コンサルタントが日々取り組む大企業の経営課題や「近所のラーメン屋さんの売上を拡大するには?」といった身近な経営課題、政府や自治体が取り組む社会課題などを提示し、その問題の解決策を検討させることで論理的思考力や仮説思考、問題解決能力などを見ようというものだ。

出題方法は、大きく2つのタイプに分けられる。1つ目は、その場の面接の流れから即興的にテーマが作り出されるものだ。

フェルミ推定を用いた推論の問題であれば、以下のようなものが挙げられる。

(前の自己紹介でテニス部に所属していることを知り、)「日本全国にあるテニスラケットの数は?」

(カフェでバイトしていることを知り、)「日本におけるカフェの市場規模は?」

(目の前にあるボールペンを見て、)「日本におけるボールペンの年間消費本数は?」

また、ケース面接であれば、以下のようなものが挙げられる。

(コロナ禍で外出しなくなったという雑談から、)「コロナ禍において居酒屋の売上を上げるには?」

(ノーベル賞受賞のニュースから、)「5年以内に日本のノーベル賞受賞者数を倍にするには?」

(あるアニメ作品が大ヒットしているという話から、)「どうすれば、大ヒットは生まれるのか?」

2つ目は、背景の詳細説明に加え、グラフや数表などの資料を与えられ、それに基づいて問題を解決していくものだ。例えば、次のような問題がある。

「この競技用自転車メーカーは一般自転車市場に進出すべきか?」

「この旅行代理店の売上不振の原因は何か？　今後の対策も検討せよ」

「これらのデータから読み取れる、日米間の転職率の差の原因は何か？　また、今後日本企業が優秀な人材を社内にとどめるための有効な手段を模索せよ」

どちらにしても難解な問題ばかりである。正直な話、ファームの側も学生に正確な答えを要求しているわけではない。答えを導き出すまでの「思考のプロセス」を見ているのだ。コンサルタントをうならせる斬新なアウトプットが求められているわけではなく、いかにゼロベースでその問題を捉えることができるか、説得力のある論理展開の仕方ができるかどうかが問われている。

「ゼロベース思考」の重要さ

コンサルタントとして活躍するために必要な能力はいろいろあるが、ゼロベースで物事を考えられる力は非常に重要だ。ゼロベース思考とはどういうことか。それは、過去の経験や周囲とのしがらみ、物事に対する先入観など、従来の思考の枠組みにとらわれない自由な発想ができることだ。

例えば、ケース面接の問題として、「清涼飲料メーカーの販売促進の方法を考えよ」という設問があったとする。普通に考えれば、商品開発とかマーケティング戦略、広告戦略といったものに知恵を絞ることになるだろう。

では「このメーカーの飲料を全国民が1日1本必ず飲まねばならないという法律をつくる」という案はどうか。この案は、実現可能性がないという面で実際の戦略としては意味がない。しかし、ゼロベースの発想という点だけに限ってみれば、1つの答えである。やや極端な例ではあるが、ゼロベースの発想とはそういう意味だ。

クライアントがなぜ、コンサルタントに仕事を発注するのかを考えてみると、クライアントの社内では得られない自由な発想を求めている面が非常に強い。自社の人材では思いつかない解決策が期待できるからこそ、クライアントはコンサルタントを活用する。その意味で、ゼロベースで物事が考えられる力は非常に重要なのである。

面接官とのディスカッションを楽しもう

コンサルティングファームの面接官は、すべて第一線で活躍するコンサルタントだ。コミュニケーション能力、論理的思考能力など、すべての面において学生にとって歯が立つ相手でないことは歴然としている。データの分析や論理の展開などの欠点を指摘されることは当然である。

問題は、指摘を受けること自体ではなく、突っ込まれたとき、どのように対応するのかということだ。矛盾点を指摘された時、慌ててパニックに陥ってしまったり、トンチンカンな返答をしてしまったり、腹を立ててしまったりするのでは、当然、冷静な思考能力のある人間とは見なされない。

面接官は、「この志願者は、ディスカッションパートナーにふさわしいか否か？」という視点で志願者を評価している。1つのアドバイスになるが、例えば面接官を自分の能力をテストしている人と見るのではなく、一緒にディスカッションしている仲間だと考えてみよう。自分の意見を攻撃しているように思える面接官のツッコミも、議論をより正しい方向に導き、クライアントに役立つ解決策を出すためのアドバイスと捉えることができるはずだ。面接官のツッコミに対して、確かにそうだと思えば、「なるほど、ということはこういうことが言えますね」と議論を重ね、思考を深めながら自分の提案の質を高めていこうとするスタンスが重要だ。そのような面接官の鋭い指摘や質問に粘り強く、柔軟に対応していく思考態度が評価される。

コンサルティングファームの面接では、学生の回答の「正しさ」を見ているわけでは決してない。「答えが合っているかどうか」ではなく、「どういう筋道で考えようとしているか」という思考のプロセスを見ているのだ。このことを決して忘れないようにしよう。

ケース面接突破の鍵を握る、「7つのスキル」

ケース面接において、キーポイントとなるスキルは以下の7つに分類することができる。

1　前提条件にとらわれない発想の柔らかさ

2　問題の背景を整理する構造化（フレームワーク）の能力

3　仮説を立てながら問題の原因を分析する力

4　複数の代替案を導く切り口の多彩さ

5　解決策の有効性を数字に落とし込む定量的センス

6　自らの意見を効果的に伝え、相手の真意を的確に読み取るコミュニケーションスキル

7　漏れなくダブりもない順序だったロジックの展開

ケース面接には、ある程度の慣れも必要である。さまざまなケースをこなしていくうちに、自分なりのアプローチの仕方やフレームワークの設定の仕方が把握できるようになるはずだ。また、日頃から物事を深く論理的に考える姿勢も身につけよう。ビジネスマン向けの論理的思考法や、問題解決法について書かれた本を読んでみるとよいだろう。

「一緒に働きたい」と思える人か

コンサルティングファームの採用プロセスにも、オーソドックスな面接は存在する。しかし、そこでも業界特有のスタンスはある。

ファームで採否を決める面接に携わるコンサルタントは、現場で仕事をしていれば時間給が数万円にも及ぶパートナーやマネジャークラスの人たちである。そうした第一線のコンサルタントが自ら時間を使って面接するのは、ファームの採用基準が最終的には「一緒に働きたい人か」という点にあるためだ。そこを見極めるには人事部ではなく、現場のコンサルタントが自ら面接する必要がある。

本書でも解説してきたように、コンサルティングの仕事のほとんどはチームを組んで行う。そのため、「仲間として迎えることができるか」という視点はチームプレーの生命線とも言える。また、コンサルティングファームにとって最大の資産は人材である。そのため、優秀な人材を獲得し育てることに対しては努力を惜しまない。時間単価の高いコンサルタントが過密なスケジュールの合間を縫って自ら採用活動に時間を割く理由はここにある。

質問自体は基本的なものが大半

しかし、第一線のコンサルタントが面接官だといっても、とてつもなく難しい質問が繰り出されるわけではない。あえて思考力を問うケース面接は別として、通常よく聞かれる質問は一般企業の面接と大差はない。例えば過去の例では、次のようなものが挙げられる。


「学生時代に力を入れてきたことは何ですか？」

「自分の長所短所を説明してください」

「なぜコンサル業界を志望したのですか？」

「その中でなぜ当社を選んだのですか？」

「どんなコンサルタントになりたいですか？」

「当社でずっと仕事をしますか？」

「他社や他業種はどんなところを回りましたか？」


整理してみると、やはり主に自己ＰＲや志望動機、将来像などが質問されている。一見、普通に回答すればよいようにも思える。しかし、これらの質問に対してただ事実を回答をするのは、コンサルティングファームに限ったことではないが、まったく意味がない。

ここでコンサルタントが確認したいことは、前述したようにこの質問に対する「回答そのもの」ではなく、そう答えるに至った「思考のプロセス」だからである。

例えば、「学生時代に力を入れてきたことは何ですか？」という質問にしても、そこで面接官が知りたいのはテニスの大会で優勝したとか、バイト先で店長になったとかという「事実」そのものではない。聞きたいのは、なぜそれに力を入れたのか、そして「力を入れてきたこと」において、この学生はどのような問題解決に取り組み、どのように成長してきたのかというプロセスなのである。

2 中途採用プロセスの実際

転職希望者のキャリアは多種多様

コンサルティングファームへ転職する人はどのような経歴や問題意識、動機をもっているのだろうか。転職者の職歴は多種多様だ。外資系や日系、あるいは大企業と中小・ベンチャー企業の別なく、あらゆる企業や官公庁で勤務していた人びとがコンサルティングファームに活躍の場を見出している。

世間ではコンサルティングファームに転職できる人材は大企業で経営企画を担当している人など、いわば大企業のエリート層がほとんどであるといったイメージが強い。しかし、実際は企業の大小を問わず、あらゆる役職、部署の人びとがコンサルタントになっている。さらには医師や官僚など民間の事業会社での勤務経験のない人びともコンサルタントとして活躍している。

経験者の採用で求められるもの

では中途採用においてコンサルティングファームが求めるものとは何だろうか。この点に関しては、戦略系ファームとそれ以外で評価されるポイントに多少の違いがある。

●戦略系ファーム

・学歴を重視する傾向がある。偏差値の高い、いわゆる上位校以外の出身者の採用は稀である

・業務知識や専門性はあまり重視しておらず、「地頭の良さ」を重視する傾向がある。そのため、非常に幅広い業界、職種から応募できる

・情熱が大事（コンサルティングという泥臭い業務

をなぜしたいか）

● 戦略系以外のファーム

・上位校出身者を好むが、戦略系ほどは学歴を厳しく見ていない

・もちろん、「地頭の良さ」も重要だが、業務知識の深さや専門性の高さを重視する傾向がある

注意しておきたいのが、ＰｗＣコンサルティングやデロイト トーマツ コンサルティングなどに代表される戦略から業務（ＩＴや会計など）まで幅広いサービスラインを実行する大規模なコンサルティングファームへ転職を希望する場合だ。これらのファームの選考では、事前に「この会社の○○部門で働きたい」と、自分がどの部門（サービス）で仕事をしたいのかを明確にしたうえで面接を受けることになる。自分がそのファームでどのような仕事をしたいのかを事前に深く考え、志望先に応じた対策を進めていく必要がある。

転職活動のプロセス

企業研究を行い、どこのコンサルティングファームへの転職をめざすかを決めたならば、次は出願書類を準備し、筆記試験と面接を受けることになる。この転職活動の実態はどうなっているのだろうか。

ここでも戦略系ファームをめざすか、それ以外かで選考の期間や内容は異なってくる。まず、戦略系コンサルティングファームへの転職の場合、通常は準備を含めて4～6カ月の期間をかけて活動することになる。提出書類は履歴書と職務経歴書と志望動機書の3点が基本であり、自分で直接、もしくは転職エージェントなどを通して提出する。

書類選考と筆記試験を通過したら面接に進む。面接に際して、あるコンサルタントは「必ずフェルミ推定やケース問題が出されると考えて臨むべき」とすすめる。先にも触れたように、戦略系ファームは「地頭の良さ」や「論理的思考力」を重視しており、その能力をフェルミ推定やケース面接で評価する。コンサルタントとしての価値を出せる思考力を有し

ていることは内定の絶対条件。一次面接から内定に至るまで、フェルミ推定やケース問題に対する対応が自然とできるよう対策を進めておこう。

中途採用のプロセスでは、面接の回数は明確に決まっていない。人によっては2回の面接で内定に至る場合もあれば、5回から多い人だと8回以上の面接を受けた例もある。一般的には3～4回の面接となるが、最終面接で不採用となる場合も多く、最後まで気を緩められないのがコンサルティングファームへの転職活動だ。

戦略系以外の場合、準備を含めて2～3カ月の期間をかけて活動することが多い。提出書類や提出の方法は戦略系と同様だ。書類選考と筆記試験に通過後、面接を行う点も同様だが、中途採用ではフェルミ推定やケース問題の出題頻度がやや減り、「前職の経験がコンサルタントとしての仕事にいかに役立つのか」についてのやりとりが主となる。内定までの面接回数は戦略系ほどのばらつきはなく、平均的には2～3回の面接で結論が出るケースが多い。

転職エージェントの活用

コンサルティングファームへの転職は、前述したように以下の2つのアプローチが主となる。

1　自分で各ファームのホームページの中途採用ページから志願する

2　転職エージェントを経由して各ファームへ志願する

ディスカッションスキルや高い専門スキルを身につけている場合は、もちろん前者のアプローチでの転職も十分に可能だ。しかし、慣れない転職活動で不安が多いようであれば、後者のアプローチも有効だろう。転職エージェントは、近年コンサルティングファームの採用戦略に果たす機能が高まっており、中途採用者の多くがエージェント経由で内定を勝ち取るようになっている。転職エージェントの活用は基本的に無料。これは、転職エージェントが転職希望者からではなく、コンサルティングファームから成功報酬を受け取っているためだ。
では転職エージェントは何をしてくれるのだろうか。たとえて言えば、転職エージェントは転職希望者のためのコンサルタントだ。業界知識や応募のための各種ノウハウ、自己分析や自らの実力がどの程度の価値があるのかを診断する機能もある。提出書類の添削やフェルミ推定・ケース問題のトレーニングなどのサービスを用意しているエージェントもあり、選考前に自らの力を高めることができる。とりわけ筆記試験については各ファームの内容や実施の有無が毎年のように変化するため、今年はどのように実施されるのか、エージェントなどを通じて、できる限り正確な情報を収集するのが有効だ。また、エージェントによっては、コンサルタントとしてのキャリア展望や将来設計のアドバイスまでサポートしてくれる。年俸の条件交渉まで代わりに行ってもらえることも助かる。仮に複数のファームから内定した場合には、各ファームの客観的な情報に基づき、転職希望者の適性や志向が考慮された適切な判断基準を提示してもらえるだろう。

もし本気でコンサルティング業界への転職を考えるなら、転職エージェントを活用するのは有効な方法だ。いくつかのエージェントの中から自分に合ったエージェントを選んで転職活動をスタートするとよいだろう。コンサルティング業界に強い主な転職エージェントとしては、アンテロープキャリアコンサルティング、キャリアインキュベーション、コンコードエグゼクティブグループ、ムービンストラテジックキャリアなどがある（五十音順）。

3 新卒コンサルタントの価値とは？

急増する新卒採用

コンサルティングファームに終身雇用という発想がないことは繰り返し述べてきた。あくまで個人の実力で勝負。新卒であろうと中途採用であろうと関係はないというのが原則だ。要は、その人物がコンサルタントとして活躍できるポテンシャルをもっているかどうかが唯一の判断基準だ。そして、新卒でコンサルティング業界への就職を志す学生には、高い成長意欲と地頭の良い人が多く存在するため、各ファームはこれらの有望な人材を獲得しようと積極的に採用活動を行っている。

少し話が逸れるが、学生の中には事業会社で実務経験を積んだ後で、コンサルに転職したほうがよいのではないかと心配する人が少なくない。ただ、コンサルタントになると決めているのであれば、新卒でエントリーするほうがベターだろう。コンサルタントは特別な資格はないものの、医師や会計士と同じ「プロフェッショナルサービス」だ。例えば、経験年数が10年の医師と3年の医師では、10年の医師のほうが高いスキルをもっている可能性が高くなる。それと同様に、コンサルタントも早くから始めて、経験を積んだほうが有利になる。また、近年では各ファームの人材育成の体制が整っており、新卒でも無理なく成長できる環境が用意されているので、安心して入社することができる。

ここで、新卒でコンサルタントになることについて、ある戦略系ファームのパートナーたちのコメントを紹介しよう。

「実務経験があったほうが良い面も多いけれども、逆に実務経験によって失うものもあります。どなたでも同様ですが、同じ職場環境に10年もいると仕事のスタイルが固まってきます。日本の大企業では自分の考えを主張することよりも、組織に同化して働くことを重視する傾向が強い。一方、コンサルティング業界では、未熟であっても自分なりの考えを主張することが求められます。ここに1つのギャップがあるかもしれません。新卒で当社へ入れば、最初からプロフェッショナルマインドが叩き込まれて、育てられる。その意味では、コンサルティングの世界に入るのであれば、早ければ早いほど、本人にとってはプラスだと思います」

「コンサルタントの仕事は新卒でも付加価値を出すことができます。若くて経営や業界を知らないからこそ新鮮に物事が見られる場合もある。そこに丹念に事実を集めて分析し、理詰めで物事を考えるコンサルタントとしての訓練をすれば、会社で起きている問題をより客観的に示せる可能性はあります。実は良いコンサルタントと年齢や経験は関係ありません。私が気づかないような鋭い指摘をする若いコンサルタントもいます。クライアントの経営者も同じで、違った視点の指摘をすごく新鮮に感じる。だからコンサルタントという職業が成り立つのです。これからも新卒や若手をどんどん採用して育てていきたいと思っています」

また、コンサルティングファームは多種多様なバックグラウンドの人材が集まる多様性が強みである一方、自社の理念やカルチャーを育て、発展させていくことにも精力的に取り組んでいる。そのためには「白紙」の状態からそれを受け入れ、真摯に実践する傾向の強い新卒の人材は貴重な財産だ。このような背景もあり、高いポテンシャルをもつ人材を求めて各社とも新卒採用には注力している。

4 コンサルティングファームが期待する人物像

期待される「5つの資質」

どのようなタイプのコンサルティングファームであっても、期待する人物像にはかなり共通性がある。今まで挙がったポイントを再整理すると、次の5つにまとめられるだろう。

▼1　論理的思考能力・問題解決能力

クライアントの社内にも優秀な人材はたくさんいる中で、あえてコンサルタントに仕事を発注するからには、必然的にかなり難易度の高い問題解決になる。そこでクライアントから評価される価値を発揮するには人並みの思考力では難しい。

▼2　人間力

コンサルティングは一種のサービス業である。詰まるところは人が相手の仕事だ。いくらきれいな戦略を描いても、それをクライアントに正確に伝え、納得してもらい、動いてもらわないと意味がない。人は理屈や合理性だけで動くわけではない。感情的な要素は非常に大きい。人とのコミュニケーション能力や、他人が何を考えているのか察することができる感受性・理解力などは絶対に欠かせない。

▼3　成長力

コンサルティングファームがコンサル未経験者の採用を行っているのは、将来の可能性を期待しているからである。入社後にさまざまなコンサルスキルを習得するのは当然として、変化の激しい現代においては、コンサルタントも日々成長し続けることが求められる。好奇心旺盛に学び、成長することを楽しめる人でないと、入社後に苦しむことになるだろう。

▼4　素直さ

人の成長には素直さが大事。自分の考えに反対されたり、問題点を指摘されたりした時などに、それをどう受け止めて自ら変わっていけるか。これで大きな差が出る。新しい会社に入ると、以前いた会社や学校で身につけたことが、通用しないことは珍しくない。過去の経験に固執せず、まずは新しく教わったことを飲み込み、実践してみるという素直さが成功への近道であることが多い。また、入社時に新しいやり方を教わったのに、しばらくするとまた以前のやり方に戻ってしまい、失敗するというケースもよく見られるので、注意が必要だ。

▼5　ストレス耐性

コンサルタントの仕事は問題解決である。解決が困難であるからこそ「問題」になっているのであり、思い通りに仕事が進んでいくことはほとんどない。また時間的な制約、コスト面の限界、人間関係の摩擦など、かなりストレスのかかる時期もある。時にはクライアントにとって耳の痛い話もしなければならない。そうした厳しい状況下でも粘り強く取り組み続ける資質が必要だ。

こうした共通性以外に、コンサルティングファームにはさまざまな期待する人材像がある。その点について、いつくかのコンサルティングファームの考え方を聞いてみた。参考にしてほしい。

コンサルタントの証言

▼「ならではコンサルタント」をめざせ

「基本は自分の強みで勝負したいと思う人。『そこそこでいい』という『それなりコンサルタント』になる人ではなくて、この世界で自分しかできない『ならではコンサルタント』をめざす人に来てほしいなあと思います。そう思えない人は他の業種を選んだほうがいい。もちろん知識や能力も必要ですけれども、より重要なのは心構えというのでしょうか、自分はこれをやるのだという強い意志が決定的に重要ですね」

（シンクタンク、パートナー）

▼アグレッシブになれ

「コンサル未経験の人材に求めることは、アグレッシブさです。できるだけ長期に安定して働いて、あまり重い責任をもちたくない、そのかわりサラリーは安くてもいいという人も世の中にはいます。それが間違っているとは思わない。でも私たちのビジネスは逆で、どんどん自分から仕事をやっていく人でないと困る。どんどん自由にやってほしい。手っ取り早く言うと、自分で仕事を取ってきて、自分で必要な人を育てて、それで完結してくれればもう立派なパートナーですよ。早くそうなってほしい。それには自分から行動する意思がある人でないと難しい。パートナーシップとはそういうものだと思うのです」（総合系ファーム、代表）

▼「問題意識」を実行に移す

「学生の中には、自分がこれを絶対にやりたいとか、すごく興味があることに飛び込んで実際にやっている人がいます。例えば1年間アフリカに行って農村の支援をやっていたとか、それはコンサルティングとは無関係ですが、自分が主体的に関わることで問題解決に加わるんだという強い思いがなければ、そんなところに行けませんよね。別に海外に行かなくてもいいですが、普段の生活で自分が強く思っていることを実際に行動に移して、多くの人を巻き込みながらやっている学生は、やはり違う。本当に行動した人は話せばすぐわかります。そういう人の共通点は、自分なりの問題意識や課題に対する思いのレベルが強く、そして現実の行動から何かラーニングや満足感を得ていることです。そういう人と仕事をしたいですね」（戦略系ファーム、代表）

▼仲間として相互信頼できる人

「人として仲間として相互信頼を構築しつつ仕事が

できる人。その点を非常に重要視しています。面接でもこの人と仕事ができるかという視点は重要な要素です。それは詰まるところ、モチベーションの問題だろうと思います。通常、モチベーションには3種類あって、権力やお金に関心が強いパワーモチーブ、自分が何か課題を解決して達成することに関心があるアチーブメントモチーブ、人と一緒に仕事をしていく、仲間とうまくやることをすごく大切に思うというインティマシーモチーブに分けられます。この業界に来る人は、パワーモチーブやアチーブメントモチーブが高い方は非常に多いのです。でも私たちが求めているのは、インティマシーモチーブをもちながらパワーモチーブとアチーブメントモチーブをうまくコントロールできる人です。

ですから、いわゆる圧迫面接はやりません。圧迫面接でストレス耐性は測れるのかもしれませんが、これから相互信頼を構築しようという面接の場で圧迫面接をしておいて、だけど相互信頼だよというのは矛盾しています。私たちはプロフェッショナル同士、対等に議論しながら、お互いに選び選ばれたいと考えています」（戦略系ファーム、パートナー）

▼人生でリスクを取らないのがリスク

「何かを変えたい、世の中に大きなインパクトをもたらしたいと心の底から思っている人と仕事をしたいですね。本人が本気で思っていることは実現できるチャンスがある。逆に言えば、本気で思ってない人には絶対に実現できません。とにかくチャレンジやリスクに果敢に立ち向かえる人。この国にはリスクテイカーが必要です。コンサルティング業界も同じです。リスクとは必ずしもお金のリスクだけではなく、キャリアのリスクや人生のリスクも含みます。経験のないところに飛び込んでいく。確かにこれはリスクですが、今のこの世界と日本においてはリスクがなさそうな人生を送ること自体が実は大きなリスクです。それは個人も企業も国も同じです」（戦略系ファーム、代表）

5 必読！ 選考突破に役立つおすすめ本

Webテスト・筆記試験

Webテストや筆記試験は各社によって大きく異なり、数年で形式を変更するファームも少なくない。従って、新卒者は直近の試験形式をWebや説明会などにおいて質問する、中途者は事前にエージェントから情報を収集するなどして、正確な情報を収集することが大切となる。

参考までに、以下では、Webテストで比較的多い「SPI」「TG-WEB」「CAB」「GAB」に関するテキスト、筆記試験の対策として「判断推理」「数的推理」に関するテキストを紹介する。複数の新卒でのコンサルティングファーム内定者にヒアリングをして実際に活用していたものだ。
『史上最強SPI&テストセンター超実戦問題集』（オフィス海、ナツメ社）
『TG-WEB対策用 8割が落とされる「Webテスト」完全突破法2』（SPIノートの会、洋泉社）
『一般知能の攻略テクニック 判断推理』（川井太郎、早稲田経営出版）
『一般知能の攻略テクニック 数的推理 資料解釈』（川井太郎、早稲田経営出版）
『公務員試験 新スーパー過去問ゼミ 判断推理』（資格試験研究会、実務教育出版）
『公務員試験 新スーパー過去問ゼミ 数的推理』（資格試験研究会、実務教育出版）
『上・中級公務員標準数的推理――基礎から体系的に学べる〝基本書〟』（田辺 勉、実務教育出版）
『上・中級公務員標準判断推理――確かな解答力が

身につく〝基本書〟』（田辺 勉、実務教育出版）

『MBA留学 GMAT完全攻略』（ザプリンストンレビューオブジャパン、アルク）

フェルミ推定・ケース面接

新卒者も中途者も対策が必要不可欠と言える「フェルミ推定」と「ケース面接」だが、これらに関しては、以下の書籍を一読することを強くおすすめする。

『現役東大生が書いた 地頭を鍛えるフェルミ推定ノート』（東大ケーススタディ研究会、東洋経済新報社）

『東大生が書いた 問題を解く力を鍛えるケース問題ノート』（東大ケーススタディ研究会、東洋経済新報社）

『過去問で鍛える地頭力』（大石哲之、東洋経済新報社）

『戦略コンサルティングファームの面接試験 難関突破のための傾向と対策』（マーク・コゼンティーノ、ダイヤモンド社）

また、フェルミ推定やケース面接に取り組む際に、ベースとなる論理的思考や問題解決思考、経営戦略の基本的な知識を以下の書籍で学ぶことも有用だ。

『問題解決プロフェッショナル「思考と技術」』（齋藤嘉則、ダイヤモンド社）

『ロジカル・プレゼンテーション―自分の考えを効果的に伝える戦略コンサルタントの「提案の技術」』（高田貴久、英治出版）

『実例で必ず身につく！ 一瞬で大切なことを伝える技術』（三谷宏治、かんき出版）

『経営戦略全史』（三谷宏治、ディスカヴァー・トゥエンティワン）

これらの書籍を読んだうえで、自分なりに考える力を養うことが重要だ。各ファームの過去問を題材として、自ら考える練習を繰り返すとよいだろう。ファームによっては、採用ホームページ上でケース面接との向き合い方を解説している。一度、確認してほしい。

CONSULTING FIRM

Chapter6

主要ファームの採用プロセス・トレーニング・配属方法一覧

ース面接：○　◆英語面接：△（必要に応じて適宜実施）

属方法

通】•新卒・中途とも、所属部門・部署は存在しないため、ビジネスアナリストまたはコンサルタントとして幅広い業界・分野のプロジェクトを経験

•プロジェクトの配属においては、スタッフがオフィス側に希望を伝える機会が整備されており、本人の希望はある程度叶えられる環境が整備されている

•上記前提において、各スタッフは、自らキャリアデベロップメントプランを描き、プロジェクトを通じて自己成長を達成することが期待されている

◉その他（特徴など）

•評価はプロジェクト単位と期間単位での評価から成り、この結果によって、年齢、年次に関係なく成果次第で昇進

•評価者とは独立に、メンター制度を設定し、キャリアデベロップメントをはじめとする各種相談に対応している

•海外オフィスへのトランスファー制度あり（半年～1年程度：選抜者）

•プロジェクトを通じた海外オフィス勤務や海外スタッフとの協働機会は近年特に増加中

ース面接：○　◆英語面接：△（採用職種によって実施の場合あり）

配属方法

卒】•入社後に配属先が発表される（希望提出後、適性に応じて、最終決定をする）ただし、一部内々定通知時に発表されるケースもある

途】•内定時に通知する

◉その他（特徴など）

•キャリアカウンセラー制度：社員1人ひとりのキャリア構築をサポートしてくれるキャリアカウンセラーがつく制度がある（プロジェクトの上司とは別にキャリアカウンセラーとなる上司がつき、中長期的なキャリアの相談ができたり、仕事のフィードバックを受けたりすることができる）

•キャリアズ・マーケットプレイス：世界のアクセンチュアの募集中ポジションに応募できる「社内の転職サイト」制度がある

•女性をはじめとする多様な人材がそれぞれのワークスタイルに合わせて活躍できる環境の実現を推進している

ケース面接：○　◆英語面接：×

配属方法

卒】•エントリー時にコンサルタント職は4つのコース（戦略コンサルタントコース、ビジネスコンサルタントコース、データサイエンスコンサルタントコース、公共経営コンサルタントコース）から選択する

•プランニング＆オペレーション職（経営企画、財務経理、法務、人事など）も募集している

途】•エントリー時に希望するコンサルティング領域を選択する

◉その他（特徴など）

•カウンセリング制度：社員1人ひとりを中長期的な視点で育成することを目的に、プロジェクト上位者だけでなく、所属組織での別の上位者が中長期的なキャリア形成支援を行う制度

•GTA 制度：若手のグローバル育成を目的に、海外オフィスにて1年間、現地ビジネスの感覚と語学力を磨く研修制度（応募条件あり）

•社内公募制度：社員の積極的なキャリア形成を目的に、公募のあるポジションへ現所属を通さずに応募できる制度（年1回）

•自己研鑽休暇制度：学業や社会貢献活動を理由とする自己研鑽を目的とした休職制度（利用条件あり）

ケース面接：○　◆英語面接：×

配属方法

卒】•フィールド OJT研修後、コンサルタントグループに所属。その後研修結果から適正を判断し、幅広いコンピテンシー・セクターへアサイン

途】•エントリー時に希望する専門領域を選択。その後面接を経て、適性およびスキルにより配属を決定

◉その他（特徴など）

•EY Tech MBA 取得制度、EY Badge 認定制度など、EY Global 共通のスキル開発・認定制度が充実、その他資格取得・維持補助制度などや語学プログラムあり

•在宅勤務手当、フレックス制度、カフェテリアポイント制度

•カウンセラー制度（キャリア・能力開発、パフォーマンスマネジメント）、Buddy 制度（新メンバーのオンボーディング支援）、カウンセリングファミリー（組織内カウンセリングチーム）

•毎週金曜日に社員同士の交流（コネクト）を目的とした全社員参加可能なセッションを開催、EY の同僚から Hot トピックをカジュアルに紹介するコンテンツにて運営

1　アーサー·ディ·リトル

◉採用プロセス【新卒】•ES※（日本語）→グループ面接→インターンシップ（4日間）→個人面接（複数回）→内定
【中途】•面接（ケース面接含み複数回）→内定

◉トレーニング（入社前後）
【新卒】入社前 •集合研修(1日)
•英語学習費用補助
【共通】入社後 •入社時研修(PPT、Excel、情報収集、仮説検証、財務など)
•疑似ケース(4月、10月。入社後最初に迎えるタイミングで参加)
•通年で、外部講師(コンサルタント経験者）による実在企業を題材とした企業分析などのトレーニングを実施。若手向けと中堅向けの2種類
•その他、毎月パートナーによる戦略的視点に関するトレーニングを実施
•各プラクティス主導でインダストリー／ファンクション特化型のトレーニング·ナレッジマネジメント MTGを適宜開催
•外部専門講師による PPT、Excel操作のトレーニングを開催
•英会話支援(希望者のみ)
•その他、グローバルのトレーニング(年数回開催、選抜者のみ)

2　アクセンチュア

◉採用プロセス【新卒】•ES 提出 &Web 適性検査→書類選考→グループディスカッション→（職種によりプログラミング試験）→面接複数回→内定
【中途】•書類選考→面接複数回→内定　※職種によって適性検査などの実施あり

◉トレーニング（入社前後）
【新卒】入社前 •入社前学習サポートあり
入社時 •入社時共通研修、職種別研修カリキュラムを受講（ビジネスコミュニケーションやロジカルシンキングなどのコンサルタントの基礎に加え、戦略やデジタル·ITといった専門性の高い研修も含む)
【中途】入社時 •職種別研修カリキュラムを受講
【共通】入社後 •2万4000コース以上の豊富なオンライントレーニングで実践的スキルを磨くことができる
•世界各国にあるトレーニング·センターにて海外の仲間と共同で実施される研修では、世界水準の最新ナレッジを習得でき

3　アビームコンサルティング

◉採用プロセス【新卒】•ES選考·WEB試験→グループディスカッション→個人面接→ワークショップ→最終面接→内定
【中途】•書類選考→適正検査(対象者のみ）→面接(複数回）→内定

◉トレーニング（入社前後）
【新卒】入社時 •コンサルティング基礎の共通研修と専門スキル研修を配属や個人に合わせ1.5カ月～4カ月程度受講
【中途】入社時 •主にコンサルティング能力を強化するプログラムを約2週間受講
【共通】入社後 •昇格時にそれぞれ昇格時研修が行われる
•コンサルティングスキル研修（ロジカルシンキング、ドキュメンテーション、ファシリテーション、プレゼンテーション、提案力強化）や SAP、業界知識研修などがある

4　EY ストラテジー·アンド·コンサルティング（Consulting サービスライン）

◉採用プロセス【新卒】筆記試験·グループディスカッション→個人面接(複数回) →内定
【中途】書類選考→面接(複数回) →内定

◉トレーニング（入社前後）
【新卒】入社前 •学習サポートあり　(課題図書提供·会計簿記·語学·資格取得制度)
入社時 •入社後約3カ月間を研修期間とし、約2カ月間の集合研修とフィールド OJT研修を実施
•集合研修:プロフェッショナルマインド、コンサルタントとしての基礎能力·スキル·知識（ロジカルシンキング·仮説リサーチ·ドキュメンテーション)、IT·ツールスキル、組織理解、ケース総合演習
•OJT研修:プロジェクトアサインによるフィールド OJT研修を約1カ月受講
1:研修中の1:1のカウンセラー制度あり
2:受講者アンケートを実施し、カリキュラムの定期的なエンハンスを実施
【中途】入社時 •オリエンテーション、e-Learning(Welcome to Consulting Onboardingカリキュラム)
入社後 •オリエンテーション実施の後、
スタッフ向け: コンサルタントとしての基礎スキルを高める目的で、「コンサルタント基礎能力研修」、「プロフェッショナルマインド研修」 などを実施
管理職向け: プロジェクト運営や下位メンバーの育成方法を習得する目的で、業務知識に関する研修や Practice Development、指導·育成に関する研修を実施
【共通】•通年: 部門別研修、15,000以上のグローバルコンテンツによる e-Learning研修受講可能、職階別コンサル基礎スキル研修カリキュラム、グローバル研修、Japan Region主催研修など受講可能、EY Badge取得研修、Udemy for Business
•昇格時: 昇格時研修(APAC Areaや Japan Region共同開催および Japan Consulting運営)、ランクごとのスキル定義による必要なスキル習得のための研修を適時受講可能

※ ES：エントリーシートの略。以下同じ

ース面接:○　◆英語面接:×

配属方法

能な限り、個々人のパッションを尊重し、所属するプラクティ
や参画するプロジェクトを決定
ソシエイトまでは幅広い業界･テーマのプロジェクトを経験し、
強い個”として有すべきホンモノの基礎能力を育み、マネ
ャー昇進時に“経営を語れる個”へと成長すべく、業界／機能
ラクティスから2つのプラクティスを選択し、より専門性を高
ることが多い
ロジェクトアサインは、「チームアップ」という公募制を採用。
身の10年･20年単位のキャリアプランを考慮のうえ、各プロ
ェクトへの希望･非希望の表明が可能。スタッフィングチーム
、個々人の希望プラクティス、出産･育児などライフステージ
ども考慮のうえで、アサイン先を決定

◉その他（特徴など）

- メンター制度:“強い個”、“経営を語れる個”、“尖った個”、ビジネス･テクノロジー･クリエイティブの知見を有する“BTC人財”、「日本を変える、世界が変わる」を実現する“創造と変革のリーダー”を輩出すべく、メンターのトレーニング強化やメンター･メンティーの関係構築の支援を重視
- キャリア開発支援制度:MBA留学･テクノロジー留学･クリエイティブ留学支援制度、教育研修補助制度、海外オフィスへの転籍制度、官公庁･大企業･ファンド･ベンチャーへの出向制度
- 多様な働き方を支援する制度:出産･育児休暇（男性社員でも数カ月単位の取得実績が多数あり）、時短勤務･時差出勤、リモートワーク、兼業･副業制度、サバティカル制度

ース面接:○（採用部門によってあり【中途】）　◆英語面接:×

配属方法

卒】•1年目、2年目で必ず違う組織へ配置。3年目から本配属とする。いずれも配属先決定に際しては本人の希望も聞きながらマッチングを行う
途】•エントリー時に選択した組織に配属となる
通】•自らが手を挙げて異動を希望する制度（フリーエージェント制度）あり

◉その他（特徴など）

- 「企画･営業･生産（走攻守）三拍子」揃った自立したコンサルタントへの早期成長を実現するために、若いうちから、情報発信（執筆や講演など）を行ったり、顧客開拓や提案営業に参画したりと、生産以外の成長機会を得られる環境であるとともに、評価制度もそれとリンクしたスキームとなっている
- 新卒は入社後1年間、中途は半年間、1人に1人の相談役&サポーターとしてのメンターを配置

ケース面接:○　◆英語面接:△（基礎能力）

配属方法

卒】•研修終了時の3月に教育部門と本人が個別に話し合って配属先を決定する
途】•エントリー時に希望する専門領域を選択する
•面接を経て、適性およびスキルにより配属を決定する

◉その他（特徴など）

- 海外案件が多いため、海外への出張も多い
- 英語レベル中･上級者に対して、選抜式のビジネス英語研修を実施し、真にコンサル実務で使う英語力のブラッシュアップを行っている
- プロジェクト評価、コンピテンシー評価に基づき昇格を決定する
- 個人のキャリアプランに基づき異動希望の申告制度がある

ケース面接:○　◆英語面接:×

配属方法

通】•本人の評価、空き状況、案件のテーマ、他プロジェクトとの兼務可能性、本人のキャリアの方向性等を総合的に勘案し、パートナー会議での議論を経てプロジェクトへ配属

◉その他（特徴など）

- 月に2回の頻度で定例研修が実施され、最新の代表的なプロジェクト、経営関連のトピック、専門的なナレッジの共有などが行われる
- フィードバック制度（プロジェクトの責任者よりそのプロジェクトにおける貢献内容、改善点などについてフィードバックを受ける）、メンター制度（新入社員1名に対し先輩社員が1名担当する）、留学支援制度が整っている

ケース面接:○　◆英語面接:×

配属方法

新卒】•育成期間を経た後、適性や志望に応じて各専門チームへと配属

◉その他（特徴など）

- 個々の能力や個性に応じて、人材育成を目的とした各種研修プログラムを用意。社会情勢の変化･技術の革新に対応する

5　A.T. カーニー

◉**採用プロセス**【新卒】・ES →筆記試験→面接（2回）→インターンシップ（4日間）→内定
【中途】・書類選考→（筆記試験）→面接（2回）+ 英語試験→内定

◉**トレーニング（入社前後）**
【新卒】入社前　・語学学習サポート制度
入社時　・1カ月間の研修(ビジネスマナー、エクセル、財務、リサーチ、インタビュースキル、仮想プロジェクト)
【中途】・入社前および入社時ともに新卒と同様
【共通】・入社3～6カ月:各国の新人コンサルタントとの合同トレーニング
・タイトルに応じて、社内外の講師による集合研修（ロジカルシンキング、インタビュー、プレゼン、ドキュメンテーションなど
海外開催の場合もあり

6　NTT データ経営研究所

◉**採用プロセス**【新卒】・セミナーエントリー→セミナー→ ES·筆記試験→面接3回·Web テスト·適性検査→内定
【中途】・書類選考→面接3回（途中適性検査を実施）→内定

◉**トレーニング（入社前後）**
【新卒】入社前　・コンサルタントしてのベーススキルに関する研修（コンサルティングマインド、IT スキル、経営学基礎など）
入社後　・1カ月間の導入研修（ビジネス基礎、ロジカルライティング、リサーチ、マーケティングなど）
・1年目は新卒1人に1人のコーチを配置し、プロジェクトの中で実践的指導を実施
【共通】・社内外の講師による集合研修（ロジカルシンキング、インタビュー、アンケート、プレゼン、ドキュメンテーションなど）
・豊富なカリキュラムから自由に選択できる e-Learning(論理思考、問題解決思考、戦略·マーケティング、新規事業創造·商/サービス企画、プロジェクトマネジメント、財務·投資、ビジネス環境やトレンド理解など）
・自己啓発支援制度（外部研修受講費用半額補助支援、資格取得合格祝い金、国内外留学休職制度）

7　クニエ

◉**採用プロセス**【新卒】・セミナー受講→適性検査·書類選考→インターンシップ→面接複数回→内定
【中途】・書類選考→面接2回→適性検査→面接→内定

◉**トレーニング（入社前後）**
【新卒】入社後　・コンサルタントとしての基礎知識·スキルの習得、および海外研修他（4カ月）
・OJT(8カ月）：1つのプロジェクトに2カ月～3カ月入り、配属までに3つのプロジェクトを経験する
【中途】入社後　・コンサルタント、シニアコンサルタントごとに必須数十時間の基礎·スキル研修の受講が義務づけられている
・上位タイトルへ進むには履修が前提となり、計画的な育成を行う。タイトルごとの履修時間の総合計は200～300時間
・グループ単位の定期勉強会や自主研修が適宜実施されている

8　経営共創基盤

◉**採用プロセス**【新卒】・ES→適性検査（Webテスト）→面接複数回→内定
【中途】・書類選考→適性検査(対象者のみ）→面接

◉**トレーニング（入社前後）**
【新卒】入社時　・入社時研修（1カ月間）:基礎スキルの習得、経営戦力論の基礎知識の習得
【共通】入社後　・VOD プログラム:通常業務で使用するスキルを反復演習によって体得
・各プロジェクトにアサインされ、OJT を受ける

9　KPMG コンサルティング

◉**採用プロセス**【新卒】・ES →適正試験→グループディスカッション→面接複数回→内定
【中途】・書類選考→面接2～3回→適性検査→内定

◉**トレーニング（入社前後）**
【新卒】・原則として、入社後18カ月間を育成期間とし、研修や実務経験を通じてコンサルタントとしての基礎力を身につける。コンサルティングファウンデーションを中心とした集中講義から OJT などを経る

◆ケース面接:○　◆英語面接:×

◉配属方法

【新卒】・集合研修修了後、所属するサービスラインを決定

【中途】・採用時に本人の希望を確認し、所属するサービスラインを決定

◉その他（特徴など）

・入社後も、プロフェッショナルに求められるプリンシプルの理解やコアスキルの底上げを目的としたトレーニング、専門領域の基礎スキル習得、実践での応用力を高めるトレーニングなど、プログラムが充実

・各種勉強会、社会課題解決活動、海外への先端技術視察を実施

・グループ内企業や投資先企業への出向により、事業の立ち上げや運営への参画が可能

◆ケース面接:○　◆英語面接:○

◉配属方法

希望職種と募集職種のマッチングによる

◉その他（特徴など）

・新卒一括採用は行っていない

・インターン制度あり

◆ケース面接:○　◆英語面接:○（海外採用にて実施の場合あり）

◉配属方法

【新卒】・新人研修後、複数のオファリングサービスのいずれかに所属し、早期から専門性を身につけるキャリアパスとなっている

【中途】・エントリー時に希望するコンサルティング領域を選択する

◉その他（特徴など）

・チェックイン制度（約2週間に1度）を実施し個人の成長・自身の強みをプロジェクトで最大限に活かしパフォーマンスを高めるサポートを行っている

・評価者とは別に、個人のキャリア開発を支援するコーチがアサインされ、プロフェッショナルとしての成長をサポートする

◆ケース面接:○　◆英語面接:×

◉配属方法

【共通】・所属部門·部署はない

◉その他（特徴など）

・メンター制度あり

・ユニットを区切っていないため、コンサルタントはさまざまな業界·テーマのプロジェクトに携わることができる

・プロジェクトごとに評価を実施し、それをもとに半期に1度、昇進判定を行う

・自己啓発の一部補助制度あり

・電通グループのクリエイティブやテクノロジー·エキスパートとの協業機会が多い

◆ケース面接:○　◆英語面接:×

◉配属方法

【共通】・戦略コンサルティング部門採用のビジネスプロデューサーは、新卒・中途ともに原則、戦略コンサルティング案件に配属。ビジネスプロデューサーとしてのベースを築いた後は、適性や希望に応じて、シニアコンサルタント、ベンチャー支援、経営人材、海外駐在など多様なキャリアが存在

◉その他（特徴など）

・メンター制度（先輩ビジネスプロデューサーがメンターとしてアドバイスやフィードバックを行う制度）あり

・CDP（Career Development Program）室による定期的なキャリア面談の実施

・海外拠点や事業会社（子会社、投資先）への出向あり

・分野別勉強会、世界の最先端インサイトとのディスカッションを実施

・語学研修費補助制度あり

・その他、書籍／調査資料購入費、国家資格の年会費／更新料の全額補助

10　シグマクシス

◉採用プロセス【新卒】・ES→適性検査→論理思考アセスメント→グループディスカッション→個人面接複数回→内定
【中途】・書類選考→面接複数回→内定

◉トレーニング（入社前後）
【新卒】入社時　・研修期間（3カ月間）：オンライン・オフラインのハイブリット型集合研修を実施。前半はコンサルタントとしての基
スキル（論理思考、タスクマネジメント、コミュニケーション）を身につける。後半はIT·デジタルの座学を経て、サ
ビス企画·開発の実践トレーニングを実施。集合研修の修了後は配属先にてOJTに参画する（3カ月）
【共通】入社後　・コンサルティングスキル研修（ロジカルシンキング、問題解決、ドキュメンテーション、ファシリテーション、プレセ
テーションなど）やテクノロジー·プロジェクトマネジメント研修を定期的に実施
・海外カンファレンスの内容やプロジェクト事例共有を目的としたナレッジフェアを適宜開催

11　Takram

◉採用プロセス【共通】・書類選考(ポートフォリオ）→面接複数回→内定

12　デロイト トーマツ コンサルティング

◉採用プロセス【新卒】・Webテスト→面接複数回→内定
【中途】・書類選考→面接複数回→内定（書類選考後にWebテストを行う場合もある）

◉トレーニング（入社前後）
【新卒】入社時　・約3カ月間のビジネス、コンサルティングスキル、Digital/Technology研修を受講
【共通】入社後　・デロイトグローバルが提供するグローバルプログラム、ランク別の基礎・開発トレーニングや階層別トレーニング、
門性を高める分野別トレーニングなどを受講

13　電通コンサルティング

◉採用プロセス【新卒(院卒、博士号のみ)】・書類選考→筆記試験、ケーススタディ→面接3〜4回→内定
【中途】・書類選考→筆記試験、ケーススタディ→面接3〜4回→内定

◉トレーニング（入社前後）
【共通】入社後　・独自研修（3〜4日間）：ドキュメンテーション、ロジカルシンキングなどのスキル研修
・OJT
・電通グループの研修プログラム受講（任意）

14　ドリームインキュベータ

◉採用プロセス【新卒】・ES→筆記試験→グループディスカッション2〜3回→インターンシップ（3日間）→面接→内定
【中途】・書類選考→面接5〜6人→内定
【中途（MBA採用)】・インターンシップ→内定

◉トレーニング（入社前後）
【新卒】入社前　・入社後に必要なスキルトレーニングを実施
・海外留学 / 語学研修支援
【共通】入社前　・知識習得用の課題図書約50冊を無償配布
入社後　・OJT(プロジェクトを通してシニアメンバーから学ぶ)
・キャリアステージに併せて定期的なスキルトレーニングを受講(入社時研修、実践的な基礎スキル研修、ケースリーダー
研修など)

6 採用・研修

ース面接:○（採用職種によって実施の場合あり）　◆英語面接:×

配属方法

卒】•入社時に専門領域·チームに配属。本人の意欲·経験や選考過程での適性評価を踏まえて決定
•2年間の新入社員プログラム期間中に、適性や希望を踏まえたアサインや異動の検討機会があり、実績やビジネス状況に基づいて判断

通】•コンサルタント以外の職種への転換や組織異動を含め、主体的なキャリア開発をサポート

◉その他（特徴など）

【新卒】•2年間の新入社員プログラムで横断的な活動機会あり
①所属部署以外のプロジェクト機会について、オープンにされており、自発的なチャレンジが可能な環境
②Executiveのメンター制度や、入社2年目以上の先輩社員がBuddy制度など公式のレポートラインとは異なるネットワーキングをサポートする仕組みが定着

【共通】•コンサルタント以外の、量子コンピューティングなど最先端のIT専門家やデータサイエンティスト、基礎研究所の研究員など、多様な人材と協力するプロジェクト機会が存在
•海外IBMメンバーを含むチームでのプロジェクトワークの他、世界各地をフィールドにした社会貢献プログラムや海外IBMへのアサインなど、グローバルIBMを活かした機会が存在
•ダイバーシティ·インクルージョンの先進企業として、女性·障がい者·LGBTQをはじめとるする多様な人材が活躍できる環境を推進
•20年前からリモート環境によるワークスタイルを推奨し、運営のノウハウがすでに蓄積していることから、クライアントとのプロジェクトワークにおいてもリモートでの提供体制を推進中

ケース面接:×　◆英語面接:×

配属方法

原則として本人の希望するコンサルティング領域（テーマ）の部門に配属する

卒】•1年目は前期·後期で2部門に仮配属を行い、プロジェクトを経験する。その後、本人の希望を確認し、2年目に本配属を決定する

途】•入社時に本人の希望を確認し、配属を決定する

通】•年に1度、部門異動の希望を募る機会があり、希望により部門を異動することも可能

◉その他（特徴など）

•研究会：自主的に運営されるコンサルティング技術や商品の開発·研究活動。所属部門に関係なく、興味のあるテーマにメンバーが集まって活動する
•海外研修：海外現地法人訪問や海外ビジネス研修プログラム参加などの海外研修実績あり
•昇格審査：先輩コンサルタントの前で自己の調査実績、技術·研究成果を発表し、これに続く質疑応答までが審査の対象となり、昇格の合否が決定する

ケース面接:×　◆英語面接:×

配属方法

卒】•1年目は複数部署をローテーションし、2年目に正式配属。配属は、本人希望と現場部署希望のマッチングにより決定

途】•エントリー時に希望職種を選択

◉その他（特徴など）

•若手からプロジェクトリーダーや、企画書作成·営業、対外発表の機会を積極付与
•コンサルティング部門／システム部門との間やNRIおよびクライアントの海外拠点でのトレーニー制度、海外ビジネススクールへの短期留学、海外大学へのMBA派遣留学、社内認定資格制度など、人材育成制度が充実
•インストラクター制度あり

ケース面接:○　◆英語面接:×

配属方法

通】•所属部門·部署はない

新卒】•入社後1人のマネジャーが固定の後見人となり、個々人のスキルと経験を見ながら、基礎的な指導、アサインプロジェクトの選定やキャリア相談、フォローアップ面談などを行う

◉その他（特徴など）

•部署で区切っていないため、コンサルタントはさまざまな業界·テーマのプロジェクトに携わることができる
•評価はプロジェクト単位と、期間単位から成り立っており、成果次第で年齢、年次に関係なく昇進できる
•カンヌライオンズ国際クリエイティビティ·フェスティバル、アルスエレクトロニカ·フェスティバル、SXSW(サウス·バイ·サウスウエスト）など、国際カンファレンスへの派遣機会がある
•国内外MBAなどへの留学支援制度、自己能力開発支援制度、全社勉強会あり

ケース面接:○　◆英語面接:×

配属方法

新卒】•業種別、ソリューション別のチームに配属。研修後、本配属がなされる

中途】•採用時に所属部門が決定（業種別、ソリューション別）

◉その他（特徴など）

•コーチ制度：社員ごとに固定のコーチ（上席のコンサルタント）が付き、各プロジェクトや関係者からの評価やフィードバックをもとに継続的なフォローアップを実施、中長期のキャリア形成をサポート
•柔軟な働き方：リモートワークや裁量労働を取り入れ柔軟で効率的な働き方を推奨。初年度から有給休暇20日支給
•Open Entry Program（社内公募制度）あり

15　日本アイ・ビー・エム

◉採用プロセス【新卒】・ES提出･Web適正検査→書類選考→グループディスカッション→面接複数回→内定

◉トレーニング（入社前後）
【新卒】入社前　・ラーニングイベントやIBM全社共通のe-Learningといった学習機会
入社時　・コンサルタント以外の職種を含めた事業部門全体の研修：ビジネス、デジタルテクノロジー領域のスキルに関する共研修を1～2カ月間
・コンサルタントとしての専門研修：コンサルタントの職務に必要なプロフェッショナリズム、リサーチ、ビジネス分資料作成、プレゼンテーションに加えて各自の専門分野に関する研修を、座学とケースワーク形式で1～2カ月間
・実際のプロジェクトで活躍するコンサルタントが研修の開発と講師を勤めることで、実践的な内容を担保。加え研修期間中は先輩コンサルタントのメンターによる個別フィードバックでサポート
・新入社員研修終了後も、プロジェクト経験を踏まえた学習プログラムをグローバル共通のカリキュラムで提供(必須修)。日本国外でも通用するコンサルタントとしてのキャリア形成をサポート
【共通】入社後　・幅広いテーマの豊富な集合研修／e-Learningを継続的に利用可能。社内コンテンツとして、グローバル全体のIBのプロジェクトの知見や研究開発の成果を踏まえた先進的な内容を受講可能。加えて、包括契約先である外部研(Udemyなど)を受講可能
・基調講演、各種ビジネス･テクノロジー専門領域のプロフェッショナルによるブレークアウトセッションから成るナレジシェアイベント(IBM Way Day）を定期開催

16　日本能率協会コンサルティング

◉採用プロセス【新卒】・ES→筆記試験（適性テスト）→面接2回→内定
【中途】・書類選考→筆記試験（適性テスト）→面接2回→内定

◉トレーニング（入社前後）
【新卒】入社前　・内定者研修（ビジネスマナー･PC講座･財務諸表）
【共通】入社後　・入社オリエンテーション
・コンサルタントアカデミー(1年間）：コンサルタント倫理や役割、コンサルタントの視点や思考法、コンサルティング術を講義と演習を通じて学ぶ
・部門内初期研修
・フォローアップ研修

17　野村総合研究所

◉採用プロセス【新卒】・ES→適性検査→面接複数回、グループディスカッション→内定
【中途】・書類選考→適性検査→面接複数回、論述試験→内定

◉トレーニング（入社前後）
【新卒】入社前　・オンライン英会話やオンライン講座システムなどの入社前学習サポートあり（自由受講）
入社時　・グローバル合同で入社時研修を実施（仮説思考、プレゼンテーション、資料作成、財務分析など）
・その他、役職に応じた研修を実施（ケーススタディ中心に論点設計、ビジネスコミュニケーションなど）
【共通】入社後　・OJT:新入社員にはマンツーマンでインストラクターをつけ、業務を行う中で必要な知識と技能を身につける
・研修制度:OJTで得た知識を整理し理解を深め、OJTでは得られない知識･技能を修得する

18　博報堂コンサルティング

◉採用プロセス【共通】・ES→面接4回（マーケティングのケース課題、面接含む）→内定

◉トレーニング（入社前後）
【共通】入社時　・ベーシックスキル研修：マーケティング&ブランディング基礎、ロジカルシンキング、マーケティングリサーチ、統計基礎、事業構造分析、クリエイティブディレクション、短期集中プロジェクト･シミュレーション
入社後　・博報堂グループ研修
・博報堂本社が主催するさまざまなグループ内セミナー

19　PwCコンサルティング

◉採用プロセス【新卒】・ES→適性試験→面接（複数回）→内定
【中途】・書類瀬選考（→場合により適性試験）→面接（複数回）→内定

◉トレーニング（入社前後）
【新卒】・新人研修（6週間）：プレゼンテーション、ドキュメンテーション、ロジカルシンキングなどコンサルタントに必須なスキル研修
・部門別研修（6週間）
・OJT:3カ月ごと4回のジョブローテーションプログラム
【中途】・コアスキル研修、専門研修、海外研修、英語プログラム、社内英語研修

ケース面接：○　◆英語面接：×

配属方法

通】・戦略部門（Strategy&）に配属。業界等の所属部門はない

◉その他（特徴など）

・メンター制度：社員ごとに固定のメンターがつき、中長期的なキャリアデベロップメントのサポートや、プロジェクト内でできない相談・ケアを実施
・柔軟な働き方：リモートワークや裁量労働を取り入れ柔軟で効率的な働き方を推奨
・360度評価：人事評価は上長だけではなく、同僚・部下等の360度からの評価を実施して、成長をサポート
・その他、プロジェクトごとのフィードバック、MBA支援プログラム、海外異動プログラムなどが存在

ケース面接：△（個人面接の際にケース面接を実施することがある）　◆英語面接：△（部門により英語面接を実施することがある）

配属方法

卒】・入社後、本人希望・適性と部署の受け入れ人財希望のマッチングにより仮配属先（3カ月）を決定。仮配属期間のパフォーマンスと適性を見つつ、さらに3カ月後に、仮配属から本配属に切り替え判定を実施
途】・エントリー時に希望職種（求人部門）を選択、部門選考

◉その他（特徴など）

・研修受講支援：日立グループが提供する研修をはじめ社外研修を受講可能
・パフォーマンスマネージャー制度：1人ひとりにパフォーマンスマネージャーを割当て、育成指導・アドバイスを行う育成指導体制を導入
・プロジェクトレビュー制度：アサインしたプロジェクトごとに目標設定し、達成度を評価、フィードバック制度あり
・部署異動の「本人希望異動制度」あり（年2回）
・サテライトオフィスやホテルデイユース可のリモートワークを取り入れ、柔軟で効率的な働き方を推奨

ケース面接：○　◆英語面接：×

配属方法

卒・第二新卒】・コンサルティング本部のアナリストとして配属
途】・アナリスト～プリンシパルまで実力に応じて幅広く配属

◉その他（特徴など）

・評価・報酬改定、年2回：スキルを中心とした評価項目を複数の眼で評価するため、評価に大きな偏りが生じない仕組み　※年齢、年次に関係なく成果次第で昇進可能
・育成・成長を支援するために、役員陣がメンターになる「成長型メンター制度」あり
・資格取得支援制度、独自の研修など教育支援を充実
・業務に合わせてフレキシブルに在宅勤務可能
・経営トップを含む社員全員で、会社についてディスカッションする「PUB(prored unique brainstorming)」の実施
・コミュニケーション活動費補助あり：社員同士のコミュニケーション促進のための活動に補助金を支給
・3つのValueを体現する組織風土
　- BE PROFESSIONAL
　　日々の仕事を進化させ、情熱的に取り組み、責任を果たす
　- COMPASSION
　　多様性を受け入れ、敬いと思いやりをもって人びとに接する
　- OUTSIDE THE BOX
　　既存の考えではなく、革新的な視点をもつ

ケース面接：○　◆英語面接：×

◉配属方法

コンサルティング本部への配属
プロジェクトアサインについては本人の希望と適性を見て決定

◉その他（特徴など）

・メンター制度あり
・教育補助制度あり
・年齢、年次に関係なく成果次第で昇進
・選別プログラム（グローバル案件／戦略案件／Digital案件のアサイン希望者を対象とした選抜プログラム）あり

PwC コンサルティング（Strategy&）

◉**採用プロセス**【新卒】・書類選考→適性試験→面接→インターンシップ→面接（複数回）→内定
【中途】・書類選考→適性試験→一次面接（2～3回）→二次面接（2～3回）→内定

◉**トレーニング（入社前後）**
【新卒】・入社前研修、入社時研修（3週間）、海外研修、OJT、その他 PwC グループの各研修
【中途】・OJT、戦略コンサルティングコアスキル研修、海外研修、英語プログラム、その他 PwC グループの各研修

20　日立コンサルティング

◉**採用プロセス**【新卒】・ES･Web 適性検査→書類選考→インターンシップ→個人面接（複数回）→内定
【中途】・書類選考→個人面接（複数回）→内定

◉**トレーニング（入社前後）**
【新卒】入社前 ・入社前学習サポートあり、IT 関連資格取得
入社後 ・コンサルタントとしての基礎（Word、Powerpoint、Excel、マインド、スキル、財務、IT 基礎、プログラミング、ジタルリテラシー、模擬コンサルワーク）＝3カ月間
・3カ月の研修後、職場にてマンツーマン指導のもと実践力を養成する OJT 研修を3カ月実施
【中途】・シニアマネージャー以上が講師となるコンサルスキル研修（4日間）を実施
【共通】・HitachiUniversity 上に全879コースのオンライントレーニングを通じて領域別の知識･スキルの習得が可能

21　プロレド･パートナーズ

◉**採用プロセス**【新卒】・ES → Web テスト→面接複数回→内定
【中途】・書類選考→ Web テスト→面接複数回→内定

◉**トレーニング（入社前後）**
【新卒】入社後 ・入社時研修2カ月: Excel研修などのコンサルタントの基本的な知識･技能取得から、交渉力研修、役員によるプロジェクト型研修などスキルトレーニング／ケースシェアリングを行う
・OJT制度: チームにてロールプレイングを実施しプロジェクトマネジメント、顧客マネジメント、質問の方法などを習得配属後3、4カ月程度で主担当としてクライアントワークを行う
・外部研修
【中途】入社後 ・会社選抜研修:基本的な知識･技能取得からコンサルタントとしてのスキル･マインドセット研修など幅広く実施
・自己申告研修:外部研修を自ら選び、会社費用負担で受講可能
【共通】・書籍資料購入費補助:業務における分析･研究、スキルアップを目的とした書籍の購入費用は全額補助を実施

22　ベイカレント･コンサルティング

◉**採用プロセス**【新卒】・WEB テスト･論述試験→グループ面接→個人面接→インターンシップ→面接複数回→内定
【中途】・書類選考→ WEB テスト→面接複数回→内定

◉**トレーニング（入社前後）**
【新卒】入社前 ・内定者向けコンサルティング基礎研修、英語研修(任意)
入社後 ・新入社員研修
【中途】入社後 ・未経験者向けコンサルティング基礎研修
【共通】入社後 ・OJT
・職位別研修、業界／テーマ別研修、英語研修

ァース面接:○　◆英語面接:○

配属方法

卒】　•原則アソシエイト·コンサルタントとして入社

二新卒·中途】•職歴に応じてアソシエイト・コンサルタント、シニア·アソシエイト·コンサルタントあるいはコンサルタントとして入社（シニア中途はこの限りではありません）

◉その他（特徴など）

- 選び抜かれた人材を徹底してサポートする仕組み化されたコーチング制度、および育成のためのフィードバックカルチャー
- 成長を促す充実したサポート制度（海外オフィスへの短期間（6カ月）から長期間のトランスファー制度、MBA 留学サポート、エクスターンシップを通した他社での経験など）
- 多様な働き方をサポートする制度（長期休暇、勤務日数・時間調整など）

ケース面接:○　◆英語面接:×

配属方法

卒】•アソシエイトとして幅広い業界·分野のプロジェクトを経験

途】•シニアアソシエイト／コンサルタントとしてより幅広いテーマのプロジェクトに配属

◉その他（特徴など）

- メンター制度やアプレンティスシップ（徒弟制度）あり
- 海外 MBA 留学サポート制度あり
- 海外オフィス派遣制度、オフィス間トランスファー、出向（民間企業や BCG グローバルパートナーの社会貢献団体へ）制度あり
- Flex Leave 制度（社外での活動を目的として数カ月間計画的に休職する制度）、Flex Time(パートタイム）制度あり

ァース面接:○　◆英語面接:○

配属方法

卒·第二新卒】•ビジネスアナリストとして入社し、幅広い業界·分野のプロジェクトを経験

途】•職歴に応じてアソシエイト、シニアアソシエイトあるいはジュニアアソシエイトとして入社し、幅広い業界·分野のプロジェクトを経験

•インプリメンテーションコンサルタントやデジタルコンサルタントとのキャリアパスあり

◉その他（特徴など）

- Global x Local で One Firm カルチャー
- 多種多様なキャリアパスを促進（Make your own McKinsey）
- 年齢、年次に関係なく成果次第で昇進
- メンター制度及びバディー制度あり
- 海外 MBA 留学サポート、海外オフィストランスファー、短期ローテーションプログラム、企業への出向制度あり
- さまざまな Flexibility な働き方をサポートする制度
- Pace:パートタイム制度
- Take time:ライフスタイルに合わせた計画的な短期休職する制度
- Ramp Off, Ramp On:産休·育休前後に段階的に復職する制度

ケース面接:×　◆英語面接:×

配属方法

卒】•入社後に配属決定。本人の専門性・興味関心・希望および将来のキャリアビジョンなどを踏まえ決定

•一部については内定時点で配属が想定される部署を伝える場合あり

中途】•エントリー時に希望職種を選択

◉その他（特徴など）

- エルダー制度：原則新入社員に対しては1年半、中途入社者には1年間、中堅社員がトレーナーとして育成指導および適応支援
- 自己研鑽に対する補助制度：社会人大学院通学、資格取得、語学研修などの費用を一部補助
- 社外への育成出向・派遣プログラム：三菱グループ各社、その他民間企業、中央省庁、海外大学での活動を通した知見拡大および専門性深化
- 異業種研究会：三菱グループ企業の社員で構成される共同研究会など

ケース面接:○　◆英語面接:×

配属方法

新卒】•人材開発室に所属。1年間はコンサルタントとしていくつかの分野のプロジェクトを経験し、2年目から正式に配属。その後もキャリア自己申告制度あり

◉その他（特徴など）

- 経営全般に関するスキルを社内の先輩コンサルタントから学べるスキル研修
- シンクタンク部門と共同で開催される社内学会制度·知見交流会制度
- 国内外のビジネススクールへの短期派遣制度·社内異動申告制度
- 本人申出により使用できる自己研鑽支援制度（業務に役立つ資格取得·研修受講にかかる費用を補助する制度）などあり

23　ベイン・アンド・カンパニー

◉**採用プロセス**【新卒（国内）】•書類審査→ウェブテスト→面接→インターンシップ→面接→内定
【新卒（海外）】•書類審査→面接→内定
【中途】•書類審査→ウェブテスト→面接→内定

◉**トレーニング（入社前後）**
【共通】•入社時研修、その後1～2年ごとに世界各国から集められたコンサルタントチームによるコンサルティングにおける重要なセンスを体系的に学べるトレーニングを各地で開催。ポジションごとの定期的なグループトレーニングや語学研修など多国内トレーニングも提供

24　ボストン コンサルティング グループ

◉**採用プロセス**【新卒】•ES→適性試験→論述試験、グループ面接→個人面接→ジョブ選考→内定
【中途】•中途情報なし

◉**トレーニング（入社前後）**
【共通】入社後　•OJT
•能力開発プログラム：コンサルティング、リーダーシップ、顧客向上技能を身につけ、業界・機能別の専門性を身につけるためのオンライン学習プログラムや対面トレーニングプログラムあり

25　マッキンゼー・アンド・カンパニー

◉**採用プロセス**【新卒】•レジュメ（日本語）→適性検査→一次面接（ケース面接複数回）→二次面接（ケース面接複数回）→内定
【中途】•レジュメ（英語）→適性検査→一次面接（ケース面接複数回）→二次面接（ケース面接複数回）→内定

◉**トレーニング（入社前後）**
【共通】•One Firm Onboardingの入社時研修(3週間）およびOJTを提供
•定期的なDiversity & Inclusion研修を受講
•語学研修:英語レベルチェックの結果に基づき、入社前より英語レッスンを受講。入社後も継続的に英語研修を提供
•その他グローバル·国内におけるコンサルタントツールキット向けの豊富なトレーニングプログラムを提供

26　三菱総合研究所

◉**採用プロセス**【新卒】•ES、適性検査→論文試験→面接複数回→内定
【中途】•書類選考→筆記試験→面接複数回→内定

◉**トレーニング（入社前後）**
【新卒】入社後　•集合研修（1カ月半）:基礎知識·スキルの習得（ロジカル·シンキング、情報収集、データ分析、ドキュメンテーション、問題解決手法など）
•実践研修（1カ月半）:各現場の実務を教材とした、基礎知識·スキルの実用化
•エルダー制度（1年半）による支援、指導、OJT
【中途】入社後　•導入研修（入社時）、フォローアップ研修（半年後）
•エルダー制度（1年）による支援·指導、OJT

27　三菱 UFJ リサーチ & コンサルティング

◉**採用プロセス**【新卒】•ES→SPI→面接3回→内定
【中途】•ES→面接複数回→内定

◉**トレーニング（入社前後）**
【新卒】入社時　•新入社員導入研修（半年間）:基本的な知識·技能を身につける（2年目もフォローアップ研修として継続）
【中途】入社時　•オンボーディングプログラム（アセスメント研修、フォローアップ面談制度など）

ース面接：×　◆英語面接：×

属方法 卒】•本人の特性と希望を踏まえて配属 　•幅広い業界、分野のプロジェクトを経験 途】•エントリー時に希望職種を選択	**◉その他（特徴など）** •メンター制度：中途入社後1年間、約2カ月に1回人事による面談あり •CM 制度：キャリアパスについて相談可能 •エルダー制度：新卒社員に1年間、育成指導および適応支援として若手社員による面談あり •柔軟な働き方：リモートワークや裁量労働制、フレックス制を取り入れ効率的な働き方を支援（所属チームと職位による） •ナレッジ共有：月1の勉強会や、若手社員への月1回の社長主催の最新代表事例勉強会、四半期定例会　など •スキル開発支援：外部研修参加費用、図書購入費補助など

ース面接：〇　◆英語面接：×

属方法 卒】　•3カ月間の新入社員研修の後、全事業部の業務にアサインされるユース期間（6カ月間）を経て、本人の希望や適性を踏まえたうえで部署配属が決定する ャリア】•3週間のキャリア研修の後、全事業部の業務にアサインされるユース期間（3～6カ月間）を経て、本人の希望や適性を踏まえたうえで部署配属が決定する	**◉その他（特徴など）** • TOP MBA ホルダーが講師を務める社内 MBA 勉強会（ファイナンス、企業戦略、マーケティングなど） •トップコンサルタントによる1on1のトレーナー制度 •役員による1on1のタレントサポートプログラム •毎月のプロジェクト・ナレッジ共有会（海外事業部を含む） •ナレッジ共有データベース／e-TECH の充実 •複線的キャリアパスを支える人事評価制度（経営マネジメントコース、アントレプレナーコース、プロコンサルタントコースなど） •経営理念の実現に向けた全社員プロジェクト（理念理解の相互浸透、マインドプロジェクトなど） •半期ごとに全部門共通で全社表彰を実施（Consultant of the Year など）

ース面接：〇　◆英語面接：×（【新卒（海外）】では一部実施）

配属方法 通】•所属部門・部署はない	**◉その他（特徴など）** •メンター制をとっており、パートナー、プリンシパル、マネジャーが継続的にコンサルタントをメンタリング •社内公募制による海外オフィス勤務制度あり •入社時のバディ制度（OJT）、各種グローバル／国内トレーニング制度、語学学習補助などの教育制度が充実 •MBA 留学支援制度あり

28　リヴァンプ

◉採用プロセス【新卒】・書類選考→面接（複数回）→内定
【中途】・書類選考→面接（2、3回程度）→内定
※選考中、個別にインターンやプログラミング研修を受けていただく場合あり

◉トレーニング（入社前後）
【新卒】・新入社員研修(2カ月)：ビジネスマナー、ロジカルシンキング/ライティング、ドキュメンテーション、Excel、PPT、財務基
プログラミング、マーケティングなど、コンサルタントの基礎スキル・マインドを習得
・新卒 IT 基礎研修（4カ月）：システム開発の一連の流れを習得　※ IT チーム配属者のみ
【共通】・コンサルティング基礎研修、財務分析／モデリング、プログラミング、MD 研修、各種業界勉強会、事例共有会、IT 基礎研修
週間）※ IT チーム配属者のみ

29　リブ・コンサルティング

◉採用プロセス【新卒】適性テスト→グループ面接（2回）→インターンシップ（3日間）→役員個別面接→実務選考→社長面接→内
【中途】書類選考→ Web テスト→面接（複数回）→内定

◉トレーニング（入社前後）
【新卒（3カ月）】入社時　①コンサルティング基礎研修（論点仮説思考／問題解決力／プレゼンテーション／統計・エクセルなど）
②成果主義研修（企画～事業計画～営業活動～成果報告会）
③ CDP(キャリア・デベロップメント・プランニング)
【キャリア（3週）】入社時　①コンサルティング基礎研修（論点仮説思考／問題解決力／プレゼンテーション／統計・エクセルなど）
②応用研修（リサーチ～プレゼンテーション）
③ CDP(キャリア・デベロップメント・プランニング)

30　ローランド・ベルガー

◉採用プロセス【新卒（国内）】・ES → Web テスト→書類選考→面接（複数回）→ジョブ（3日間）→面接→内定
【新卒（海外）】・ES → Web テスト→書類選考→面接（複数回）→内定
【中途】・書類選考→筆記試験（経験者は免除）→面接3～4回→内定

◉トレーニング（入社前後）
【共通】入社時・キックオフトレーニング：コンサルタントとしての基礎的なスキルを学び、実践するケースワークを行う
・OJT：担当シニアコンサルタントについて戦略コンサルタントとしてのスキルや心構えを実践的に学ぶ
入社後・世界各国のコンサルタントが参加するコンサルティングスキル・知識に関するトレーニングを主にヨーロッパで開催
・スキルアップのためのトレーニングを国内でも開催

※最新の情報は各社の採用ホームページおよび説明会にてご確認下さい。

あとがき

「自己成長できそう」「カッコ良さそう」

これは、コンサルティング業界への就職を考え始めた学生によくある志望動機だ。

「日本経済の活性化に貢献したい」「クライアントと誠実に向き合い、一歩一歩、業務改革を推進したい」

一方、こちらはある現役コンサルタントの方々の就職活動時の志望動機である。

前者と後者の違いは何か。それは、経営コンサルティングという業務にかける「志」と「情熱」の有無であると私は理解している。

今回の執筆では、100名を超えるコンサルティング業界の関係者の方々とお会いした。その中で、私は、優れたコンサルタントの方々が、「コンサルティング業務を通じて、何を成し遂げたいか」という志と、「志を遂げるために、自分はいかに日々の業務に取り組むべきか」という情熱を自分の中に確たるものとしてもっていることに気がついた。

もちろん、変化の激しい経済環境の中で自分自身の市場価値を高める必要はあるだろう。そして、コンサルティングファームへの就職は自己成長を実現する環境を提供してくれるかもしれない。また、若くして大企業の経営陣に対して業務を行うコンサルタントの姿はカッコ良く映るかもしれない。

しかし、志と情熱がなければ、「どんな自分になりたいか」という成長のベクトルが定まらず、コンサルティング業務に深く入り込むこともできない。結果として、自己成長もできず、カッコ良いコンサルタントにもなれず、数年足らずで辞めてしまうというケースに陥るかもしれない。

本書を読んでいただいた皆さまには、「本当にコンサルタントになりたいか」について、「志」と「情熱」という2つの視点からも深く考えてほしい。そして、より強固となった志望動機を忘れず、コンサルティング業界へ就職し大きく羽ばたいていただきたいと心から願っている。本書が、皆さまにとってコンサルティング業界とそこで活躍する外資・内資の有力コンサルティングファームに対する具体的な理解の一助となれば、研究会として最高の喜びである。

末筆ながら、本書の出版は実に多くの方々のご協力と支えがあって実現した。本書の執筆においては、各コンサルティングファームの皆さま、コンサルタントOB・OGの皆さま、転職エージェントの皆さま、そして、コンサルティングファーム内定者の学生や社会人の皆さまから多大なるご協力をいただいた。皆さまには、この場を借りて厚くお礼を申し上げたい。

2021年6月

コンサルティングファーム研究会 代表

山越理央

【著者紹介】
コンコードエグゼクティブグループ／コンサルティングファーム研究会（取材・編集チーム）

渡辺 秀和（わたなべ・ひでかず）

コンコードエグゼクティブグループ 代表取締役 CEO
一橋大学商学部卒。三和総合研究所（現：三菱 UFJ リサーチ＆コンサルティング）戦略コンサルティング部門へ新卒入社。同社最年少でプロジェクトリーダーに昇格し、多数の新規事業開発プロジェクトを手がける。
2008 年、コンコードエグゼクティブグループを設立。マッキンゼーや BCG などのコンサルティングファーム、投資銀行・PE ファンド、ベンチャー企業の経営幹部、起業家などへ 1000 人を越えるビジネスリーダーのキャリアチェンジを支援。
東京大学で 3・4 年・大学院生を対象とする、キャリアデザインの授業「キャリア・マーケットデザイン」を立ち上げるなど、キャリア教育活動にも尽力している。近年は、コンコードベンチャーズを設立し、ソーシャルスタートアップ投資を行っている。
「日本ヘッドハンター大賞」コンサルティング部門　初代 MVP 受賞。
著書 『ビジネスエリートへのキャリア戦略』（ダイヤモンド社）、『未来をつくるキャリアの授業』（日本経済新聞出版社）。

山越 理央（やまこし・まさお）

コンサルティングファーム研究会 代表
東京大学公共政策大学院修了。プライスウォーターハウスクーパース (現 :PwC アドバイザリー) に新卒入社。大企業の事業再生業務を推進し、V 字回復に向けた経営改革のビジョンや再成長戦略、経営再建計画の策定を支援してきた。
現在は、国内最大規模のシンクタンクに籍を移し、戦略コンサルタントとして社会課題解決に向けた企業の経営ビジョンや経営戦略の策定、新規事業開発や事業開発組織の設計などを幅広く支援している。また、デザインファームや大学、官公庁との協業推進 / 共同研究のリーダーとして、企業の経営改革や事業開発にデザイン思考や感性、美意識を取り入れる新たなコンサルティングサービスや経営者 / 幹部向けの研修プラットフォームの開発を主導。
コンサルティング業界の現在を日本で最も広く深く知る専門家として、業界の現役コンサルタントや内定者で構成される「コンサルティングファーム研究会」を主宰。研究会では、コンサルティング業界の最新動向をリアルタイムで把握し、業界の未来に関する研究や情報発信を行っている。

新版コンサル業界大研究

初版 1刷発行●2021年 6月30日
7刷発行●2024年 3月30日

著者
コンコードエグゼクティブグループ／コンサルティングファーム研究会

発行者
薗部 良徳

発行所
㈱産学社
〒101-0051 東京都千代田区神田神保町3-10 宝栄ビル　Tel.03（6272）9313　Fax.03（3515）3660
http://sangakusha.jp/

印刷所
㈱ティーケー出版印刷

ISBN978-4-7825-3562-2 C0036

産学社の業界大研究シリーズ	
AI・デジタル教育コンテンツ業界大研究	千葉誠一・監修
不動産業界大研究	伊藤 歩・著
鉄鋼業界大研究［第2版］	一柳朋紀・著
AI・デジタル業界大研究	AI・デジタル産業研究会・著
ホテル業界大研究［第2版］	中村正人・著
AI・5G・IC業界大研究	南 龍太・著
医薬品業界大研究	医薬品業界研究会・編
銀行業界大研究［新版］	伊藤 歩・著
学習塾業界大研究	千葉誠一・監修
食品業界大研究	小西慶太・著
ロジスティクス業界大研究［新版］	二宮 護・著
ファッション業界大研究［第2版］	ファッション&ソフトマーケティング研究会・編著
電子部品業界大研究	南 龍太・著
化粧品業界大研究	化粧品業界研究会・編
非鉄金属業界大研究［新版］	一柳朋紀・著
エネルギー業界大研究	南 龍太・著
鉄道業界大研究	二宮 護・著
金融業界大研究［第4版］	齋藤 裕・著
印刷業界大研究［新版］	印刷業界研究会・編